Cine Literacy

영화 리터러시

조원국 | 김은영 | 태문성 | 신호근

교실에서 영화 읽기

박영story

몇 편의 영화를 보았을까? 일부러 세어보지는 못했지만 궁금하다. 영화배우, 스토리, 배경을 따라 마음의 결을 느끼는 행복감에 빠져 눈에 띄고 손에 잡히는 대로 영화를 보았다. 영화 리터러시에 대한 이해가 부족한 채로 영화를 찾고, 해석하고, 수업과 상담에 적용하기 시작한 지 어느덧 20여 년이 흘러간다. 그럼에도 불구하고 영화를 고르고, 읽고, 해석하는 것은 여전히 어렵고 어떤 때는 제대로 활용하고 있는지 자신이 서지 않는다. 그래서인지 종종 길을 잃고 헤매기도 하며 영상영화심리상담사로서 답답함이 느껴지는 때가 종종 있다. 영화의 장르가 다양하고, 세상에 태어난 영화가 별처럼 많고, 지금 이 순간에도 새로운 영화가 관객들에게 선을 보이고 있으니 노력은 하고 있지만 앞으로도 길을 헤매면서 어설픈 영화 읽기를 계속할 수밖에 없을 것이라는 변명에 슬쩍 다리를 걸쳐본다.

인간이 살아가는 이야기를 가장 극적이면서 사실적으로 전해주고 세상의 각양각색 모습을 보여주는 영화는 인간을 이해하고 공감하고 상대방과 입장을 바꾸어 생각해보는 것을 유연하게 만들어준다. 스크린을 통해 나와 너, 우리를 한곳으로 모으고 이야기를 잇고 잠자고 있던 의식 너머에 있는 케케묵은 감정을 흔드는 매체가 영화다. 영화를 보고 느껴지는 감정의 선을 조심스레 따라가는 길에서 마주치게 되는 사람, 사건, 과거, 현재, 그리고 미래는 모두 내가 세상을 보고 이해하는 눈이다. 그 눈을 통해 주인공의 입장에 서서 등장하는 주변 인물들과 이야기를 나누고 현자의 지혜를 빌리기도 하는 순간 어느새 훌쩍 성숙해있는 나를 만나게 된다.

영화 리터러시를 즐기는 교사 네 명이 모여 영화를 보고 수업 레시피를 만들고 교실에 적용하면서 아이들과 마음을 나누었던 영화 읽기 시간들을 모아 『영화 리터러시 −교실에서 영화 읽기−』를 출판한다. 이 책은 총 3부로 구성되었는데, 제1부 영화 리터러시의 이해는 리터러시의 의미와 영화 리터러시의 개념을 간결하게 정리하고 학교교육에서 영화 리터러시가 필요한 이유와 영화 리터러시를 교실에 적용하는 대표적인 방법 세 가지를 소개하였다. 제2부 교실에서 영화 읽기는 저자들이 만든 수업 레시피를 교실에 적용하고 생활지도와 학생상담 장면에 활용했던 소소한 영화 리터러시 경험들을 모았다. 함께 살아가기, 새롭게 보기, 미래 바라보기, 같은 곳을 바라보기, 나로 살아가기 등 5개의 주제로 나누어 구성한 23편의 영화 읽기는 교실 수업과 학생들과의 소통, 생활지도와 상담에 참고할 수 있을 것이다. 제3부 영화 읽기로 함께 성장하기는 강원도 교사전문학습공동체 모임에서 연구하고 실습했던 프로그램들을 소개한다. 가르치고 소통하는 역량을 강화하기 위해 교사전문학습공동체를 결성하여 자발적으로 모인 교사들이 10여 년 이상 꾸준히 진행해오고 있는 일요힐링시네마, 수요힐링시네마, 영화심리상담을 활용한 위기청소년 진로역량함양 프로그램 개발, 영화를 활용한 저녁엔 연수 프로그램 운영, 원작이 있는 영화 읽기를 운영하면서 공동으로 연구하고 적용한 영화 읽기를 보고서 형태로 엮었다.

이 책은 오랜 시간 함께 모여 공부하고 지혜와 지식, 마음을 나누어주신 한국영상영화치료학회강원지부 회원들이 없었다면 출간할 엄두를 내지 못했을 것이다. 꾸준한 사랑을 보내주신 강원도의 영상영화심리상담사들의 성원에 진심으로 머리 숙여 감사드린다. 부족한 원고를 선뜻 받아주신 박영스토리 노현 대표님, 정성스레 다듬어 거친 글에 맛있는 토핑을 올려주신 편집부 김다혜 선생님께도 감사드린다.

영화에 공감하고 이해하는 능력, 영화를 효율적으로 선택하는 능력, 영화를 분석하고 비판하는 능력, 그리고 영상을 창의적으로 만드는 능력을 영화 리터러시라고 한다. 학업 스트레스, 절친 만들기, 부모와의 갈등, 진로진학고민, 자아정체성 혼란은 청소년기라는 긴 터널을 지나가는 10대라면 대부분 의례적으로 거쳐야하는 감기와도 같다. 『영화 리터러시 −교실에서 영화 읽기−』가 거친 숨을 내쉬며 산을 오르는 힘겨운 시간을 살아가는 학생들에게, 또한 교실에 신선한 공기를 불어넣어 생동감 있게 만들고 싶어 하는 선생님들께 예쁘고 조그마한 도움이 되길 바란다.

저자 대표 조원국 손모음

PART. 3 영화 읽기로 함께 성장하기

PART. 1

영화
리터러시의
이해

리터러시의 이해

리터러시(Literacy)는 '문자화된 기록물을 통해 지식과 정보를 획득하고 이해할 수 있는 능력'으로 정의한다. 19세기까지는 글을 익힐만한 시간과 책을 접할 수 있는 경제적 여유가 있었던 사람들만 리터러시 능력을 습득할 기회를 얻을 수 있었기 때문에 문학, 미술, 음악 등 문화를 이해하고 받아들이는 리터러시는 특정한 계층만이 누리는 전유물이었다. 그러므로 글자를 접할 기회가 주어지지 않았던 일반 대중들은 당연히 문맹에서 벗어나지 못했기 때문에 낫 놓고 기역자도 모르는 사람들이 많았다.

'낫 놓고 기역자도 모른다'는 옛날 속담은 'ㄱ'자를 닮은 낫을 보고도 'ㄱ'자와 연관시키지 못할 만큼 아는 것이 없는 무지한 상태를 비꼬아 표현한 말이다. 그런데 태어날 때부터 특권 계층이 아니라는 이유만으로 앎에 대한 기회와 권리가 없었던 일반 대중들이 이런 정도로 무지했었다는 것은 어쩌면 당연한 일이다. 하지만, 요즈음 청소년들은 'ㄱ'자는 아는데 정작 '낫'을 모르는 이들이 많다. 리터러시를 텍스트가 지닌 심층적인 의미와 표현의 결을 읽어내는 소양이라고 정의하는 최근의 관점에서 이 아이러니한 상황을 바라보면 배움의 기회와 권리를 넉넉하게 부여받은 청소년들의 무지에 대한 정도가 최소한의 기회조차 주어지지 못했던 옛날 일반 대중들과 크게 다를 것이 없어 보인다.

읽기, 쓰기, 셈하기로부터 시작한 리터러시의 범주와 내용은 단지 언어를 읽고, 쓰는 단순한 의미로 한정하지 않고 시대마다 중요한 정보와 지식 전달의 수단이 되는 미디어가 바뀌어 가면서 여러모로 달라져 왔다. 그러므로 리터러시는 인간이 몸담은 사회 속에서 삶을 영위하고 다른 사람과 관계를 맺으며 필요한 지식을 습득하고 과업을 수행하기 위해 필요한 기능과 태도라는 점에서 중요한 교육적 함의를 지니고 있다. 리터러시는 단순히 언어를 읽고 쓰는 피상적인 의미만을 내포하는 개념이 아니며 일차적으로 시대적으로 혹은 그 사회나 문화권에서 통용되는 커뮤니케이션 코드인 '언어'에 의해서 규정된다. 문자 중심의 활자 시대를 거쳐 텔레비전 리터러시, 시각 리터러시, 컴퓨터 리터러시, 멀티미디어 리터러시, 정보통신 리터러시, 미디어 리터러시를 지나 2000년대 이후 소셜미디어와 인공지능을 탑재한 디지털을 활용할 줄 아는 역량을 의미하는 디지털 리터러시로 발전하였다.

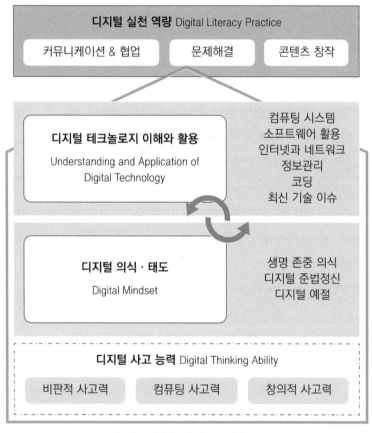

디지털 리터러시 교육과정 프레임워크2

20세기에 꽃을 피우기 시작한 대중문화는 리터러시의 개념을 넓게 이해할 수 있는 기초가 되었고, 21세기 디지털 시대에 접어들어 미디어 리터러시, 디지털 리터러시 등으로 부르며 여러 분야에 사용되고 있다. 문서를 뛰어 넘은 문서라 부르는 하이퍼텍스트나 멀티미디어 형태의 정보를 읽고 이해하는 능력으로 좁게 이해하고 사용되던 디지털 리터러시는 현재 디지털 기술과 미디어를 활용하여 디지털 데이터, 정보, 콘텐츠를 소비, 분석, 관리, 활용, 생산하고, 건강한 디지털 시민으로서 지혜롭게 관계 맺고 소통하며, 개인 발전과 사회 발전을 균형 있게 도모하는 역량으로 넓게 확장되었다.[3] 디지털 리터러시 교육과정 프레임워크를 살펴보면 디지털 의식·태도(Digital Mindset)교육과 디지털 테크놀로지 이해와 활용(Understanding and Application of Digital Technology)교육이 상호보완적으로 작용해야 한다는 것을 알 수 있다. 교육부(2019)가 발표한 학교 미디어교육 내실화 계획에는 모든 아이들의 합리적 의사소통능력, 비판적 이해력, 창의·문화적 감수성을 키우는 보편적 미디어 교육실현을 목표로 하고 있다. 이를 위해 학교 교육과정을 통한 미디어 교육 지원, 학생의 미디어 교육 기회 확대, 교원의 미디어 교육 역량 강화, 학교 미디어 교육을 위한 지원 체계 구축을 전략으로 추진하고 있다. 미디어 리터러시 교육이 정보 리터러시나 인성교육, 안전·건강 교육, 진로 교육, 민주시민 교육, 인권 교육, 다문화 교육, 통일 교육, 독도 교육 등의 범교과 학습과 연계하는 방안이 담겨 있다는 점은 장기적인 지원체제를 통해 체계적이고, 통합적이며 학생의 경험과 연계 가능한 교육이 절실함을 보여준다. 2015 교육과정 국어과목에 영화 단원을 개설하여 영화 맥락을 읽고, 제작하기까지 광범위한 미디어 리터러시 교육이 실행되고 있다는 점도 이런 사실을 반영한다.

현재 통용되고 있는 리터러시의 개념에는 다양한 언어와 기호를 다루고 미디어를 통해 이루어지는 복합적인 의미를 구성하고 사회, 문화,

경제, 정치 행위를 아우르고 있다. 그러므로 학교는 여러 가지 텍스트를 비판적으로 분석하고 사회적인 담론을 생산할 수 있는 능력을 학생들에게 가르쳐서 구체적인 상황과 맥락 속에서 개인이 아닌 공동체의 언어와 기호에 의해 리터러시를 구성할 수 있도록 도와주어야 한다. 또한 공감, 설득, 감성 지능, 윤리 의식 등 학생들의 사회성 함양 교육과 교사의 변화 대응 역량 강화에 관심을 가져야 하며 리터러시 교육과정 안에는 커뮤니케이션 현상을 이해하고 지구촌과 소통할 수 있는 역량, 새로운 기술이 접목된 미디어를 적절하게 혼합하여 소통할 수 있는 역량, 커뮤니케이션이 이루어지는 맥락 속에 관여해서 창의적으로 판단할 수 있는 역량, 다양하고 이질적인 문화와 소통할 수 있는 세계시민의식 역량 등이 포함되어야 한다.

영화 리터러시

영화는 대중들이 손쉽게 접할 수 있는 가장 각광받는 예술 장르이며 때로는 현대인의 문화적 소양을 알아보는 가늠자 역할을 하기도 한다. 최근 영화 안에서 인문학을 탐구하고 영화가 던지는 질문을 읽고 쓰고 참여하고 소통할 수 있는 개인적, 사회적 능력과 영화를 비판적으로 감상하고 창의적으로 만들어낼 수 있는 역량을 강화하려는 움직임이 영화심리상담을 공부하는 사람들을 중심으로 활발하게 연구되고 지속적인 성과를 내고 있다. 타인과의 소통이나 관계형성, 다양한 활동에 어려움을 초래하는 사람들은 영화 리터러시를 통해 공감 능력을 배양하고 사회성과 세계시민의식을 함양하며 자신의 강점을 발견하고 계발할 수 있다. '영화 리터러시'는 문학에서 영화까지 매체 전반의 소통과 경험을 연결하는 문자와 이미지를 이해하는 능력을 가리키는 용어로 최근 등장하기 시작하였으며, 리터러시 역량 강화 교육에 간편하고 효율적으로 활용되며 시네 리터러시(Cine literacy)라는 개념으로 사용되기 시작했다. 시네 리터러시라는 용어는 1998년 영국 영화연구소(British Film Institute)에서 발간한 영화정책 보고서 『교실에서의 영상이미지(Moving Images in the Classroom)』에서 처음 개념화한 것으로 영상 텍스트에 대한 이해와 감상을 의미하고 있다.4 영화 리터러시에 대한 개념 연구와 용어 정의에 관한 학문적 합의가 충분하지 못해 지금까지 시네 리터러시, 필름 리터러시, 그리고 영화 리터러시를 구분하지 않고 모두 같은 개념처럼 사용하고 있는데 최근 영화 리터러시로 사용되는 경우가 많다. 영화 리터러시는 영화에 공감하고 이해하는 능력, 영화를 효율적으로 선택하는 능력, 영화를 분석하고 비판하는 능력, 그리고 영상을 창의적으로 만드는 능력이라고 정의할 수 있다.

교실에서 영화 읽기

학생들을 가르치는 교사들은 의도적으로 자신이 정한 학습목표를 달성하고 특정한 학습결과를 얻으려고 노력한다. 그러기 위해 문제를 분석하고 어떻게 하면 잘 가르칠 수 있을까를 고민하고, 실행하며, 평가하는 복합적이고 통합된 과정을 반복한다. 21세기에 접어들어 대부분의 교과에서는 교수·학습을 계획하면서 다양한 미디어의 활용을 염두에 두고 있다. 따라서 교실 수업에서 미디어가 차지하는 비중은 지속적으로 증가하고 있으며 학생들은 직접 경험하기 어려운 세계를 이해하기 위해 더욱더 밀접하게 미디어를 활용하고 있다. 미디어를 활용하는 수업은 실제와 유사한 간접경험 기회 제공, 풍부한 자료 제공, 동기유발, 자신감 상승, 비용의 절감, 학습시간 단축과 같은 장점을 가지고 있다. 미디어의 순기능에 매료되어 교실을 바라보는 사람들의 눈에 미디어를 활용하지 않는 수업은 뒤떨어진 수업이라는 그릇된 평가를 받을 정도로 이제 미디어는 수업을 구성하는 중요한 필수 요소로 자리를 차지하고 있다. 하지만 교사와 학생들 간에 벌어지는 다양한 상호작용을 통해 가르침과 배움이 이루어지는 교실에서 미디어의 중요성이 지속적으로 높아지고 있는 것이 순기능만 발휘하는 것은 아니다. 미디어에 대한 맹목적인 의존현상은 교사와 학생 간의 심리적 거리감을 발생시키고 상호작용과 피드백이 줄어드는 등 역기능을 발생시키기도 한다. 이런 의미에서 미디어의 순기능에 대한 긍정적인 목소리 못지않게 역기능에 대해 우려하는 목소리가 높아지고 있는 것은 참으로 다행스러운 일이다. 이런 문제를 해결하기 위해서는 미디어를 활용하는 교수·학습 장면이 선한 영향력을 발휘할 수 있도록 효과적인 콘텐츠와 활용매뉴얼을 제공할 수 있는 올바른 연구와 결과가 반드시 필요하다.

영화 리터러시가 공교육에서 인정받고 정규 교육과정에 포함되기 시작한 것은 2000년대 초반이다. 연극영화학을 전공하는 대학생들의 교직 이수를 위한 교육과정에 영화교육 과목이 편성되었고, 2003년에는 영화가 고등학교 교육과정에 선택 과목으로 채택되었다. 웹 2.0과 유튜브의 등장으로 영화교육의 대표적인 결과물은 한때 UCC(User Created Contents)가 주류를 이루었다. 사용자가 직접 제작한 저작물인 UCC는 정보통신기술의 발달로 특별한 기술을 가진 전문가뿐만 아니라 일반 대중들도 영상을 찍고, 글을 쓰고, 음악을 만드는 등 의미 있는 정보를 만들 수 있다. 창작의 의미가 강조된 UCC는 초중고 교과서에 '손수제작물'이라는 순화된 용어로 정의되어 있다. 플랫폼에 구애받지 않는 자유로운 망과 더불어 유비쿼터스5 시대를 이끌어 갈 핵심으로 각광받았던 UCC는 어렵고 다루기 힘든 주제도 쉽게 이해하고 접할 수 있게 만들어주었다. 이런 장점을 가지고 있는 UCC는 대중들에게 친근한 매체로 인식되고 인터넷을 통해 쉽게 공유할 수 있어 시민들의 의식 개선을 돕는 도구로 가장 많이 활용되었다. 아이디어와 필요한 최소한의 도구만 갖추면 누구든지 만들 수 있다는 장점을 가지고 있지만 저작권 침해, 폭력성과 선정성, 개인의 명예훼손, 개인정보와 사생활 침해, 오염된 정보가 담긴 게시물 등으로 혼란과 불편을 초래할 수 있다는 문제도 함께 제기되었다. 따라서 건전한 UCC문화로 선한 영향력을 확산시키기 위한 사회적 약속과 함께 살아가는 공동체를 저해하지 않는 양식이 필요하다. 이런 문화가 제대로 만들어지지 않은 까닭 때문은 아니겠지만 2000년대까지 자주 사용되고 각광받았던 UCC는 2010년대 이후에는 공모전 등을 제외하면 활용도가 현저하게 줄어들었다.

한편, 나날이 진화하는 휴대폰 카메라의 성능과 가정마다 보유하고 있는 작은 비디오카메라 덕분에 청소년을 대상으로 하는 영화교육은 주로 영화 제작을 중심으로 이루어지고 있다. 교과 수업만이 아니라 공공기관 등에서 행해지는 영화교육 또한 학생들이 주어진 시간에 한 편의 영화를 만들어 내는 과제 중심으로 이루어져 있고 영화를 감상하고 토론하는 것보다 영화 제작을 위한 배경지식을 가르치는 정도에 머물러있는 것이 현실이다.

교실에서 영화 읽기는 영화를 보고 듣고 읽고 쓸 수 있는 영화 해독 능력을 통해 이루어진다. 영화의 내용과 주인공의 대사 속에 담긴 의미를 이해하고 공감을 바탕으로 영화에 접근하고 분석하고 평가하고 창조하며 행동하는 것으로 구성된다. 또래 집단의 반응에 민감하고 모방을 통해 학습하고 성장해가는 청소년들에게 영화는 세상을 이해하고 바라보는 시각에 큰 영향을 주는 매체이다. 영화 읽기를 통한 표현 활동은 새로운 것을 만들어내는 창조 행위이며 청소년들을 심리·사회적으로 자립하도록 이끄는 방법이 되기도 한다. 사람들은 영상물을 만들면 이를 공유해 타인으로부터 긍정적인 반응을 기대하고 칭찬받기를 원한다. 이런 상호작용과정은 타인과 내가 다르지 않음을 확인하고 상대방의 개성을 존중하는 마음의 결을 준비하게 된다. 그러므로 교실에서 영화 읽기는 청소년들이 자신의 관점으로 영화를 해석하는 능력을 키워 주고 영화 매체를 활용해 자신을 표현하여 세상과 호흡하는 방법을 배울 수 있도록 이끌어주어야 한다. 그러기 위해서는 학생들의 요구와 시대적 변화에 부합할 수 있는 영화 리터러시를 교양교육에 적용할 수 있는 체계적인 이론적 토대를 만들고 구체적인 방법에 대한 연구가 필요하다. 영화 리터러시는 지금 어디까지 와 있고 어디를 향해 가고 있는가?

영화 리터러시는 노력을 기울이지 않고 획득할 수 있는 능력이 아니다. 우리는 현재 영화 리터러시의 부족함을 솔직하게 인정하고 영화를 섬세하게 읽어내는 능력을 길러야 한다. 그동안 영화를 사랑하고 영화 읽기를 즐기는 강원도 교사 20여 명이 결성한 교사전문학습공동체에서 마음치유, 진로, 생활지도, 위기청소년상담, 원작이 있는 영화 읽기 등 다양한 주제별로 자율연구를 기획하고 연수를 운영하였다. 그리고 사회구조와 현상, 지식, 문화, 대인관계, 예술, 기술 등 영화를 통해 인간을 이해하고 사회를 분석하고 성찰하며 문제를 해결해나감으로써 지혜롭게 행동할 수 있는 실천적 사유를 공유하며 학교교육 현장에 적용하고 실천하였다. 각자의 다양한 경험이 자연스럽게 스며들었고 영화 리터러시 교육과 훈련을 체계적으로 할 수 있는 전문적이고 지속적인 연구는 가르침의 질과 수업만족도를 높여주었고 교단에 서는 교사의 효능감을 든든하게 받쳐주는 역할을 했다. 영화를 통해 인문학적 질문을 던지고 마음에 울림을 주며 타인에게 선한 영향력을 잔잔하게 미치는 나비의 작은 날갯짓. 이것이 영화 읽기다.

영화 리터러시의 방법

영화를 매개로 학습 동기를 부여하고 학습자의 마음결을 읽는 상호작용적 영화 읽기(Interactive cinema therapy) 방법은 세 가지 접근법(지시적 접근, 연상적 접근, 정화적 접근)이 있다. 각각의 접근방법을 조금 더 자세히 알아보자.

지시적 접근(The Prescriptive Way)

영화 리터러시에서 지시적 접근(the prescriptive way)은 영화를 관찰학습이나 대리학습의 텍스트로 사용하는 것이다. 시각은 인간이 사용하는 5가지(시각, 청각, 촉각, 미각, 후각) 감각 중 정보 수집 기능의 80% 이상을 담당한다고 한다. 그러므로 눈으로 본다는 것은 가치를 판단하고 행동을 선택하는 데 가장 많은 영향을 줄 수밖에 없을 것이다. 영화를 관람하다 보면 자신의 처지와 비슷한 상황에 처해있거나 갈등을 겪고 있는 주인공이 등장한다. 그러면 자신도 모르게 그 주인공이 문제를 해결하는 과정을 주의 깊게 관찰하게 되고 그를 통해 객관적으로 자신의 문제를 바라보게 되며 현실 상황에 적용할 수 있는 실제적인 해결방법을 배우거나 결정적인 영감을 받을 수도 있다.

지시적 접근에서 영화는 등장인물의 행동을 통하여 본보기를 보여주는 메신저 기능과 역할을 하고, 새로운 정보를 제공하며, 학습자가 스크린에 등장하는 인물의 일거수일투족과 성격을 평가할 수 있는 시간을 준다. 그러므로 영화는 삶의 교훈으로 삼을 수 있는 메시지를 전달하거나 등장인물의 행동을 관찰함으로써 행동적, 인지적, 정의적으로 변화할 수 있는 모델링(modeling)을 위한 매개체가 된다. 모델링은 잘된 방식을 보여주기 위한 좋은 모델(good model)과 잘못된 방식을 보여주기 위한 나쁜 모델(bad model)로 분류한다. 학습자는 영화 속 등장인물들의 문제해결방법 관찰을 통해 자신의 문제해결 양상과 관점에 대한 성찰과 논의를 시작하고 마주한 문제를 슬기롭게 해결하는 방법과 긍정적인 행동을 강화하는 데 도움을 받는다. 그러므로 교사는 지시적 접근방법을 활용할 때 교육의 목적에 적합한 영화를 선정하고 학습자의 상황에 부합하는 영화를 편집하여 보여줌으로써 자신의 문제를 극복하고 긍정적인 특성을 강화하는 데 도움이 되는 부분과 접촉하도록 돕는 처방적 접근이 필요하다.

지시적 접근의 치유 요인

지시적 접근의 치유 요인은 크게 객관화, 생각과 행동의 명료화, 모델링으로 설명할 수 있다(심영섭, 2011). 이 세 가지 요인은 교실에서 영화를 읽는 구체적인 방법으로 활용할 수 있다.

1) 객관화: 심리적 거리 두기

지시적 접근은 학습자가 자신의 내면으로부터 안전한 심리적 거리를 유지하고 다른 사람의 생각과 행동을 관찰할 수 있도록 해 주며, 다른 사람들의 눈을 통해서 세상을 경험할 수 있도록 한다. 영화를 감상하는 동안 학습자는 자신과 비슷하지만 자신이 아닌 등장인물을 보며 자신의 문제로부터 안전거리를 두고 떨어져 있을 수 있다. 그러면 자신의 문제에 바로 직면하지 않고 마치 총의 방아쇠에 안전핀을 채운 것처럼 심리적으로 충분한 거리를 둔 상태에서 자신의 행동이나 자신이 처한 상황을 자연스럽게 투사하게 된다. 학습자가 심리적 거리를 두고 스스로를 바라보는 것은 학습자로 하여금 조금 더 객관적인 위치에서 타인의 눈으로 자신의 현재를 바라보고 미래를 향해 나아갈 수 있는 성찰의 기회를 제공할 수 있다.

2) 생각과 행동의 명료화

영화를 통해 안전한 심리적 거리를 충분하게 확보한 상태에서 다른 사람의 생각과 행동을 관찰하면 자신이 처한 상황을 돌아보고 등장인물과 비교해보면서 더 나은 관점을 갖게 된다. 지시적 접근은 학습자로 하여금 자신의 생각과 행동을 보다 잘 이해하고 사고와 감정을 언어로 표현하게 함으로써 가치관 명료화를 효과적으로 도와준다. 경우에 따라 기발하기도 하고 합리적이기도 한 영화 속 등장인물의 생각과 행동은 학습자가 자신의 생각을 영화 속 등장인물의 생각과 비교하고 객관적으로 점검하도록 부추기며 이를 통해 학습자는 등장인물의 행동을 기준으로 하여 무엇을 해야 할지, 어떤 것을 해서는 안 되는 것인지를 배울 수 있다.

3) 모델링 : 관찰학습

모델링은 다른 사람들의 행동을 관찰하여 적용 가능한 강화를 통해 행동과 특성을 학습하는 것으로, 따라하는 것을 포함한다. 인간행동의 습득에 관찰학습의 역할을 강조한 사회심리학자 반두라가 정립한 관찰학습이론은 학습자의 사고, 감정, 행동이 직접 경험한 것뿐만 아니라 간접경험, 즉 대리경험에 의해서도 강화가 이루어진다는 것이다. 지시적 접근을 통한 영화 읽기에서 학습자는 영화 속 등장인물의 행동을 자신의 행동과 비교하고 자신의 행동을 반성하고 성찰하는 과정을 거쳐 새로운 인지적 해석을 할 수 있다. 영화 속 등장인물이 자신과 비슷한 문제를 어떻게 해결했는지 관찰하고 등장인물의 다양한 문제해결 방식을 그대로 모사하거나 일상에 적용할 수 있다. 그러므로 지시적 접근은 등장인물의 행동을 자신의 일이나 사건을 풀어 나갈 수 있는 실마리로 삼고, 실제 상황에서 발생할 수 있는 다양한 문제에 대한 판단과 실행을 모방할 수 있는 학습기회를 제공한다.

관찰한 것을 행동으로 옮기는 과정은 ① 주의집중 ⇒ ② 파지(관찰한 정보 기억) ⇒ ③ 기억 재생 ⇒ ④ 동기화 단계를 거친다. 관찰과 모방이 문제행동을 제거하는 데 유용하다는 것을 입증하여 치료적 측면에도 공헌한 사회학습이론은 학습자의 인지과정을 중요시하며 개인, 환경, 그리고 행동 사이에 발생하는 역동적인 상호작용을 통해 학습이 이루어지고 자기조절에 의해 행동이 결정된다고 주장한다.

지시적 접근을 위한 영화 선택 시 고려사항

첫째, 모델링 효과를 극대화하기 위해서는 학습자에게 발생한 사건과 처한 상황, 물리적 환경, 나이, 사회경제적 배경, 교육 정도, 가치 등이 비슷한 영화를 고르는 것이 효과적이다. 그러므로 교사는 영화를 선택할 때 풍부한 영화 감상 경험을 통하여 영화 속 인물들의 상호관계와 갈등 등을 미리 숙지하고 있어야 하며, 학습자의 상황에 적합한 영화를 선택할 수 있어야 한다. 예를 들어, 초등학교 학습자의 또래심리와 관계 갈등을 주제로 영화를 선택한다면 여학생인 경우 〈우리들, 2015〉, 남학생인 경우 〈날아라 허동구, 2007〉가 적합할 것이다.

둘째, 학습자의 눈높이를 고려하여 학습자가 재미있게 보고 즐길 만한 영화를 선택해야 한다. 너무 어렵고 줄거리를 파악하는 데 힘을 쏟게 만드는 영화는 학습자가 영화에서 아무것도 배울 수 없게 할 뿐만 아니라 영화를 관람하는 것 자체를 스트레스로 받아들일 수 있다. 예를 들어, 청소년 양성평등 교육을 목적으로 한다면 비슷한 연령대의 이야기를 소재로 하는 〈체인지, 1997〉를 활용할 수 있다. 실제로 양성평등 교육에 이 영화를 활용했던 한 연구(서정임, 2006)에서는 비슷한 연령의 이야기를 소재로 했다는 면에서 호응도가 컸고, 남녀의 몸이 바뀐다는 코믹한 설정이 재미를 더해 학습자들의 영화 보기가 집중력 있게 이루어졌다고 보고하였다. 영화를 보면서 청소년들은 "얌전한 은비가 몸이 바뀐 후 성격도 터프하게 바뀌는 것 자체가 성차별인 것 같다.", "여자는 얌전해야 하고, 남자는 씩씩한 성격이어야 한다는 것도 고정관념이다.", "선생님들이 여자에게는 부드럽게, 남자에게는 강하게 대하는 것 역시 양성평등에 어긋나는 일이다.", "반대의 성이 되어보는 경험을 하는 것도 재미있을 것 같다. 그러면 더욱 상대방을 잘 이해할 수 있을 것이라 생각한다." 등의 반응을 보이며 각자 자신의 성의 입장에서 불평등함을 느끼는 부분에 대해 생각해보는 동시에 상대방 성의 특징과 고충에 대해 이해하고 서로의 차이를 인정할 수 있게 되었다고 한다.

셋째, 지시적 접근에서 영화를 선택할 때는 가장 먼저 적절한 역할 모델을 제공해 줄 수 있는 영화인지 고려해야 한다. 때로는 좋은 역할 모델을 찾기 위해 학습자의 실제 생활과 환경에서는 발견하기 어렵지만 영화에서는 발견할 가능성이 높은 영화를 선정할 수도 있다. 예를 들어, 사우디아라비아 여성에게는 금지되어 있는 자전거를 타고 싶어 하는 주인공 '와즈다'가 자전거를 사기 위해 온갖 노력을 기울이는 좌충우돌 에피소드를 담고 있는 영화 〈와즈다(Wadjda, 2012)〉는 여성 인권 향상을 위한 모델로 제시할 수 있다. 실제로 이 영화는 세상을 변화시키는 작은 날갯짓이 되고 큰 반향을 일으키면서 사우디아라비아의 율법이 개정되어 여성들이 자전거를 탈 수 있게 되었다고 한다. 영화 〈와즈다〉는 세상의 비합리적인 시선 때문에 자신에게 꼭 필요한 것을 포기하거나 주저하고 있는 학습자에게 good 모델이 되어줄 수 있다.

또한 부정적 모델이 나오는 영화를 역설적으로 활용할 수도 있다. 예를 들어 영화 〈원더(Wonder, 2017)〉에서 주인공 어기와 윌이 제작한 '카메라 암상자'가 학교 과학 박람회에서 최우수작품으로 선정이 되자 줄리안은 포토샵을 이용해 학급 단체 사진에서 어기를 삭제하고 사진 앞면에 'No Freaks Allowed(괴물은 허용되지 않는다)', 사진 뒷면에 'Do everyone a favor and die!(모든 사람들에게 호의를 베풀고 죽다!)'라고 써서 어기의 사물함에 붙여 놓는다. 또한 어기의 책상과 의자에 어기를 혐오하고 조롱하는 글과 그림을 그려 놓는 행동을 한다. 지시적 접근에서 친구의 약점을 악용하여 괴롭히는 줄리안의 행동은 학교폭력의 bad 모델로 활용하여 학습자에게 학교폭력을 하면 안 된다는 경각심을 일깨워줄 수 있을 것이다.

한편, 영화 〈원더〉는 비뚤어진 특권의식을 가지고 아무렇지도 않게 갑질하는 줄리안의 부모와 안면기형 장애를 가진 아들이 편견과 선입견을 용기 있게 마주하고 사회에 유연하게 적응할 수 있도록 하기 위해 진정성 있게 공감하고 따뜻하게 소통하는 어기의 부모를 함께 보여준다. 이런 영화처럼 긍정적 모델과 부정적 모델이 동시에 등장하는 영화를 활용한다면 학습자는 서로 상반되는 등장인물의 행동을 대비해 봄으로써 자신의 모습은 good 모델과 bad 모델 중 어떤 인물에 더 가까운지, 그러한 행동의 영향력에 대해 반추해보고 무엇을 추구하고 무엇을 지양해야 할지 생각하고 선택할 수 있는 학습경험을 제공할 수 있다.

연상적 접근(The Evocative Way)

영화 리터러시에서 연상적 접근방법은 영화를 하나의 꿈이나 투사를 위한 도구로 가정하고 마치 우리가 '꿈 치료'를 받듯 영화 관람 후 자유연상되는 어린 시절의 기억과 중요한 타인에게 갖는 감정을 교육과 상담에 활용하는 것이다(KIFA, 2010). 비르기트 볼츠는 그의 저서 『E-motion picture magic』에서 "영화는 이 시대의 집단적인 꿈과 같다."라며 영화치료의 연상적 방법를 '꿈을 이해하듯 영화를 이해하는 것'이라고 했다. 한 편의 영화에서 인상적이거나 감동적인 무엇을 경험하고 오래도록 잔상이 유지된다면 한밤중의 꿈을 이해하듯, 영화는 무의식으로 건너가는 다리가 되어 내면세계를 의식의 세계로 끌어내는 역할을 한다. 영화는 하나의 자유연상을 위한 도구가 되어 무의식 속에 억압되어 있던 과거의 기억들을 떠오르게 만들고 자신이 미처 인식하지 못한 경험과 기억에 도달하는 것을 돕는다.

연상적 접근은 영화 감상을 통하여 학습자가 자아방어 수준을 낮추고 어린 시절의 기억과 감정, 행동으로 안전하게 퇴행(Regression)할 수 있도록 힘을 실어준다. 위협적 충동이나 외부의 위협을 직면하지 않고 불안을 처리하여 자아를 보호하고 마음 평정을 유지하고 회복시키려는 무의식적인 심리적 전략을 자아방어기제(Defense Mechanism)라고 한다. 자아방어기제는 무의식적 차원에서 작용하므로 자기 기만적이고 현실을 왜곡하게 만드는 특징을 가지고 있다. 영화는 학습자들의 자아방어기제를 해제하고 자기와의 참 만남을 통해 의식을 확장하여 건강한 자기를 만나는 것이 가능하도록 돕는다.

성인이 된 '나' 안에 자리를 잡고 있는 아직 자라지 못한 어린아이를 '내면아이(inner child)'라고 한다. '신성한 아이(the divine child)'라고도 부르는 내면아이는 긍정적인 면과 부정적인 면을 모두 포함하고 있는데 개인의 삶에 지속적으로 영향을 준다. 부정적인 내면아이를 '상처받은 내면아이'라고 하는데 발견하고 돌보지 않으면 심리적인 문제가 나타난다. 그러나 상처 입은 내면아이를 발견하고 이해하고 돌보고 치유하면 '놀라운 아이(wonder child)'가 자리를 대신하여 창조적 에너지를 발휘할 수 있게 되어 선한 영향력을 행사하게 된다. 정신분석학자 칼 융은 내면 아이와의 만남과 통합을 통해 치유가 되면 온화한 힘을 지닌 두려움 없는 존재로 새로운 삶을 펼치게 만드는 에너지인 본래의 아이(The Natural Child)를 가리켜 놀라운 아이라고 불렀다. 놀라운 아이는 다른 사람의 사랑을 갈구하지 않고도 스스로 행복해질 수 있는 자유로운 존재를 가능하게 한다. 자유로운 존재가 된다는 것은 스스로 삶을 결정할 수 있는 자율적 자기 결정권을 갖는 것을 의미한다. 자율적 자기 결정권은 학생들이 자기다움을 느끼고 생각하는 내적 능력을 길러준다.

연상적 접근의 치유 요인

1) 의식화

정신분석에서는 인간의 의식은 정신활동의 전체 가운데 아주 작은 빙산의 일부일 뿐 깊은 심층의 세계는 각성되지 않은 심리상태인 무의식이 대부분을 차지하고 있어 내담자의 치료는 무의식을 의식화하는 과정이라고 설명한다. 무의식의 의식화는 자유연상, 꿈 분석, 단어연상, 이미지 시각화를 통해 대화를 나누고, 의식 안에서 편안한 대화로 의식의 자료들을 꺼내놓고 이야기하는 과정에서 의식이 확장된다. 무의식의 의식화는 자기 무의식의 내용을 인식하고 그것을 실천하려는 동기와 두려움을 극복하는 용기와 인내가 필요하다. 무의식은 깊이를 가늠할 수 없고 성질을 알 수 없으므로 모든 무의식을 남김없이 의식화하는 것은 거의 불가능하다. 영화는 거울의 역할을 하는 스크린이라는 장치를 통해 무의식적 기억을 떠올리고 현실로 이끌어 내는 것이 가능한 매체이다. 그러므로 영화를 감상한 후 영화가 다양하게 표현하는 은유적이고 모호한 상징을 통해 의식 안에서 수용적이고 진솔한 공감적 대화를 통해 군이 무의식으로 들어가지 않아도 자기도 모르게 의식을 확장시키고 명료하게 만들 수 있다. 다시 말해 영화를 보는 것은 무의식이 주는 메시지를 함께 읽으며 의식화 과정으로 걸어가는 것이라 할 수 있다. 연상적 접근을 활용한 영화 읽기는 무의식에 갇혀 있던 외상적 기억과 불안들의 저항을 최소화하여 의식의 표면으로 나오게 함으로써 기억이 재해석되고 축소화되어 내 마음에 누군가 들어올 수 있는 열린 공간을 만들어 주는 것이다.

2) 은유화

은유(metaphor)는 경험, 생각, 감정, 행동이나 대상 간의 유사성을 암시하는 상징적인 접근 방법으로 전달하기 어려운 의미를 유사한 특성을 가진 다른 사물이나 관념을 써서 표현하기 위하여 사용한다. 예를 들어 '인생은 연극과 같다'는 직유적 표현이지만 '인생은 연극이다'는 은유적 표현이다. 이와 같이 은유는 하나의 사물을 다른 언어로 이해하는 개념으로 직유보다 더 인상적인 표현이 가능하다. 상담에서는 어떤 것을 직접 표현하지 않고 다른 것으로 표현하거나 숨겨서 표현하는 기법을 사용해 자신의 상처받은 경험이나 감정을 다른 매개적인 사물이나 이야기를 통해 표현하는 것을 은유라고 한다. 경험적 가족치료 전문가 사티어(Satir)는 은유를 사용하여 간접적으로 의사소통이 일어나게 하는 기법을 사용하여 내담자의 자발적인 참여를 유도하고 대안을 확장시키는 효과를 입증하였다.

영화를 만드는 감독들은 특정 사물이나 비주얼적 요소를 사용하여 메타포를 표현한다. 예를 들면 칸 영화제에서 황금종려상을 받은 영화 〈기생충〉에서 봉준호 감독은 죽어있는 것에 대한 느낌을 전하려는 의도로 수석(壽石)과 인디언을 사용했다고 한다. 감독이 의도적으로 사용하는 메타포는 관객들이 알아채지 못하고 스쳐 지나가는 경우도 많지만 적절한 메타포는 관객들로 하여금 숨겨진 의미를 찾아가는 재미를 줄 수 있다. 영화 속의 특정한 장면을 보고 학습자가 언어나 시각적인 매체로 표현한 다양한 상징들은 내담자가 만들어낸 메타포라고 할 수 있다. 스크린에 비춰진 메타포를 학습과 학생상담 장면에 사용하는 것은 학습자로 하여금 자아를 탐색하고 통찰하며 인생의 진정한 의미를 발견하고 자아를 성장시킬 수 있는 기회를 제공할 수 있다.

연상적 접근을 위한 영화 선택 시 고려사항

우리는 누군가에게 속마음을 이야기하고 대화하는 것만으로도 고민이 덜어지는 느낌을 받곤 한다. 실제적인 해결책을 찾아주지는 않지만 자신의 이야기를 잘 들어주는 사람에게 하소연이나 넋두리를 하고 나면 마음 한 구석에 매달려 있던 고민과 갈등이 가벼워진 것 같은 경험을 하게 된다. 무의식은 인간의 언어와 행동, 습관, 성격, 대인관계 양식에 이르기까지 영향을 미친다. 세상에는 많은 영화가 있기 때문에 인간의 무의식적 욕망을 잘 반영하는 거울 역할을 할 수 있는 영화는 많이 존재한다. 굳게 닫혀 있는 마음의 벽장을 열어젖히게 만들 수 있다면 그 자체만으로도 고민과 갈등이 절반 정도는 해결될 수 있다.

연상적 접근에서는 인간의 무의식이라는 벽장에 노크를 할 수 있는 영화를 선택하는 것이 중요하다. 하지만 그런 영화를 예측하는 것은 쉬운 일이 아니다. 학습이나 상담 장면에서 영화를 활용하여 연상적으로 접근을 하고자 한다면 먼저 학습자가 몇 번씩 반복해서 보았거나 학습자에게 매우 강렬한 인상을 남긴 영화를 의미 있게 받아들이고 그 이유에 대해 질문을 던져야 한다. 이것은 정신분석에서 내담자의 꿈을 통해 무의식을 분석하는 것처럼 스크린을 통해 학습자의 무의식이라는 벽장을 열고 들어가는 길을 만드는 것이다. 영화를 매개로 무의식적 욕망, 상처 받은 어린 아이, 또는 기억을 다루는 연상적 접근에서는 학습자의 의식 밑에 숨겨진 의미와 기억을 명료하게 드러내는 과정에 도움이 되는 영화 선택이 가장 중요하다. 벽장 속에 무시무시한 괴물이 숨어 있을 것만 같은 불안과 공포는 머리에서 발끝까지 이불을 꽁꽁 뒤집어쓰고 벽장을 외면한다고 해서 사라지는 것이 아니다. 벽장을 열고 환한 랜턴을 켜 손에 들고 손으로 헤집어 아무것도 없음을 확인한 다음에야 공포라는 사슬로부터 벗어날 수 있다. 일곱 가지 감정(희노애락애오욕)을 건드릴 수 있는 영화, 감동적인 영화, 다양한 상징과 은유를 품고 있는 강렬한 시청각적 자극이 있는 영화는 학습자의 개인적인 결핍과 상처, 감정양식을 드러낼 수 있고 안전하게 퇴행을 일으킬 수 있도록 도움을 줄 수 있을 것이다. 또한 가족의 상실이나 애증 등의 양가감정을 다룬 영화들도 가족관계와 어린 시절의 기억을 되살려주는 데 도움을 줄 수 있을 것이다.

연상적 접근을 위한 영화를 선택하는 것에 특별히 정해져 있는 규칙이나 기준은 없다. 하지만 영화 리터러시를 연구하고 교육과 상담 장면에 적용한 대부분의 영화심리상담사들은 관람하는 사람의 시각과 청각을 강하게 끌어당겨 몸과 마음을 자연스럽게 스크린에 맡길 수 있도록 자극하는 영화를 대체적으로 선택한다. 이와 함께 학습자가 지금까지 관람한 영화 중에 가장 의미 있었던 영화, 여러 번 반복해서 관람한 영화, 마음에 새겨져 오랫동안 잊지 못하는 영화, 학습자가 고난과 시련을 겪은 사건과 비슷한 상황을 다루고 있는 영화, 가족 구성원에 대한 양가감정을 자극하여 안전한 퇴행으로 이끌 수 있는 진한 정서를 가진 영화를 선택한다. 영화 리터러시를 통해 학습자가 자신의 심리적 불편함과 아픈 기억을 진정성 있게 이야기함으로써 객관화를 통한 자기 재정립을 도와주려면 학습자와 신뢰관계를 형성하고 개인역동을 탐색하여 자아탐색과 통찰을 할 수 있도록 안내자 역할을 하는 영화를 선택하는 것이 중요하다. 영화를 선택하는 과정에서는 영상물등급위원회가 분류한 영화 등급을 반드시 준수해야 한다.

정화적 접근(The Cathartic Way)

영화 리터러시에서 정화적 접근방법은 영화 관람을 통해 분노, 우울함, 불안감, 긴장감 등 다양한 감정을 경험하고 마음속에 억압된 감정의 응어리를 방출함으로써 정서적 안정을 찾고 정서적 고양 상태를 경험하도록 돕는 것을 의미한다. 영화 속 스토리는 학생들에게 눈물을 쏟아내고 통쾌함을 느끼고 기쁨을 맛보고 분노를 느끼며 두려움과 공포를 느끼게 한다. 영화의 장르와 시대적 배경, 관객들의 개인적 스토리에 따라 차이가 있지만 영화에 더 깊게 몰입하는 학생들은 등장인물에 깊숙이 동일시되어 이야기 안으로 빨려들고 영화의 또 다른 주인공이 되어 객체가 아닌 주체로서 영화와 같이 호흡을 한다. 이러한 현상은 실시간으로 현실감 있게 스토리텔링을 전달할 수 있는 영화 매체만이 가지고 있는 고유한 특성 때문에 가능하다. 그러므로 학생들은 스크린 속 주인공이 맞이하는 비극적인 상황에 눈물을 흘리거나 주인공의 입장에 서서 자신의 감정을 폭발적으로 드러내는 것을 종종 경험하게 된다. 영화 리터러시는 영화를 감상하는 학습자들이 마음속에 억압되어 있는 감정의 응어리를 분출하거나 연민과 동정, 슬픔을 언어나 행동을 통하여 외부에 표출함으로써 정신적인 안정을 찾는 것을 가능하게 한다. 고대 그리스인들은 이런 경험을 카타르시스(Catharsis)라고 불렀는데 이는 순화, 정화, 배설이라는 의미를 가지고 있고 심리학에서는 억압된 감정을 정화시키는 것을 뜻한다.

학생들의 감정과 정서를 강렬하게 올라오게 만드는 영화는 현실에서 자신을 붙들어 매고 있는 문제에 대한 해결방법을 찾을 수 있고 생각을 재구조화시키고 깨달음을 통해 삶의 방향을 수정하는 것을 돕기도 한다. 영화를 관람하는 동안 학생들은 자신의 불안과 두려움을 극복하기 위해 움켜쥐고 있던 자아방어기제의 자물쇠가 느슨해지면서 스스로 억압하고 억제되어 있던 정서를 알아채고 직면함으로써 굳게 닫혀있던 마음의 문을 열게 된다. 결국 자신에게 주어진 어려운 상황과 심리적 갈등에 방향을 찾지 못했던 사람들이 영화가 던지는 물음에 반응하고 답하면서 자신만의 해결방법을 찾는 것이다. 이런 의미에서 영화가 끝났음에도 객석에 남아 한참을 일어서지 못하고 눈을 감고 감정을 추스르게 만드는 영화는 누구에게나 중요하며 영화 속 인상적인 장면과 대사, 뇌리에 선명하게 남는 주인공의 표정은 영화를 보고 난 후 다양한 감정을 품은 생각과 질문으로 바뀐다. 이란의 영화감독 아스가르 파르하디[6]는 "관객에게 답을 주는 영화는 극장에서 끝날 것이다. 하지만 관객에게 질문을 하는 영화는 상영이 끝났을 때 비로소 시작된다."라고 말했다. 그의 말처럼 우리는 영화를 통해 카타르시스와 사유를 통한 즐거움과 깨달음을 통찰하고 자신만의 이야기를 진솔하게 시작할 수 있는 마음과 용기를 가지고 영화관을 나설 수 있을 것이다.

정화적 접근의 치유 요인

1) 감정의 승화

영화 리터러시에서 정화적 접근은 억압된 감정을 드러나게 하고 드러난 감정의 실체를 객관적으로 바라보게 하는 과정에서 치료적 효과를 발휘한다. 영화 관람을 통해 학습자가 자신의 감정을 의식적으로 인식하고 밖으로 표현하게 함으로써 억누르고 있던 감정을 승화시키도록 돕는 것이 비움의 정화적 치료이다. 자아방어기제의 하나인 승화(Sublimation)는 사회적으로 인정되지 않는 충동, 욕구, 긴장을 예술 활동이나 종교 활동 같이 사회적으로 용납될 수 있는 방식으로 표현할 수 있도록 도와주는 심리적 기제이다. 그러므로 정서적 승화는 억압된 욕구나 충동이 그대로 표현되기보다 그 부정적인 감정이 환기된 상태에서 사회가 받아들일 수 있는 방식으로 변형되는 과정이다. 영화 리터러시의 정화적 접근은 영화 읽기를 통해 성숙한 판단을 할 수 있는 마음의 공간을 비워주는 기능을 하게 됨으로써 행동에 이성적인 요소가 포함되도록 도울 수 있다. 또한 자아를 억압하는 것으로부터 자유롭게 하여 카타르시스적 비움의 치유를 돕고 나아가 승화 과정을 경험하며 터득한 통찰을 통해 스스로를 보완하는 채움의 치유가 가능하게 한다.

2) 심리적 위로

외롭고 불안하고 빠져나오기 힘든 스트레스 상황에 처했을 때 다른 사람이 토닥여주는 위로와 진정성 있는 이해를 받는 것은 최악의 상황으로 치닫는 것을 막아주는 역할을 한다. 물론 가족이나 가까운 사람들로부터 받는 정서적 지지가 가장 큰 힘과 용기를 발휘하게 해주는 것은 당연하다. 하지만 1인 가구 시대에 바쁜 일상을 살아가는 현대인들은 가족과 친지로부터 위로와 격려를 받는 순간을 기대하기 힘들다. 그렇다 보니 유튜브 프로그램 자이언트 펭TV에 펭귄 캐릭터로 출연하는 '펭수'가 담담하게 전하는 위로와 이해에 감동을 받으려고 너도나도 인터넷에 접속을 하는 것이다.

영화에 등장하는 많은 주인공들의 스토리를 보면 살아가면서 부딪히는 다양한 문제에 대해서 고민하고 자신의 정체성 때문에 혼란스러워하고 사람들과의 관계에서 갈등하며 때론 회복하기 힘든 마음의 상처를 입기도 한다. 학생들은 이런 등장인물을 마주하면서 세상에서 고통받는 존재가 자신만이 아니라는 것을 깨닫게 되고 자신과 비슷한 처지에 놓인 영화 속 주인공과 동일시하여 그가 건네는 마음 헤아리는 대사를 통해 공감을 받고 역지감지(易地感之)를 통해 위로를 받고 용기를 얻게 된다.

정화적 접근을 위한 영화 선택 시 고려사항

영화 리터러시의 정화적 접근을 위한 영화 선택은 무엇보다도 억압된 감정을 방출함으로써 감정을 정화하고 정서의 환기가 잘 이루어질 수 있는 영화를 우선 고려해야 한다. 따라서 학습자의 웃음, 울음, 분노, 두려움 등 다양한 정서를 촉진시켜 영화 속 인물이나 상황에 쉽게 동일시할 수 있는 영화 선정이 필요하다. 학습자의 핵심 정서 맞춤형 영화 선정을 기반으로 한 영화 읽기는 원활한 동일시를 통해 학습자의 감정을 증폭시키고 방출하게 함으로써 카타르시스를 적극적으로 경험할 수 있게 만든다. 더 나아가 학습자가 경험한 카타르시스를 교사가 함께 나누는 것은 친밀감을 형성시킬 뿐만 아니라 정서를 공감하고 이해를 증진시키는 좋은 방법이 된다. 영화 감상을 통해 학습자가 슬퍼하는 것은 비움의 치유 과정이고 슬픔 뒤에 숨어 있는 감정을 경험하고 인정하며 표현하게 되면 슬픔은 승화되어 마음 채움으로 갈 수 있다.

예를 들면 학습자가 영화에서 슬픔의 감정을 느끼고 이를 현실 생활과 연결시키게 되면 슬픔을 유발하는 상황을 스스로 통제할 수 있는 내적인 힘을 발휘할 수 있게 만들어주고 공격성을 일시적으로 누그러뜨리고 타인에게서 관심과 동정을 받고 다른 사람의 슬픔에 공감할 수 있는 능력과 역량을 함양할 수 있도록 도울 수 있다. 그러기 위해서 교사는 영화를 활용한 학습상황이 어떤 국면으로 진입하고 있는지, 학습자의 정서에 맞추기(Emotional Tuning) 위해 어떤 영화를 선택해야 하는지 항상 생각해야 한다. 정화적 접근에 적합한 영화는 따로 정해져 있지 않지만 학습준비를 하는 교사는 풍부한 감정과 정서가 배어있는 영화인가? 삶의 실존적인 고통과 의미를 성찰하게 만들어주는 영화인가? 용기, 지혜, 호기심, 휴머니즘 같은 가치를 담고 있는 영화인가? 결핍이나 욕망, 그림자 같은 무의식을 건드리는 영화인가? 같은 최소한의 기준을 고려해 영화를 선정하는 것이 중요하다.

PART. 2

교실에서
영화 읽기

1

함께 살아가기

1 세리와 하르(Seri & Harr, 2008)

제 작 국: 한국
상영등급: 12세 이상 관람가
상영시간: 91분
감　 독: 장수영
출　 연: 장미지(세리), 최세나(하르)

줄거리 ◎

베트남에서 한국으로 시집을 온 엄마를 둔 '세리', 한국에서 태어났지만 필리핀 국적을 가진 불법체류자의 딸로 서류상으론 세상에 존재하지도 않는 '하르'. 골프선수 박세리와 같은 이름을 가진 세리는 자신도 유명한 골퍼가 되어 유명해지고 돈을 많이 버는 것이 꿈이고 하르는 불법체류자 신분에서 벗어나 당당하고 떳떳하게 살아가는 것이 소원이다. 외국인 부모를 두었다는 이유 같지 않은 이유로 힘겨운 상황에 부딪히지만 두 소녀는 그들의 비밀아지트에서 서로 의지하며 위로가 되어준다. 하지만 사소한 오해로 관계가 멀어지게 되고 상대방에게 뱉은 모진 말로 인해 눈도 마주치지 않는 냉랭한 사이가 된다.

관람 포인트 🎬

외국인 부모를 두었다는 이유만으로 놀림을 당하고 친구 사귀는 것도 어렵고 사회의 편견과 멸시, 차가운 시선을 온몸으로 받아내야 하는 다문화가정 아동청소년들의 고민과 어려움을 공감해보고 '다문화'를 대신할 수 있는 다른 언어를 찾아보자.
출생의 한계를 뛰어넘지 못하고 자신의 꿈과 희망을 펼칠 기회조차 주어지지 않는 세리와 하르를 도울 수 있는 방법은 무엇이 있을까? 그리고 기본적인 인권마저 무시당하고, 열악하고 안전장치 없는 위험한 환경에 노출되어 무방비 상태로 일하는 외국인 근로자들이 정당한 권리를 받고 행복하게 일할 수 있는 환경을 만들어 줄 방법을 생각해보자.

차별과 편견이 쌓아올린 다문화의 벽
세리와 하르

'나는 누구?', '여기는 어디?'

영세한 작은 공장들이 빼곡하게 들어선 가파른 언덕을, 축 늘어진 어깨가 금방이라도 땅에 끌릴 것 같은 걸음으로 터벅터벅 힘겹게 걸어 올라가는 세리. 반면에 가슴을 당당하게 펴고 자전거를 끌고 언덕을 내려오는 하르. 두 소녀의 눈이 마주치려는 찰나의 순간, 누가 먼저랄 것

도 없이 재빠르게 시선을 돌리고 외면하며 스쳐지나 간다. 그들이 애써 눈을 돌리고 모른 척하며 남남처럼 엇갈리는 언덕길 옆 담장에는 마치 쌍둥이인 것처럼 같은 털모자를 쓰고 다정하게 웃고 있는 세리와 하르의 얼굴 벽화가 큼지막하게 자리를 잡고 있다. 그림에서 풍겨지는 느낌으로 짐작해보건대 둘은 분명히 알콩달콩하게 지내던 친구 사이인 것 같은데 어쩌다 찬바람을 쌩쌩 일으키며 평생 마주보지도 않을 것 같은 살벌한 관계가 되었을까? 궁금해진다. 아동이 주인공으로 등장하는 다문화(솔직히 이 용어를 쓰고 싶지는 않지만 달리 부를 용어를 아직 찾지 못했다) 영화는 캐릭터에 대한 몰입감을 증가시켜주고 변화하고 있는 사회적 모습을 비교적 가감 없이 담고 있을 뿐 아니라, 모든 교과에서 접근할 수 있는 주제와 내용을 다루고 있기 때문에 세계시민교육에 효과적인 자료로 활용할 수 있다.

한국인 아빠와 베트남인 엄마 사이에서 태어난 세리는 골프선수 박세리가 우승 트로피를 번쩍 들고 있는 사진을 벽에 붙여 놓고 바라보며, 사람들에게 인정받고 돈을 많이 버는 세계적인 프로골퍼가 되겠다는 당찬 꿈을 날마다 꾸고 있다. 아빠에게 조르고 졸라 중고 아이언 골프채를 손에 넣은 세리는 집 근처 골프연습장에 가서 연습하는 사람들의 자세를 보고 폼을 배울 정도로 호기심과 열정을 가지고 있다. 하지만 골프를 정식으로 배울 엄두를 내지도 못하는 가정형편에, 친구들에게 따돌림과 괴롭힘을 당하는 이유가 베트남 출신 엄마 때문이라고 생각하는 세리는 엄마를 대놓고 무시하며 꼴조차 보기 싫어한다. 그러던 어느 날 갑자기 다리에 힘이 풀려버린 엄마가 동네 분식집 앞에 주저앉는 순간 자기를 괴롭히는 못된 친구들을 피하려던 세리는 그만 엄마를 버려두고 도망을 치는 광경이 벌어지게 되는데, 이 일로 둘째를 임신 중이었던 엄마는 안타깝게도 뱃속의 아이를 잃어버리게 된다.

한편 단단할 것 같은 당당함이 느껴지는 하르는 겉으로는 보기에는 아무 일도 없는 것 같지만 필리핀 불법체류자의 딸이기 때문에 단속에 적발되지 않으려고 애를 쓰며 조심조심 살아간다. 오죽하면 불빛이 새어나가는 것이 두려워 밤에도 불을 켜지 못하고 컴컴한 방에서 초조한 시간을 보내기 일쑤다. 단속반에게 적발되면 당장 추방당할지도 모르는 불안한 처지에 놓여 있는 하르에게는 단속에 쫓겨 도망치다가 교통사고로 세상을 떠난 엄마에 대한, 떠올리기조차 괴로운 가슴 아픈 상처가 있다. 어린 하르는 이 상처를 누구에게도 털어놓지 못한 채 고스란히 가슴에 묻고 살아가는 중이다. 불법체류자인 부모에게서 태어났다는 이유로 한국 국적도, 필리핀 국적도 인정받지 못한 하르는 서류상으로 세상에 존재하지 않는 아이가 되어버렸기 때문에 그녀의 유일한 소원은 한국 정부로부터 자신의 존재를 인정받고 합법적인 사람으로 살아가는 것이다. 하르와 같은 억울함이 발생하지 않으려면 부모의 잘못과 아동의 기본 권리 보장을 별개로 접근할 필요가 있다. 부모의 잘못된 선택으로 인한 법적 불이익을 하르가 고스란히 받고 있는 불합리함을 해소해줄 수 있도록 법률적인 보완이 이루어져서, 불법체류자의 자녀들도 출생신고를 할 수 있고 특별한 이유가 없다면 강제로 추방당하지 않도록 해야 한다. 이렇게 함으로써 기본적인 교육과 복지혜택을 받을 수 있는 기회가 보장되고 성인이 되면 영주권을 취득할 수 있는 길도 열려야 한다.

영화에서 하르는 불법체류자를 색출하기 위한 단속이 심해지는 바람에 불안은 더욱 높아졌고 인권을 무시한 무자비한 단속에 공단마을의 분위기는 마냥 어수선하기만하다. 그런 와중에 다문화노동자들의 문제 해결에 적극적으로 나서주는 동네 개척교회 목사님의 주선으로 방송국 PD와 연결이 되어, 불법체류자 신분임에도 불구하고 희망을 잃지 않고 살아가는 하르의 딱한 이야기가 방송 전파를 타게 된다. 방송은 사회적으로 큰 반향을 불러 일으켰고 덕분에 하르는 세상 사람들로부터 많은 관심과 지지, 성원을 받게 된다.

세리와 하르는 다문화라고 불리는 가정의 아동들이다. 세리는 베트남에서 시집온, 얼굴색이 다른 엄마 때문에 아이들에게 놀림을 받고 괴롭힘의 표적이 되고 있다. 자존감이 바닥을 치고 있는 세리는 엄마가 창피하게 느껴져 의도적으로 멀리하고 있다. 불법체류자인 부모 사이에서 태어난 하르는 불법 신분 꼬리표를 대물림하게 되기 때문에 국제적인 미아가 되어 오래전부터 또래들에게 텃세를 당하고 이유 없는 괴롭힘을 받아왔다. 한국에서 출생하였지만 부모 중 한 사람이 외국인 출신인 세리와 같은 경우는 부모와의 잦은 갈등, 자아정체성 혼란, 자존감 하락과 같은 심리적 스트레스를 겪는다. 또한 외국인 출신 부모의 문화를 습득하는 것에서 오는 이질적 문화 스트레스는 우리가 상상하는 것 이상이다. 한편 하르와 같은 외국인 가정 자녀는 진로와 진학 고민, 국적이 다른 것에서 오는 소외감에 한국어 습득에 대한 어려움이 가중되어 대부분 진로 정체성에 대한 혼란을 겪게 된다. 영화를 관람하면서 세리와 하르 중 누구의 사정이 더 괜찮은지 비교하면서 측은지심을 저울질하는 것은 아무런 의미가 없다. 자신의 의지와 관계없이 생물학적으로 선택된 외모를 가진 세리와 하르는 아직도 단일민족이라는 환상 속에서 빠져나오지 못하고 있는 한국인들 틈에서 이중적인 차별과 편견이 쌓아올린 다문화라는 벽을 힘겹게 오르고 있다. 대한민국의 어떤 청소년보다 혼란스럽고 힘든 치열한 10대의 시간을 버텨내는 중이다. 영화 속 세리와 하르는 각자 나름의 방법으로 최선의 노력을 기울여 환경을 변화시켜 보려고 하지만 힘을 쓰면 쓸수록 상황은 더욱 꼬이고 열악해지기만 할 뿐이다. '나는 누구?', '여기는 어디?'라는 정답 없는 질문을 던지며 오늘과 내일이 거의 다를 것이 없는 삶의 지친 언저리를 보듬고 있는 것이다.

다문화 가정에서 출생하는 자녀는 꾸준히 증가하고 있는데 이들은 다문화 가족에 대한 사회적 편견으로 인해 한국 사회의 구성원으로 살아가고 자리매김하는 데 많은 어려움을 겪고 있다. 한국인의 범주에 포함되지 않는 경우도 많고, 동남아시아에서 온 국제결혼가정 자녀의 경우 경제적 후진국에서 왔다며 무시를 당하는 일이 비일비재하다. 심지어 의지할 수 있는 버팀목이 되어야 하는 한국인 배우자로부터 편견과 무시를 당하는 경우도 많으며 이것으로부터 오는 불신과 갈등은 가정을 해체시키는 원인으로 작용하기도 한다. 21세기 사회는 함께 살아가는 세계시민의 덕목을 제시하며 세계인들이 그에 적합한 자질과 소양을 갖추길 요구하고 있다. 그러므로 학교교육에서 다양한 종교에 대한 이해, 다양한 민족과 인종에 대한 이해와 받아들임, 다양한 가정의 가족사에 대한 이해와 같은 다문화 감수성을 함양할 수 있는 프로그램 개발과 실천 교육이 반드시 필요하다.

영화 〈세리와 하르〉를 감상하다 보면 학교에 가기 싫어 아침마다 부모와 전쟁을 치른다는 초등학교 3학년 다문화 학생의 신문(연합뉴스,

2018) 인터뷰 내용이 떠올라 마음이 답답해지고 괜스레 미안한 마음이 밀려온다.

> "오늘도 학교에서 한마디도 하지 않았다. 아무도 나에게 말을 걸지 않는다. 공부는 어렵다. 아직도 한국말이 서툴다. 엄마도 한국말을 잘 못하기 때문에 집에서도 입 벌릴 일이 별로 없다. 참관 수업하는 날 엄마가 안 오셨으면 좋겠다. 창피하다. 아이들이 놀린다. 피부색이 까맣다고…"

피부색이 다른 데서 오는 은밀한 차별과 답답하기만 한 의사소통은 아이를 자연스레 교실에서 겉돌게 만든다. 그러므로 학교는 따라가기 힘든 공부를 억지로 배워야하는 재미없는 곳이며 놀리고 무시하는 친구들에 맞서서 깨지고 쓰러지지 않기 위해 사활을 걸고 싸워야 하는 전쟁터로 인식이 될 수밖에 없다. 친구는 사귀기 어렵고 부모는 이해해주지 못하고 학교는 따뜻하게 감싸주지 못하니 당연히 학교생활에서 멀어지고 억지로라도 학교에 보내려는 부모와 실랑이를 벌이다가 자의건 타의건 결국 일부 아이들은 공교육 궤도에서 이탈하게 되는 것이다.

교육부가 발표한 2020년 교육기본통계에 따르면 초·중등에 재학하는 다문화 학생 수는 147,378명으로 2019년 대비 10,153명으로 7.4% 증가하여, 지속적인 증가 추세를 나타내고 있고 초·중등학생 중 다문화 학생 비율도 2.8%로 상승 추세를 이어가고 있어 다문화 가정이 사회의 한 구성원으로 분명하게 자리 잡고 있는 현실을 잘 보여준다. 다문화 학생 유형은 국제결혼가정이 77.2%로 가장 높았고, 그중 영화 속 세리처럼 베트남에서 온 엄마를 둔 비율이 31.7%로 가장 높게 나타났다. 다문화가정 자녀들의 취학률은 학교의 급이 높아질수록 현저하게 차이가 나는데 이것은 학년이 올라갈수록 학업을 중단하는 경우가 높아진다는 것을 의미한다. 초·중·고 가운데 다문화 학생 학업중단율이 가장 높은 것은 중학교인데 전체 중학교 학생의 학업중단율 보다 두 배 가까이 높다. 학업중단 원인은 우리가 짐작할 수 있는 것처럼 학업문제와 놀림, 따돌림 등의 대인관계 곤란이 가장 높은 요인을 차지하고 있다. 이와 같은 통계수치는 영화〈세리와 하르〉보다 열악한 환경에 있는 다문화 가정의 아이들이 많다는 것을 시사해준다. 지금도 안개 자욱한 길에서 보이지 않는 이정표를 찾아 방황하는 많은 '세리와 하르'가 자신의 꿈과 희망을 가슴 깊이 묻은 채로 '나는 누구인가?', '여긴 어디지?'라는 질문을 던지며 자아정체성을 찾는 어두운 길을 외롭게 걸어가고 있을 것을 떠올리면 가슴이 먹먹하고 답답하다.

외모 때문에 놀림을 받고 어울려 놀 수 있는 친구가 없다는 것은 다문화 가정에서 자라나는 아동청소년들이 학업을 중단하게 만드는 가장 주된 원인으로 꼽히고 있다. 어떤 아이는 한국 사람처럼 하얀 얼굴로 만들고 싶어 표백제를 섞어 세수를 한다고 하니 참으로 어이없고 슬픈 일이 아닐 수 없다. 우리가 숨을 쉬기 위해 매일 들이 마시는 공기가 다양한 성분들을 포함하고 있듯이 60억이 넘는 인구가 살아가는 지구촌 세계는 다양한 인종과 민족, 국가가 공동으로 살아가는 곳이다. 그러므로 다른 이국적인 외모를 가지고 있고 서툰 언어를 사용하는 사람들이 주위의 시선을 받는 것은 자연스러운 일이다. 하지만 시선을 받는 것은 차별을 받는 것과는 분명히 다르다. 타인과 사회의 시선으로부터 자유롭지 못하게 되면 몸이 얼어붙게 되지만 그것은 자신이 스스로 조절하고 통제하는 것이 가능하다. 그러나 자신을 외면하고 차별하는 세상에 맞서 부딪혀야 하는 것은 시선을 받는 것과는 완전히 다른 문제이다. 외면은 마주치기 꺼려져 얼굴을 돌리고 피하는 것이고 서로가 서로를 버리는 행위이다. 그러므로 시선을 받으면 몸이 얼어붙게 되지만 외면을 당하면 마음이 얼어붙게 된다. 시선으로부터는 마음이 자유로워질 수 있지만 외면으로부터는 마음에 묵직한 쇳덩어리가 매달리는 것이다. 그러므로 외면을 받는 것에서 벗어나는 것은 심리적으로 거의 불가능에 가깝다.

소수가 다수에게 다름을 인정받는 것은 쉽지 않다.

불법체류자 단속반에 체포되어 호송차로 끌려갈 위기에 처했던 하르는 우여곡절 끝에 빠져나와 위험한 상황을 간신히 넘기고 집에 돌아온다. 하지만 텔레비전을 통해 단속에 함께 붙잡혔던 다른 불법체류자들이 본국으로 추방당하게 되었다는 뉴스를 보게 되고 기분이 울적해진다. 불편한 소식을 마주하고 싶지 않은 하르의 아빠가 텔레비전을 끄고는 옷을 주섬주섬 입으면서 다른 일거리를 찾아보기 위해 서울에 다녀오겠다고 하자 이사하는 것이 지겹다며 짜증 가득한 말투로 지금 살고 있는 이 동네(남양주)를 떠나지 않겠다고 반항하듯 말한다. '이곳은 너무 위험하다'는 아빠의 말에 '불법인데 어디를 가나 똑같다'며 대한민국 어디에도 자신이 안전하게 살아갈 곳이 없는 절박한 불법체류자 신세를 한탄한다.

어느 허름한 건물 옥상 위에 먼지가 쌓여있고 군데군데 헤지고 천이 떨어져나간 소파에 시무룩하게 걸터앉은 하르. 보자기에 아무렇게나 싸맨 골프채를 어깨에 둘러맨 세리가 그녀 옆으로 다가와 말없이 앉는

다. 의기소침한 얼굴을 한 하르가 어쩌면 서울로 이
사를 갈지도 모른다고 걱정스럽게 말하자 다른 곳으
로 가지 말고 서로 의지하면서 살아가자며 하르의
신분증을 건네주는 세리의 눈빛에 친구를 향한 간절
한 우정이 가득하다. 세리가 건넨 신분증은 합법적
으로 살아가기를 소망하던 하르가 어느 날 자신이
직접 정성들여 만들었던 종이 신분증인데, 불법체류
자가 대한민국의 합법적인 신분을 갖는 것은 낙타가
바늘구멍을 통과하는 것만큼 어렵고 불가능에 가까

운 일이라는 것을 깨닫는 순간 미련 없이 버렸었다. 이런 세리의 노력에
도 불구하고 하르의 어두워진 얼굴이 펴지지 않고 기분이 좋아질 것 같
지 않자 세리는 하던 말을 멈추고 하르가 바라보고 있는 허공을 응시한
다. 이 순간 두 소녀는 어떤 마음으로 무엇을 바라보고 있었을까?

　아빠가 일하는 공장을 불법체류자 단속반에게 알려준 사람이 세리
라는 사실을 알게 된 하르는 세리에 대한 배신감으로 불신과 미움이 점
점 커지게 되어 관계가 더욱 멀어지게 된다. 단속반의 활동이 강화되자
불안한 마음에 학교에 가지도 못하고 아빠가 일하는 공장 근처를 기웃
거리며 아빠의 안전을 시시각각 확인하는 긴장된 하루를 보낸다. 한편
세리 엄마는 화학물질 중독으로 인해 다리에 마비 증상이 와서 걸음을
옮기지 못하게 되어 병원에 입원하게 되고, 엄마의 치료비는 감당해 내
기 힘들 정도로 늘어간다. 엎친 데 덮친 격으로 악덕 고용주를 잡으려던
아빠마저 브로커라는 모함을 받고 경찰서에 잡혀가게 된다.

　쥐구멍에도 볕이 들 날이 있는 것인지 얼마 지나지 않아 하르는 세
리가 나쁜 마음으로 자신의 아빠가 일하는 곳을 단속반에게 알려준 것
이 아니라는 것을 알게 되어 오해를 풀게 된다. 그리고 세리네 집안의
막막한 사정을 알게 되자 TV에 방영된 자신의 상황을 가엽게 여긴 시청

자들이 따뜻한 성원의 마음으로 보내온 거액(하르에게는)의 후원금을 엄마의 병원비에 보태라며 선뜻 내어놓는다. 이로써 두 소녀는 예전의 관계를 회복하게 되고 폭신폭신한 마음을 나누는 의미 있는 친구가 된다.

영화 〈세리와 하르〉를 보면서 사람은 사람을 통해 변화되고 누군가의 작은 배려와 실천이 세상을 아름답게 바꿀 수 있다는 것을 배우게 된다. 그리고 자연스럽게 세리와 하르의 순수하고 예쁜 웃음과 우정을 지켜주고 싶다는 마음이 간절해진다. 자신의 자아정체성을 찾기 위해 도전하고 혼란을 겪으며 때때로 좌절을 경험하는 것은 아동청소년에서 성숙한 어른이 되기 위해 거쳐야 하는 피할 수 없는 과정이다. 마치 모든 사람들이 앓게 되는 홍역과도 같은 이 길은 거친 파도를 넘어야 하는 것과 같은 에너지가 필요하고 예상하지 못하는 고통이 따르지만 그들을 온전하게 성장시키는 영양가 풍부한 밑거름이 될 것이다. 가정과 학교는 그 과정에 도움을 주는 역할을 충실하게 감당해 내야 한다. 그러나 다문화 가정의 부모들 대부분은 부부가 모두 직업을 가지고 돈을 벌어야 안정적으로 생계유지를 할 수 있는 시대적 맞벌이 가족 상황 때문에 자식 교육에 세세하게 관심을 기울이기 어려운 형편에 처해 있는 경우가 많다. 또한 교육수준이 높지 않거나 한국말을 능숙하게 구사하지 못하는 부모들이 많아 학교교육의 부족한 부분을 가정교육에서 보완하고 채우기를 기대하는 것은 어려운 현실이다.

상황이 이렇다고 손을 놓고만 있을 수는 없다. 이제 우리는 학교에서 실시하고 있는 다문화교육의 틀을 바꾸어 접근해야 할 전환기가 되었다. 우리나라에서 터를 잡고 살아가는 외국인과 다문화 가정의 빠른 증가 추세에 발맞추어 학교 구성원 모두의 다문화 감수성을 높이고, 개인의 문화적 배경과 관계없이 모두에게 공정한 교육기회가 보장되는 적극적인 대책이 필요하다. 그리고 유아기, 아동기, 청소년기와 같은 성장 주기별 특징을 고려하고 한국어 능력이 부족한 중도입국 외국인 학생,

난민과 무슬림 학생 등 다양한 특성에 따라 요구되는 맞춤형 다문화교육을 실천하고 더불어 살기 위한 학습을 구현해내야 한다. 그러기 위해서는 다문화 학생 지원 중심의 다문화교육 추진 방식에서 벗어나서 차별과 편견 방지 및 상호 문화 이해를 위한 교육 방식으로 확장하여 다문화 학생의 문화적 다양성과 차이를 인정하고 개방성을 높여 우리 사회의 발전 동력으로 전환시킬 수 있는 교육정책 정비와 기반 조성이 필요하다.

수업에 적용하기

01 골프선수가 되고 싶은 세리의 꿈을 이룰 수 있는 방법은 무엇이 있을까? 방법을 찾아 세리에게 도움을 주는 편지를 노란 종이비행기에 적어 날려보자.

02 불법체류자 신분에서 벗어나 합법적인 대한민국 국민이 되고 싶은 하르의 간절한 소망이 현실로 이루어질 수 있도록 도움을 줄 수 있는 방법을 구체적으로 생각하고 노란 종이비행기에 적어 날려보자.

03 다문화 가정 친구들을 차별과 편견 없이 대할 수 있도록 자신의 행동을 변화시킬 수 있는 방법을 적어 모둠별로 토론하고 발표해보자.

2 그린 북(Green Book, 2018)

제 작 국: 미국
상영등급: 12세 이상 관람가
상영시간: 130분
감　　독: 피터 패럴리
출　　연: 비고 모텐슨(토니 발레롱가), 마허샬라 알리(돈 셜리)

줄거리

나이트클럽에서 주먹을 휘두르며 거친 일을 해결하는 허풍쟁이 '토니'는 나이트클럽이 두 달 동안 문을 닫게 되자 생계를 유지하기 위해 핫도그 26개를 먹어치우는 푸드 파이팅을 하지만 매일 할 수는 없는 노릇이다. 시계를 전당포에 맡겨야 하는 형편이 되자 지인의 추천으로 흑인 천재 피아니스트 '셜리'의 보디가드를 겸한 운전기사로 특별 채용되어 8주간의 미국 남부지방 순회공연을 함께 나서게 된다. 인종, 성장환경, 성격과 취향이 전혀 다른 두 사람이 흑인의 안전한 남부여행을 돕기 위해 제작된 여행안내서 '그린 북'을 들고 인종차별이 심한 남부지방 순회공연 여정을 시작한다.

관람 포인트

인종차별이 심한 1960년대 미국 남부지방의 사회상을 그린 영화를 통해 인간의 평등과 존엄성에 대해 생각해보자. 충분히 백인답지도 않고, 충분히 흑인답지도 않고, 충분히 남자답지도 않다는 셜리의 말은 어떤 의미일까? 셜리와 토니에게서 배울 수 있는 삶의 지혜와 덕목은 어떤 것이 있는가? 영화에서 처음에는 별로 내키지 않았던 셜리를 받아들이게 되고, 여행을 하면서 부딪치는 온갖 고난과 위험에서 그를 든든하게 보호하며 맡은 소임을 다하는 토니의 태도에서 발견할 수 있는 미덕은 무엇인가?

스스로 존엄함을 지켜낸 최소한의 저항
그린 북

흑인 여행자를 위한 가이드북이 미국에 존재했었다?

영화 〈그린 북〉을 보고 있노라면 '인간은 존엄성을 가진 존재이기 때문에 누구나 존중받고 인간답게 살아야 할 권리가 있다'는 말은 윤리 교과서에나 나오는 번지르르한 말장난 같다는 생각이 저절로 든다. 영화의 제목으로 사용된 '그린 북'은 미국 남부지역을 여행하는 흑인 여행자들이 출입 가능한 숙박 시설과 음식점을 지역별로 모아놓은 지침서로 실제로 "The Negro Motorist Green Book"이라는 제목으로 1936년 발행된 책이다. 이 책을 출판하게 된 동기는 당시 미국에 있는 많은 호텔이나 음식점, 주유소, 휴게소, 심지어 화장실까지 백인 전용으로 지정되어 있는 경우가 많아서 흑인 여행자들이 보편적인 가이드북에 나오는 안내를 받고 찾아갔다가 끼니를 거르고 길에서 밤을 지새우는 경우가 많았기 때문이다. 더군다나 각각의 주(州)나 시(市)마다 복잡하고 다양한 인종차별적 법이 존재했는데 예를 들면 흑인 운전자는 백인 운전자가 탄 차를 추월하면 안 된다는 법이 있었고 어기게 되면 강력히 처벌받거나 폭력에 노출되는 경우가 많았다. 그렇기 때문에 다른 인종에게는 전혀 필요하지도 않고 적용할 필요가 없는 흑인이 주의해야 하는 것, 흑인이 입장 가능한 업소를 소개하는 가이드북이 흑인들에게는 별도로 필요했던 것이다. 차별의 끝판왕이 아닐 수 없다.

1876년부터 1965년까지 미국에서는 인종차별법인 짐 크로 법(Jim Crow Law)이 시행됐었다. 이 법은 주로 미국 남부에서 시행되었던 법으로 흑인과 백인의 분리와 차별을 규정한 법이다. 미국 '그린 북'은 뉴욕시 우체국에서 근무하던 흑인 집배원 '빅터 휴고 그린(Victor Hugo Green)'이 제작한 책으로 자신의 이름에서 책 제목을 따오면서 표지도 녹색으로 만들었다. 그린은 동료 흑인 집배원들에게서 참고자료를 얻어 주(州)마다 차별 없이 모든 이에게 개방하는 숙소, 식당, 주유소 등을 이 책에 실었다. 일리노이주

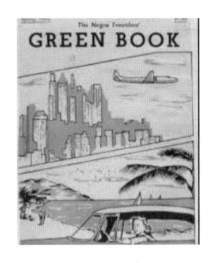

시카고에서 미주리, 캔자스, 오클라호마, 텍사스, 뉴멕시코, 애리조나주를 거쳐 캘리포니아주 샌타모니카에서 끝나는 총 길이 3,939km의 66번 국도를 타고 운전하는 흑인들은 이 책을 생존지침서로 여겼다고 한다. 흑인을 위한 여행안내서 '그린 북'이 당시의 흑인들에게는 절대 범접할 수 없던 백인들 중의 누군가가 을의 위치에 있었던 흑인들의 편의와 안전을 배려하기 위해 만든 책이었다면 마음 깊숙한 곳에서부터 올라오는 불편감과 좌절감, 분노의 감정을 아주 조금은 누그러트릴 수 있었을 것 같다.

'국민의, 국민에 의한, 국민을 위한 정치'를 부르짖던 미국의 링컨대통령이 남북전쟁을 승리로 이끈 후 1863년 1월 1일 노예해방을 선언하고 미국 헌법 수정 제13조가 비준됨으로써 노예해방의 본질적 실현이 이루어진 것이 1865년이다. 그로부터 영화의 시대적 배경인 1962년까지 100년에 가까운 세월이 흘렀다는 것을 감안하면 그 당시에 인종차별이 얼마나 심했으면 이런 가이드북까지 만들어졌고 흑인 차별이 공식적으로 사라지는 1966년 무렵까지 1만 5천권이 판매되어 남부를 여행하는 흑인들에게 생존지침서와 같은 역할을 했었다니 가슴이 답답해지고 슬퍼진다.

실제로 영화에서 주인공 '셜리'가 피아노 순회공연을 다니는 배경으로 등장하는 켄터키주에서는 1976년이 되어서야 노예제도 폐지가 비준되었으며 미시시피주는 그보다 20년이 지난 1995년에 이행되었다고 한다. 세상의 겉모습이 바뀌는 것은 짧은 시간에 가능하지만 제도가 정착되고 의식을 혁신하는 데에는 이렇게 시간이 오래 걸린다. 특히 기득권 세력들이 기존에 가진 것을 움켜쥐고 내어놓기를 거부하는 것일수록 더욱 오랜 시간이 필요한 것 같다. 인종차별 금지법이 생기고 실행되는 데에만 몇 년이 걸려 인종차별이 지속되었고, 법이 시행된 이후에도 사회와 문화에 자리를 잡는 것까지 오랜 시간이 필요했던 이유는 노예들의 값싼 노동력이 필요했던 대지주들의 반대와 흑인과 백인이 사교적으로 섞이는 것을 원하지 않았던 백인 우월주의가 한 몫을 한 것 같다. 이런 실상은 독창적인 연출로 유명한 세계적인 거장 쿠엔틴 타란티노 감독의 영화 장고(Django Unchained, 2012)를 통해 적나라하게 드러난다.

인종차별은 동일한 인종이라는 일치감을 느끼는 특정한 인류 집단이 다른 인종이라고 생각되는 집단에게 행하는 차별 행위를 말한다. 제국주의 시대의 식민지 경영 과정에서 백인들이 자신들의 착취를 정당화하기 위해 인종 간의 관계를 위계 서열화하는 수단으로 적극적으로 사용한 인종차별은 제2차 세계대전을 겪으면서 나치 독일의 아리아인 중심주의에 의해 자행되었던 홀로코스트라는 충격적인 결과를 가져왔다. 인류 역사에서 상상하기 어려울 정도로 끔찍한 비극을 가져다주는 인종차별은 지금도 세계 곳곳에서 일어나고 있는 현재진행형 독버섯이다.

인종차별에 특별한 관심을 기울이지 않는 사람들은 법적으로 금지되었으니 이제 인종차별은 없다고 생각할지 모른다. 하지만 다른 인종, 다른 국적, 다른 문화가 공존하고 충돌하는 곳에서는 여전히 인종차별이 존재하고 수시로 발생하고 있다. 미국 프로농구 경기에서는 'Black Lives Matter(흑인 생명도 소중하다)'[1]라는 문구를 경기나 홍보영상에 삽입하는 등 인종차별을 하지 말자는 캠페인을 적극적으로 하고 있다. 이것은 뿌리 깊은 백인 우월주의가 유색인종들에게 가하는 이유 없는 차별과 무자비한 폭력이 여전히 벌어지고 있고 사회적인 분열과 적대감이 심각하다는 것의 반증이다. 인도의 카스트 제도가 법적으로는 금지되었지만 여전히 출신 성분으로 사람을 차별하여 대우하고 있는 것처럼 말이다. 아무리 좋은 법이 제정되어 시행이 되고 있어도 개인의 편견과 선입견을 강제로 통제할 수는 없기 때문이다.

2021년 3월에 미국의 일러스트 카드 제작사 톱스(Topps)가 미국에서 가장 유서 깊은 대중음악 시상식인 그래미 어워드의 주요 출연진을 우스꽝스러운 모습으로 표현한 카드 시리즈에서 대한민국 아이돌 그룹 방탄소년단(BTS)을 두더지 게임 속 멍든 두더지로 묘사했다가 팬들과 여론의 뭇매를 맞았다. 음악적 면모를 강조한 미국 가수들과 달리 가학적으로 그려진 방탄소년단의 이미지에 아시아 아티스트들에 대한 차별이며 명백한 인종 공격이라는 비판이 거세지자 결국 사과했다. 한편, BTS는 전 세계적인 인종

차별 반대 캠페인에도 적극적으로 참여해 2020년 Black Lives Matter 운동에 100만 달러(한화 약 11억원)를 기부하기도 했다. 인종차별 문제는 평등의 가치를 추구하고 있는 스포츠 장면에서도 종종 발생하고 있다. 영국 프리미어리그 토트넘에서 활약하고 있는 손흥민 선수는 상대팀을 응원하는 극성팬들로부터 소셜미디어에서 '쌀 먹는 사기꾼', '구멍처럼 작은 눈', '고양이와 박쥐, 개나 먹어라'와 같은 모욕적이고 혐오적인 인종차별적 댓글에 시달렸다. 결국, 잉글랜드 축구계는 인종차별 행위를 근절하기 위해 4일 동안 소셜미디어 사용 중단을 선언했지만 이런 조치로 인종차별이 사라질 것으로 생각하는 사람은 아무도 없을 것이다. 참고

로 FIFA(국제축구연맹)는 2006년 독일 월드컵부터 경기 중에 인종차별 발언을 하는 선수를 바로 퇴장시키는 경기 규정을 시행하고 있다.

한국에는 인종차별이 없을까? 우리나라에서 다문화라는 말은 이미 공식적인 언어가 되었다. 한 사회 안에 여러 민족이나 여러 나라의 문화가 공존하고 있다는 뜻을 지닌 다문화(multiple cultures)의 언어적인 뜻과 의미는 전혀 부정적이지 않지만 대부분의 사람들은 외국에서 온 다른 민족에게 차별적으로 적용하는 언어로 인식하고 사용하고 있다. 이런 이유로 국제결혼으로 태어난 2세 아동들은 자신이 다문화 학생이라 불리는 것을 꺼려하고 세상에 드러날까봐 불안해하고 있다. 단일민족의 자손이 아니라는 사실이 알려지면 괴롭힘의 대상이 되고 학교폭력을 당하는 경우가 비일비재하게 일어나기 때문이다. 아직은 사회적으로 큰 문제를 일으키지 않기 때문에 다른 나라에 비하면 인종차별이 심각하지 않은 상태라고 인식하며 관심을 덜 기울이고 소홀하게 취급하고 공동체의 지속가능 발전 대책을 강구하지 않는다면 실수를 하는 것이다. 한국의 인종차별 풍조는 우리의 문제이기 때문에 다른 나라의 인종차별과 비교하는 것은 아무런 의미가 없다. 차별의 더하고 덜하고의 문제가 아니라 인류 공동 지속가능 발전의 문제이므로 세계 평화, 인권, 문화 다양성과 같은 인류 보편적 가치를 폭넓게 이해하고 책임 있는 시민을 양성하는 세계시민교육(Global Citizenship Education)이 효과적으로 이루어져야 한다.

당신에게 든든한 수호천사는 누구인가!

영화 〈그린 북〉으로 한 걸음 더 들어가 보자. 지적이고 예의 바른 천재 흑인 피아니스트 '돈 셜리', 주먹을 앞세우는 다혈질 해결사 '토니'. 영화 〈그린 북〉은 성장환경과 성향, 생활양식이 달라도 너무 다른 고용인 셜리와 피고용인 토니가 티키타카 하면서 흑인에 대한 차별이 매우 심한 미국 남부지역 순회공연을 하기 위해 8주 동안 함께 여행을 한다. 여행 중 일어나는 사건 속에서 서로 갈등을 겪으면서 상대방의 방식을 받아들이게 되며 성숙한 시각으로 인생을 바라보게 되는 어른 성장영화다. 영화 속 주인공 셜리와 토니가 여행 중 발생하는 여러 문제들을 해결해나가는 것을 보고 있노라면 '인간은 성장을 지향하는 존재'라는 인간중심 상담이론을 자연스럽게 이해하게 된다. 특히 폭설을 헤치고 우여곡절 끝에 무사히 집에 돌아와 크리스마스 파티를 즐기고 있는 토니의 집 현관 앞에 샴페인을 들고 서있는 셜리의 용기 있는 모습과 갑자기 찾아온 그를 아무런 편견도 없이 따뜻하게 맞아주고 존중해주는 가족들의 선한 영향력이 담긴 영화의 마지막 장면은 가슴 뭉클하고 훈훈하다.

　돈벌이가 끊겨 가족의 생계가 막막해진 토니는 동네 햄버거 가게의 햄버거 많이 먹기 행사에서 상대방보다 2개 더 많은 26개를 먹어 50달러를 벌어 아내에게 생활비로 내어놓지만 돈을 벌자고 매일 햄버거 많이 먹기 내기를 할 수는 없는 노릇이다. 그의 문제해결능력을 높이 평가하는 지인의 추천으로 셜리의 운전기사 면접을 치르기 위해 카네기홀을 찾은 토니는 밀림의 왕을 연상시키는 복장을 입고 아랫사람을 대하듯 이런저런 조건을 제시하는 셜리가 마음에 들지 않는다. 더욱이 샤이 인종차별주의자였던 토니는 운전기사일 뿐만 아니라 일정을 관리하고, 옷을 세탁하고, 구두를 닦아야 한다는 근로조건을 듣고는 단번에 거절하고 뒤돌아 나온다. 하지만 자신의 손목시계를 전당포에 맡기고 급하게 50달러를 빌려야 하는 궁핍한 경제사정에 놓여있었던 토니는 결국 주급 125달러에 무료로 숙식을 제공받는 조건을 받아들이고 크리스마스 전날까지는 반드시 돌아와야 한다는 조건을 달고 운전기사를 겸한 보디가드,

일정을 관리하는 집사가 되어 남부지방으로 향한다. 1960년대에는 1달러로 영화표 2장을 구입할 수 있었다고 하니 애매하기는 하지만 영화표 가격을 기준으로 지금의 화폐가치를 대략 짐작해보면 토니는 일주일에 3백만 원이라는 고임금 특급 대우를 받은 것이다. 스스로 남부순회 공연을 선택한 셜리는 그 당시 미국의 시대적 상황에서 흑인이라는 핸디캡을 어떻게 극복할까? 장기간 이어지는 공연을 무사히 마칠 수는 있을까? 바른생활 피아니스트 '돈 셜리'와 반칙을 밥 먹듯 하는 건달 '토니 발레롱가'가 함께 다니는 미국 남부지방 순회공연에서는 과연 어떤 일이 벌어질까?

첫 순회공연 도시인 펜실베니아주 피츠버그에 도착하여 저녁식사를 하고 별일 없이 호텔 체크인을 한 두 사람은 각자의 방으로 들어간다. 늦은 밤에 담배를 피우기 위해 발코니로 나온 토니는 호텔 야외 라운지에서 셜리의 반주를 맡은 첼리스트 '올렉'과, 베이시스트 '조지'가 피츠버그의 뭇 여성들과 술을 마시며 즐겁게 잡담을 나누고 있는 것과는 대조적으로 홀로 발코니에 앉아 위스키를 마시고 있는 셜리의 모습을 보게 되고, 그에게로부터 쓸쓸함을 느꼈다는 소회를 아내에게 보내는 편지에 쓴다. 셜리의 첫 연주는 성처럼 웅장한 대저택에서 열렸고 관객들의 마음을 사로잡기에 충분했다. 물론 백인들만 입장이 가능했다. 연주를 마친 후 돌아가기 위해 차를 타려던 셜리는 백인이기 때문에 마음만 있으면 자신의 연주를 감상할 수 있는 기회가 있었음에도 불구하고 밖에서 다른 운전기사들(모두 흑인)과 돈 따먹기 게임이나 하고 있었던 토니에게 "저들은 공연장에 들어올지 말지 선택할 수 없었지만, 당신은 할 수 있었어요."라며 어리석은 운전기사에게 기회는 가지고 있을 때 활용하는 것이 중요하다는 것을 일깨워주려고 한다.

이 장면에서 우리는 '공정'이라는 가치를 화두에 올릴 수 있다. 누구에게나 동등한 기회가 주어지는 것을 공정이라고 한다. 사람들은 누구나 공평하고 정당한 기회를 갖기를 원한다. 하지만 모두가 공정한 기회를 보장받는 것은 아니다. 그리고 세상은 모두에게 공정한 기회를 주지 않는 경우도 자주 발생한다. 누군가는 숨을 쉬는 것처럼 쉽게 받는 기회가 누군가에게는 아무리 노력해도 절대 찾아오지 않는 경우가 있다는 말이다. 그러므로 기회를 가진 사람들은 자신에게 주어지는 기회를 소중하게 여기고 감사하는 마음으로 활용할 수 있는 겸손의 미덕을 갖추어야 할 것이다.

인디애나주 하노버 공연장으로 가던 길에 들른 휴게소에서 셜리는 가판대에서 굴러 땅에 떨어진 옥석(玉石)을 주워 자신의 주머니에 슬쩍 넣는 토니를 발견하게 된다. 물건 값을 지불하든지 도로 제자리에 놓고 오라는 신경전을 벌이며 옥신각신하게 되어 두 사람 사이에는 미묘한 분위기가 흐르게 된다. 그런데, 규범을 지키며 원칙대로 살아가는 셜리의 영향을 받은 때문인지 하노버의 공연장 시설과 악기를 사전 점검하던 토니는 셜리가 연주할 피아노가 공연계약서에 명시된 '스타인 웨이(Steinway)[2]'가 아닌 쓰레기로 가득 찬 것임을 발견하고 계약서대로 준비해 줄 것을 요구한다. 하지만 시설관리인이 받아들이지 않자 그의 뺨을 때려 피아노를 당장 스타인 웨이로 바꾸어 놓는다. 아이러니하게도 법과 원칙에서 벗어나 폭력을 사용하는 토니의 거친 문제해결방법이 계약조건에 명시된 대로 일이 진행되게 만든 것이다. 그런데 단지 흑인이라는 이유만으로 차별받는 셜리에게 마음을 많이 주어서 그런지 이상하게도 시설관리인에게 날리는 토니의 폭력이 마음에 거슬리지 않고 시원하게 느껴진다.

켄터키로 이동하는 차 안에서 셜리는 자신에 대해 솔직하게 털어놓는 떠벌이 토니에게 불편해진 자신의 가족 이야기를 나누며 속마음을 살짝 열어 보이기 시작하고, 둘은 그렇게 서서히 가슴을 열고 마음의 교류를 시작한다. 그러던 중, 켄터키주 루이빌 숙소 근처 술집에서 술을 한 잔 마시던 셜리가 인종차별을 서슴없이 자행하는 동네 불량배들에게 이유도 없이 감금되어 집단 구타를 당하는 사건이 벌어진다. 이런 험한 일을 전문적으로 해결해온 토니의 번뜩이는 기지와 임기응변으로 가까스로 위험에서 빠져나오게 되고, 토니는 앞으로 자기 없이는 아무 데도 가지 말라며 불같이 화를 낸다. 셜리는 자신 때문에 귀찮은 일이 벌어진 것에 대한 화가 아니라 진정으로 자기를 걱정해주는 따뜻한 마음이라는 것을 느끼며 마음으로부터 우러나오는 우정을 나누는 계기가 된다.

테네시주 멤피스에 도착한 토니는 호텔 앞에서 우연히 옛 동료들을 마주치는데, 그들은 밀란자인(Mee lanzan)3을 따라다니지 말라며 새로운 일자리를 소개해 주겠다고 제안한다. 한편 토니가 운전기사를 그만두고 자신을 떠날까봐 걱정이 앞선 셜리는 토니에게 정식 로드 매니저로 승격시켜주고 급여를 올려주겠다고 제안한다. 외로운 셜리가 토니에게 얼마나 의지하고 있는지 짐작하게 해주는 이 장면에서 셜리의 애잔함이 고스란히 느껴진다. 하지만 이미 스스로 셜리의 든든한 수호천사를 자처한 토니는 급여와 상관없이 자신은 아무 데도 가지 않는다며 의리를 보여준다. 거친 언행에 무식하고 단순해 보이지만 토니는 믿음직스럽고 따뜻하며 마음이 넉넉한 보디가드다. 셜리의 아픔과 상처를 감싸 안아준 것은 인종차별을 넘어선 토니의 따뜻한 존중감이 아닐까! 여행을 떠나던 날, 편지를 자주 써서 보내달라는 아내의 말을 무시하지 않고 엉겁결에 한 약속이지만 그것을 지키기 위해 시간이 날 때마다 삐뚤빼뚤한

글씨로 서툰 감정을 표현하는 노력만 보아도 그가 얼마나 따뜻한 사람인지 짐작할 수 있다. 그렇게 따뜻한 사람이기 때문에 마지막까지 셜리를 감싸고 보호할 수 있었던 것이다. 한편 토니가 볼펜을 꾹꾹 눌러가며 아내 '돌로레스'에게 사랑 가득한 편지를 쓸 때 은근슬쩍 틀린 철자를 바로 잡아주고 감정을 세련되게 표현할 수 있도록 첨삭을 도와주는 셜리 덕분에 아내에 대한 사랑과 애정을 뜨겁게 전하는 로맨티스트로 변해가는 토니를 볼 때에는 흐뭇한 마음이 든다.

흑인 차별과 관련된 다른 영화를 잠깐 소개하고 싶다. 영화 〈그린 북〉의 흑인 셜리에게 장기간의 남부 순회공연을 가능하게 도와준 문제 해결사 백인 토니가 수호천사라면, 영화 〈장고: 분노의 추적자, 2012〉의 흑인 '장고'에게는 노예라는 신분의 굴레에서 벗어나 자유인으로 숨을 쉴 수 있게 만들어 준 정의감 넘치는 백인 킹 슐츠가 수호천사였다. 주요 내용은 미국이 남부와 북부로 나뉘어 전쟁을 시작하기 2년 전, 자유를 찾으려는 의지가 달아오른 노예들과 가진 것을 지키려고 안간힘을 쓰는 백인 지주들 간의 긴장감이 팽팽하던 1859년 남부 텍사스, 테네시, 캔디랜드를 배경으로 주인공 장고가 악덕한 농장주로 인해 헤어진 아내를 찾아가는 복수극이다.

주눅 들지 않고 모욕당하지 않는 떳떳함

노스캐롤라이나주 롤리에서 1부 공연을 마친 후 인터미션 시간에 화장실을 가고 싶은 셜리는 내부 화장실을 사용하지 못하게 하는 인종 차별적 대우에 마음이 상해버린다. 그들이 사용하는 내부 화장실이 아닌, 곧 무너질 것 같은 허름한 판자로 만들어 놓은 바깥 화장실을 사용하라는 말에 셜리는 휴식시간이 길어지더라도 30분이나 떨어져 있는 숙소에 가서 용변을 해결하고 돌아와 공연을 마친다. 자신이었다면 길거리에서 볼일을 보았을 거라는 토니의 구시렁거림에도 아랑곳하지 않고 긴 시간 이동하여 볼일을 해결하는 고집스러운 셜리의 행동이 스스로의 자존감을 지키기 위해 자신이 선택할 수 있는 최소한의 방법이었다는 것을 영화를 본 사람이라면 모두 알 수 있다. 아무 쓸모가 없는 자신들의 배설물조차 흑인과 다른 대단한 것이라도 되는 듯 건방을 떠는 백인에게 크게 한 방 먹인 것이다.

인간의 자존감은 타인으로부터 부당한 대우를 받는 것보다 부당한 대우에 굴복하는 자신을 마주할 때 더 큰 치명상을 입는다. 그러므로 저급하고 비열한 인간들로부터 스스로의 존엄함을 지키려면 셜리와 같은 최소한의 저항이 필요하다. 흑인 천재 피아니스트가 검은 손으로 연주하는 음악에는 감동을 받고 기립박수로 열광을 하면서도 물을 내리면 아무것도 남지 않는 그깟 화장실을 함께 사용하지 못하겠다는 남부 귀족들의 일그러진 편견에 뒷맛이 씁쓸해진다. 단언컨대 그들에게 음악은 사치를 위한 수단일 뿐이었을 것이다. 하지만 최소한의 인격적 배려를 갖추지 못한 천박한 백인을 향해 최소한의 인격적 대우를 떳떳하게 요구한 셜리는 진정으로 음악을 사랑하고 자신의 손가락을 통해 나오는 연주를 존중하고 자기를 사랑할 줄 아는 사람이다.

영화 〈그린 북〉 힐링시네마에 참가했던 영화심리상담사들은 노스캐롤라이나주 롤리로 가던 중 차량을 수리하는 토니와 차 안에 앉아 수리가 끝나기를 기다리던 셜리를, 들에서 일하던 흑인 노예들이 하던 일을 멈추고 한참을 바라보던 눈빛을 가장 인상적인 장면으로 꼽았다. 백인이 운전하고 흑인은 뒷좌석에서 인격적으로 대접받는 모습을 그들은 태어나서 처음 보았을 것이다. 그런 셜리를 신기한 듯 바라보던 그들은 아마도 그런 대접은 한 번도 받지 못했을 것이다. 밭에서 일하고 있는 다른 흑인들과 눈이 마주친 셜리와 그를 의아한 눈빛으로 바라보는 흑인들. 이 장면은 같은 흑인들이라도 거리감을 느낄 수밖에 없어 정체성에 혼란을 겪고 있는 셜리의 복잡한 심정을 잘 나타내주는 것 같다.

조지아주 멤피스 거리 상가에 걸려있는 멋진 양복에 눈길이 간 셜리가 양복점 안으로 들어가 몸에 걸쳐보려고 하자 가게 주인은 흑인은 구입하기 전에는 옷을 입어볼 수 없다며 대놓고 노골적인 인종차별을 한다. 자존심 상하는 상황임에도 불구하고 멋쩍은 미소로 얼른 덮어버리고 양복점 문을 나서는 셜리의 어깨가 유난히 좁아 보인다. 그날 저녁 공연에서 굳은 표정으로 온 힘을 다해 건반을 내리치는 셜리의 손끝에서 연주되던 'Blue Skies'라는 곡은 인종차별에 짓밟힌 자존감에 난 상처를 폭포수로 씻어내고 더 이상 비참해지지 않으려고 하늘을 향해 울부짖는 셜리의 안간힘처럼 들린다. 재능을 인정받는 천재 피아니스트인 셜리는 같은 피부색을 가진 동족들에게는 부러움의 대상이었지만 백인들에게는 그냥 인종차별 대상인 흑인 중 한 명에 지나지 않은 취급을 받았다. 그런 셜리가 진정한 자기로 살아내는 것이 힘들 때마다 작은 바람에도 쉽게 흔들렸을 것임은 어렵지 않게 짐작할 수 있다. 셜리를 바라보던 노예들의 의아스런 눈빛과 셜리의 흔들리는 눈동자가 오버랩 되어 가슴에 예리하게 꽂힌다.

가는 곳마다 이런저런 일을 겪으며 서로의 마음을 알게 되고 믿음이 두텁게 쌓인 두 사람은 아칸소주 리틀록을 지나 루이지애나주 배턴루지를 거쳐 미시시피주 투펠로와 잭슨에서의 공연을 성공적으로 마친다. 그런데 다음 행선지로 가던 도중에 경찰의 불심검문 과정에서 화를 참지 못한 토니가 인종차별적 발언을 하는 경찰관을 주먹으로 때리는 사건이 발생하고 두 사람은 경찰서 유치장에 갇히게 된다. 폭력을 휘두르지 않은 셜리를 가둔 이유는 일몰 후 백인만 통행가능(Whites only within city limits after dark)한, 즉 해가 지면 흑인은 통행금지라는 미시시피주의 법 때문이라니 얼마나 어처구니없고 불평등한 시대였는지 알 것 같다. 셜리의 전화 한 통으로 당시 법무장관이었던 로버트 케네디의 보이지 않는 힘 덕분에 풀려났지만 자신의 세상이 당신보다 더 흑인스럽다는 토니의 말에 격분한 셜리는 세차게 쏟아지는 비를 온몸으로 맞으며 토니에게 울분을 토해내듯 소리친다.

> "그래요, 난 성에 살아. 혼자서! 돈 많은 백인이 피아노 치라고 돈을 주지. 문화인 기분을 좀 내보려고 하지만 무대에서 내려오는 순간 그 사람들한테는 나도 그냥 깜둥이일 뿐이야. 그게 그들의 진짜 문화니까. 그런데 하소연할 곳도 없어. 내 사람들도 날 거부하거든. 자신들과 다르다면서! 충분히 백인답지도 않고 충분히 흑인답지도 않고 충분히 남자답지도 않으면 난 대체 뭐죠?"

영화 〈그린 북〉이 관객들에게 전달하고자 하는 핵심 의미가 함축적으로 들어가 있는 장면인 것 같다. 이 말을 들은 이후 토니는 생각이 깊어지고 진정으로 셜리를 위하는 일이 무엇인지 깨달은 것 같다.

우여곡절 끝에 마지막 공연이 예정된 앨라배마주 버밍햄에 도착한 일행은 연주를 앞두고 함께 식사를 하려 한다. 그런데 식당 지배인이 흑인은 이 식당에서 함께 식사할 수 없다며 셜리의 앞을 막아선다. 토니와 지배인이 옥신각신하며 얼굴을 붉히는 상황까지 이르게 되자 셜리는 '이곳에서 식사를 하지 못하면 공연도 하지 않겠다'고 자신의 소신을 당당하게 밝히고 식당을 떠난다. 팬들과 약속한 공연도 중요하지만 더 이상 자존심에 상처를 받고 싶지 않았던 마음이 컸던 것 같다. 백인 전용 식당을 박차고 나와 인종에 관계없이 누구나 들어갈 수 있는 건너편 식당에서 편안한 마음으로 식사를 하던 셜리는 레스토랑 웨이트리스의 갑작스런 제안을 받고 무대에 오르게 되고 즉석에서 연주를 시작한다. 셜리의 연주는 사람들을 단숨에 매료시키고 식당을 가득 메운 사람들은 셜리의 환상적인 연주에 흠뻑 빠져들어 축제의 시간을 즐긴다. 셜리는 자유로운 영혼을 만끽하며 꺼져가는 등불 같았던 자신의 존재감을 되살려내고 진정한 행복이 무엇인지 깨닫게 된다.

순회공연을 함께 다니는 음악가 세 명 중에 가장 핵심이 되는 연주자는 피아니스트 셜리이다. 대중들이 셜리의 연주를 듣고 싶어 공연을 먼저 제안한 것이기 때문에 셜리가 빠진 공연은 별 의미가 없다. 그런데 하나의 팀으로 구성된 트리오 중 두 연주자(첼리스트와 베이시스트)는 출발부터 셜리와 다른 차로 이동하고 식사도 따로 하고 호텔도 다른 곳에 묵는다. 두 사람은 셜리가 위기에 빠진 것을 눈앞에서 바라보면서도 선뜻 나서서 돕지 않는다. 무대에서 공연을 함께 하고 음악적 소울을 나누는 가장 가까운 동료임에도 불구하고 셜리와 가까워지려 하지 않을 뿐만 아니라 곤란한 상황에서 편을 들어주지도 않는다. 심지어 레스토랑 입장을 거부당해 연주를 앞두고 식사조차 하지 못하는 셜리의 딱한 상황을 보면서도 말 한마디 거들지 않고 강 건너 불구경하듯 바라보고 있기만 할 뿐이다. 음악적으로 충분히 교감을 나누는 동료도 인종차별의 올가미는 쓰기 두려웠던 모양이다. 피부색이 검다는 이유 같지 않은 이유로 동료가 비웃음을 받을 때, 차별을 당할 때, 혐오의 대상이 될 때 외면하는 두 사람의 머릿속은 얄팍한 인종우월감을 맛보려는 찌질함과 뒤틀린 냉소 이미지로 도배되어 있을 것이다. 이들은 사람에게 보여야 할 최소한의 예의를 잃어버린 사람들이라고 생각한다.

01 '셜리'는 무엇을 얻기 위해 인종차별이 심한 남부지방 순회공연을 떠난 것일까?

02 나는 주인공 셜리처럼 다른 사람에게 먼저 손 내미는 것을 꺼려하는 사람인가? 꺼려한 적이 있었다면 상대방은 누구였나? 그리고 그 꺼리는 마음은 어디에서 시작하는가?

03 셜리를 지키는 토니처럼 언제 어디에서든 당신을 지켜주고 감싸주는 수호천사 같은 사람이 있는가? 있다면 그는 누구인가?

04 만약 당신이 셜리처럼 인종차별을 받는 상황에 있다면 어떻게 행동할 것인가?

  1) 화장실을 따로 사용해야 한다면?

  2) 식당에서 식사를 하지 못하게 제재를 당한다면?

  3) 사고 싶은 옷을 미리 입어볼 수 없다면?

05 망설이고 망설이다가 크리스마스 파티가 열리는 토니의 집에 찾아간 셜리에게 응원의 말을 적어 크리스마스 트리에 붙여보자.

3 헬프(The help, 2011)

제 작 국: 미국
상영등급: 전체 관람가
상영시간: 146분
감　　독: 테이트 테일러
출　　연: 엠마 스톤(유지니아 '스키터' 펠런), 비올라 데이비스(에이블린
　　　　　클락), 옥타비아 스펜서(미니 잭슨)

줄거리

1960년 미국의 미시시피주, 노예제도는 사라졌지만 흑인 여성들은 대부분 백인 가정의 가정부나 유모로 살아간다. 17명의 백인 아이들을 돌본 흑인 유모 에이블린은 정작 자신의 아들은 돌보지 못했다. 대학을 졸업하고 고향으로 돌아온 백인 여성 스키터는 다른 백인 여성들과 다르게 흑인 가정부들의 삶에 관심을 가진다. 그녀는 백인 가정에서 가정부나 유모를 하는 흑인 여성들의 이야기를 모아 책을 내려고 한다.

관람 포인트

노예제도가 사라졌음에도 흑인들은 왜, 가정부와 일용직 노동자 같은 일들만 해야 했을까? 그들에게 음식을 만드는 일을 시키면서도 그들이 병을 옮길 수 있다고 하여 화장실을 사용하지 못하게 하는 사고는 합리적일까? 다른 백인 여성들은 흑인 가정부들의 삶에 관심을 가지지 않는데, 스키터는 어떻게 흑인 가정부들의 입장을 생각하고 그들을 위한 글을 쓰려는 마음을 가질 수 있었을까? 부당한 현실을 변화시키는 일에는 왜 용기가 필요할까? 질문을 가지고 보면 더 많은 것이 보이는 영화이다.

진실을 말할 수 있는 힘, 그것이 용기인 이유는 무엇인가? 헬프

제도와 법을 넘어 문화로서의 인권과 평등

진실을 말할 수 있는 힘! 그것이 용기인 이유는 무엇인가?

부당한 대우를 받은 적이 있었는가? 있었다면 부당함에 대해 이야기 했는가? 하지 않았다면 또는 하지 못했다면 그 이유는 무엇일까?

우리는 생활 속에서 많은 부당함을 경험한다. 가정에서 학업 성적이나 성별로 인해 부모에게 차별을 받는 것에서 시작하여 학교나, 직장에서도 불합리한 대우라고 여겨지는 많은 일들을 경험한다. 학교 수업에서 우리는 잘못된 것은 잘못되었다고 말하는 것이 용기이며, 그것이 세상을 긍정적으로 변화시킬 수 있는 방법이라고 배운다. 하지만 우리가 그렇게 하지 못하는 이유는 무엇일까?

영화 속 주인공들이 당한 모멸과 차별을 우리가 받았다면, 우리는 어떻게 행동했을까? 영화 속 주인공들에게 가장 무서운 것은, 그들이 말한 진실로 인해 그들이 당할 수 있는 피해였다. 그들은 진실을 말했다는 이유로 직장을 잃을 수 있었고, 폭력적인 백인들에게 살해 당할 수도 있었다. 대부분의 흑인 가정부들은 가정부 자리를 지키기 위해 부당한 백인들의 대우를 견뎌내는 삶을 살고 있다. 부당함을 견디면서 지켜내는 일상의 의미는 무엇일까?

주인공 미니는 너무 용변이 급해 백인 화장실을 사용하다가 주인에게 걸린다.

그들은, 가족과 자신을 지켜내야 한다는 의무에 충실했다. 그들에게 삶은 무엇인가를 이루어내고 만들어가는 행복과 성장의 과정이 아니라, 버겁게 견뎌내야 하는 의무와 숙제일 뿐이었다. 그들은 용기를 내어 자신의 이야기를 하고, 자신을 찾아가는 과정을 통해 삶의 진정한 주인이 되어 간다.

어떤 사람들은 자신의 삶에 만족하지 못하는 것은 당연한 일이라고 한다. 그래서 불만을 이야기하기보다는 현실을 긍정적으로 생각하고 잘 적응하라고 한다. 인간 사회에서 한 번도 공정이나 정의가 실현된 적이 없으며, 불만을 가지고 투정해 봐야, 괴로운 것은 불만을 가진 사람의 인생뿐이라고 한다.

에이블린이 흑인 가정부들의 화장실 사용 상황에 대해 설명하고 있다.

과연 그럴까?

삶에서 우리가 원하는 것은 무엇인가? 우리가 추구하는 삶은 절대선이 실현된 이상적인 모습이 아니다. 우리는 우리가 살고 있는 시대의 부조리함과 모순을 하나씩 찾고 개선하며 부당함이나 부조리함을 조금씩이라도 줄여가는 것, 그것이 우리들이 추구할 수 있는 가장 이상적인 모습이 아닐까?

아무리 민주적이며, 합리적인 사회라 하더라도 변화에 대한 의견을 제시하는 것은 용기가 필요한 일이다. 그 변화로 인해 얻었던 이익을 잃는 사람이 있고, 그 이전의 모습이 정의라고 믿는 사람들이 있기 때문이다. 용기를 내는 사람들이 더 작은 결심만으로도 의견을 표현할 수 있는 사회, 더 많은 것을

에이블린은 자신들의 이야기를 하는 것에 두려움을 느낀다.

걸지 않아도, 자신의 신념을 이야기할 수 있는 사회가 되어야 한다. 참을 수 없는 불의에 대해 목숨을 걸고 이야기하는 사회가 아니라, 내 삶의 부당함에 대해 큰 결심을 하지 않아도 문제를 제기할 수 있는 권리

가 보장된 사회가 우리가 희망하는 사회이다. 말할 수 있는 형식적 기회를 주는 것이 아니라 자유롭게 말할 수 있는 사회 구조와 분위기가 형성되어야 한다. 우리는 이제, 제도로 보장되는 권리를 넘어 문화로 권리가 보장되는 사회를 만들어야한다.

수업에 적용하기

01 우리 사회의 제도, 법, 문화 중 정의롭지 않다고 생각하는 부분이 있다면 무엇인지 제시해보자.

02 진실을 말하는 일에는 용기가 필요한 이유가 무엇일까?

03 사회의 문제를 개선하기 위해 어떤 노력을 해야 할까?

04 우리 사회에서 영화 속 흑인들처럼 부당한 대우를 받고 있는 사람들이 있을까? 그들은 누구인가?

흑인 여성들은 왜 가정부나 유모가 되어야 했을까?

흑인들은 왜 가난했을까?

그들의 가난을 그들의 무책임, 무능력, 불성실 때문이라고 할 수 있을까?

모든 인간의 존엄과 평등을 천명한 미국의 독립선언서 및 프랑스 혁명의 선언이 발표된 지 250년이 지난 지금도 여전히 많은 사람들이, 인간은 모두가 평등하다는 생각에 온전히 공감할까? 누군가의 삶이 그가 태어난 환경과 조건에 의해 모두 결정되어 버린다면, 그것은 바람직할까? 많은 사상가들은 모든 인간이 노력을 통해 자신의 가능성을 실현시킬 수 있는 권리를 가지고 태어난다고 이야기 했고, 그 권리가 실질적으로 보장되는 사회를 만드는 법을 연구하였다.

영화 속 미국에서는 흑인을 차별하는 법은 철폐되었다. 하지만 흑인 남성들은 대부분 일용직 노동자로 살아가며, 여성들은 백인 가정의 유모나 가정부로 살아간다. 왜 그들은 그러한 삶을 반복해야 했을까?

에이블린이 가정부로서 살아온 자신의 이야기를 하고 있다.

흑인들이 자유를 보장받았을 때, 그들의 상태는 어떠했을까? 노예로 일했던 충분한 대가를 보상받았을까? 가난의 대물림은 많은 국가에서 지속적으로 나타나는 현상이다. 우리 사회의 불공정에 대해 이야기할 때 가장 많이 거론되는 것이 그가 어떤 재능을 가지고 어떤 노력을 했느냐가 아니라 어떤 조건의 가정에서 출생했느냐에 따라 인생의 많은 것이 결정된다는 것이다.

백인들과 다르게 제대로 된 교육을 받지 못한 흑인 여성이 할 수 있는 일은 단순한 노동으로 한정되며, 그 일에 대한 대가로는 생존을 하기도 힘들었다. 영화에서 흑인 가정부의 자녀가 공부를 잘해 대학에 입학했지만, 정상적인 과정으로 돈을 절약하거나 저축해서는 대학 입학금을 버는 것이 불가능한 상황이 나온다. 재능이 있는 아이가 태어나도 그아이가 재능을 발현할 수 있는 기회를 찾기 어려우며, 기회를 얻었다고 해도 또 다른 문제로 인해 그들은 더 적은 노력을 한 백인 자녀와의 경쟁에서 이기기 힘들 것이다.

미국의 정치 철학자 존 롤스 교수는 인간의 기본적 자유가 보장되는 사회가 바람직한 사회라고 제시하였으며, 무엇보다 사회적 약자들의 실질적인 자기실현의 자유가 보장될 수 있는 사회적 지원이 필요함을 제시하였다. 차별이나 특혜는 강자의 더 큰 성취를 위해 존재하는 것이 아니라, 약자들이 불리함을 극복하고 자기실현을 할 수 있는 기회를 제공해 주기 위해 존재해야 한다고 했다. 물론, 인간은 근본적으로 모두 다른 조건을 가지고 태어난다. 그 사회의 여건에 따라 윤택한 삶을 살아갈 수 있는 조건이나 상황에서 태어나는 사람이 있고 그렇지 못한 사람이 있을 수 있다.1 어떤 조건을 가지고, 어떤 상황에서 태어나더라도 기본적 자유(인권)를 평등하게 보장받을 수 있는 사회, 자신의 잠재력 실현의 실질적 기회를 모든 사람이 보장받을 수 있는 사회를 우리는 지향한다.

이제 우리 사회의 모습에 대해 생각해보자. 우리 사회의 모든 청소년들은 자신이 원하는 진로를 선택할 수 있는 기회를 동등하게 보장받았을까? 바이올린 연주자가 되고 싶은 학생 중, 어떤 학생이 바이올린 연주자가 될까? 가난한 가정에서 태어난 학생도 바이올린에 재능이 있다면 바이올린 연주가가 될 수 있을까? 될 수 있다고 생각하는 사람은 바이올린 연주자가 되기 위해 대학을 가려고 할 때, 어떤 능력이 필요하며 그 능력을 기르기 위해 어떤 과정을 거쳐야 하는지, 그 과정을 위해 얼마나 많은 경제적 지원이 필요한지 살펴보아야 할 것이다. 그의 의지와 재능, 노력이 그의 삶을 결정하는 것이 아니라, 그가 태어난 조건이나 상황이 모든 것을 결정하는 사회를 극복하는 방법을 함께 찾는 것이 우리 사회의 가장 중요한 과제이다.

자유의 의미를 탐색하기 위해 다음과 같이 탐구해 보았다.

📖 **다음의 이야기를 듣고, 내가 세일러문이라고 한다면, 나는 어떻게 할지 제시하고 그 이유를 설명해보세요.**

나는 세일러문이다. 나는 노예제도가 인간이 다른 인간의 권리를 억압하고 착취하는 제도로 문제가 있다고 생각하여, 노예제도가 있는 지역에서 노예들과 연합하여 주인들과 전쟁을 하였다. 그 힘든 전쟁 결과, 드디어 주인 대표에게 더 이상 노예제도를 유지하지 않으며 모든 노예에게 자유를 주겠다고 하는 약속을 받았다. 나는 노예였던 사람들을 모아서 이야기 했다. "주인들이 모두 당신들에게 자유를 주기로 했습니다. 이제 여러분은 자신의 삶의 모든 문제를 여러분들이 스스로 결정할 수 있는 자유를 가지게 되었습니다. 남에게 피해를 주는 범죄가 아니라면, 여러분들은 자신의 삶을 선택할 수 있는 권리가 있습니다." "와!, 와!" 하는 함성이 울렸다. 그런데 그 때, 구석에 있던 노인이 세일러문에게 이렇게 이야기했다. "무엇을 해도 남에게 피해를 주지 않는다면, 제 삶을 제가 선택해도 된다구요? 그렇다면 저는 그냥 노예로 살겠습니다. 저는 자유인으로 살아갈 자신도 없고, 노예로서의 삶이 편합니다. 저의 주인도 그것을 원하니. 저는 그냥 노예로 살겠습니다."
이 때에 세일러문은 어떻게 해야할까?

이 과제를 수행하다보면, 약 60% 정도의 학생들은 다음과 같은 논리를 제시한다. 주인이 되었다는 것은 자유를 가지는 것이며, 선택은 다양할 수 있고, 그 다양한 선택을 존중하는 것이 자유를 주는 것이니, 노예의 삶이 우리 모두에게 보편적으로 좋지 않은 것이라도, 노인이 그것을 더 좋다고 생각한다면(그것이 다른 사람에게 피해를 주는 범죄가 아닌 한) 노인의 선택을 존중해야 한다는 것이다.

여기서 우리는 선택에 대해 생각해 볼 수 있다. 노인이 노예로서의 삶을 살겠다고 한 것이 진정한 선택이 될 수 있는가? 노인이 자유인으로서의 삶을 거부하는 이유는 무엇일까? 그는 자유인으로 살아갈 능력이 없기 때문이다. 우리가 노인에게 자유를 줄 때는, 그가 살아갈 수 있는 경제적 기반을 제공해 주어야 하고, 그가 자신의 직업을 선택할 수 있는 실질적인 기회를 주어야 할 것이다. 이렇게 되었을 때도 자유인의 삶을 포기한다고 한다면 진정한 의미의 선택이 될 것이다. 만약 노예의 삶과, 자유인의 삶을 다 경험한 사람에게 두 삶 중 어느 하나를 선택하라고 할 때, 과연 노예의 삶을 선택할 사람이 있을까?

수업에 적용하기

01 영화 속에서 흑인들이 가난했던 이유는 무엇일까?
   흑인들의 삶을 변화시키기 위해서 어떤 정책이 필요할까?
02 개인의 삶은 사회 환경 및 구조와 어떤 관계가 있을까?
03 모두가 원하는 가치(예: 대학의 입학 기회, 취업의 기회)가 있을 때, 그 가치를 분배하는 공정한 기준은 무엇이 되어야 할까?

어리석은 생각으로 소중한 사람에게 상처를 주었던 적이 있었나요?

주인공의 어머니는 왜 가족처럼 생각했던 흑인 가정부 콘스탄틴에게 그렇게 말하고 행동했을까? 살면서 주인공 어머니처럼 자신의 체면이나 상황, 친구들과의 관계 때문에 자신의 주변 사람들에게 상처를 주었던 일은 없었을까?

회장의 요구로 스키터의 어머니는 흑인 가정부를 해고한다.

영화 속에서 주인공의 어머니는 훌륭한 미국 여성으로 선정되어, 미국 여성 협회 회장이 집으로 방문한다. 회장과 식사를 할 때, 콘스탄틴의 딸이 찾아오게 되고 흑인인 그녀가 식탁에 들어온 것을 무례하게 생각한 회장은 화를 낸다. 항상 가족처럼 콘스탄틴을 대했던 스키터의 어머니는 회장의 요구로 유모를 해고한다. 스키터의 어머니는 그 일을 진심으로 후회했지만 유모와는 재회하지 못한다.

영화처럼 돌이킬 수 없는 상처는 아니더라도, 우리는 우리 주변의 사람들에게 상처를 준 적은 없었을까? 나의 어머님은 마흔이 넘은 나이에 나를 낳으셨다. 어느 날 학교에 어머님이 방문하셨는데, 친구들이

'너희 할머니가 학교에 오셨다'고 하는 이야기를 듣고도, 나의 엄마라고 말하지 못했다. 그 시절, 부족한 나의 인성은 나이 많은 엄마가 부끄럽다는 어리석은 생각에 머물러 있었고 친구들이 엄마를 할머니로 부르는 상황에서 아무 말도 하지 않는 것으로 어머니에게 상처를 주었다.

우리는 의미 없는 자존심, 체면, 용기의 부족, 오만함, 어리석음 등의 다양한 이유로 누군가에게 상처를 준다. 우리의 삶에서 자신이 부족했던 점을 돌아보자. 자신의 부족함을 인정하는 것도 부당함에 항거하는 것처럼 용기가 필요하다. 부족함을 인정하는 것은 아픈 일이다. 하지만 부족함을 돌아보고 그것을 인정할 때, 정말로 소중한 사람과의 관계가 단단해지고 건강해진다. 그런 용기를 지닐 때, 우리는 삶의 온전한 주인이 된다.

수업에 적용하기

01 스키터의 어머니처럼 어쩔 수 없는 상황에서 주변의 사람들에게 원하지 않는 행동으로 상처를 준 경험이 있다면 왜 그랬는지 이야기해보자.

02 콘스탄틴처럼 주변 사람들의 행동으로 상처를 받은 경험이 있는지, 있었다면 그 때 마음은 어땠는지 이야기해보자.

03 본인에게 상처를 준 사람이 있다면, 그 사람이 어떻게 행동하기를 원하는가?

4 페루자(FERUZA, 2017)

제 작 국: 한국
상영등급: 전체 관람가
상영시간: 23분
감　　독: 김예영, 김영근
출　　연: FERUZA

줄거리

2013년 여름, 사진 찍는 것을 좋아하는 여자(김예영)와 남자(김영근)가 부부의 연을 맺고 신혼여행으로 세계일주를 떠난다. 그들은 에티오피아의 외딴 사막 마을 여행자 숙소에서 TV만으로 한국어와 영어를 익힌 꿈 많은 17살 소녀 '페루자'를 만난다. 그런데 그 소녀는 곧 강제 결혼이 예정되어 있다. 그녀가 결혼을 피할 방법은 먼 도시로 나가 직장을 구하는 것뿐이다. 부부는 이후 여행 일정을 포기하고 페루자와 꿈을 찾는 여정을 함께하는데...

관람 포인트

혼인이라는 이름으로 어린 소녀를 사고파는 심각한 아동 인권 유린 행위가 성행하고 있는 아프리카의 사회상을 통해 인간의 존엄성과 인권 지킴에 대하여 생각해보자. 더불어 사는 세계를 만들기 위해 학생으로서 구체적으로 실천할 수 있는 방법을 생각해보자. 페루자가 관심을 가지고 있는 것은 무엇이고, 잘 하는 것은 어떤 분야이며, 삶을 개척하는 의지는 어디에서 나오는지 살펴보고 스스로에게 똑같은 질문을 해보자.

더불어 사는 세계시민
페루자

아프리카의 유리천장에 용감하게 도전한 소녀 '페루자'

2013년 여름, 사진 찍는 것을 좋아하는 여자(김예영)와 남자(김영근)가 부부가 되는 예식을 치르고 신혼여행으로 세계일주를 떠난다. 아프리카의 가장 뜨겁고 환상적인 에티오피아 다나킬 사막 풍경을 여행한 후 인터넷은 커녕 주소도 알 수 없는 어느 오지 마을의 여행자 숙소에서 하룻밤을 묵게 된다. 이 집에서 그들은 "안녕하세요? 오시느라 고생 많았죠?"라며 유창한 한국어로 인사를 건네는 숙소 운영자의 딸 '페루자'라는 소녀를 만나게 된다. 페루자는 게스트하우스를 운영하는 부모를 도우며 숙소를 청소하고 여행객에게 편의를 제공하는 등 잡다한 일을 거들어주는 역할을 하고 있다. TV 방송 시청을 통해 5개 국가의 언어를 익힌 놀라운 언어 습득 능력을 가지고 있는 페루자는 위성 안테나를 통해서만 가까스로 잡히는 방송을 보기 위해 지붕 위에 올라가서 한참을 이리저리 돌려 전파를 잡아야 하는 수고를 아끼지 않는다.

페루자가 언어재능을 향상시킬 수 있었던 숨은 비결을 알아보자. 학교에서 정식으로 배워 익힌 것은 아니다. 실력자에게 배운 적도 없고, 누가 나서서 가르쳐준 것도 아니다. 날씨가 도와주고 운이 좋아야만 전파를 잡을 수 있는 인터넷 TV 방송과 게스트하우스에 잠시 머물다 떠나는 외국 여행자들에게서 귀동냥하며 익힌 것이 전부이다. 이렇게 열악한 학습환경에서 5개 국가의 언어를 의사소통이 가능하도록 익힌 페루자의 외국어 학습능력은 타고났다는 말 외에는 달리 설명할 길이 없다. 한국어는 우리나라 드라마 '꽃보다 남자(2009년 제작)'의 부잣집 도련님 구준표를 연기한 이민호에게 반하면서 관심을 갖고 익히기 시작했다고 한다. 마음대로 자유롭게 꿈을 꾸면서 미래에 하고 싶은 일을 시도하고 도전해보고 싶지만 언어재능을 인정받을 수 있는 기회가 전혀 없는 페루자에게는 그저 한낱 꿈에 불과할 뿐이었다. 더욱이 지금은 같이 살고 있지 않지만 마약에 중독되어 가정폭력을 일삼는 페루자의 친아버지는 결혼지참금을 챙기기 위해 페루자를 일찍 결혼시키려고 그녀가 중학교를 졸업하기만 기다리고 있다. 얼굴도 모르는 남자와 결혼을 해야 하는 끔찍한 처지에 놓인 페루자는 이러지도 저러지도 못하고 희망 없는 하루하루를 살아가고 있었다.

게스트하우스에 머물며 페루자의 딱한 사정을 알게 되고 재능을 발견한 한국인 신혼부부는 페루자를 도와주기로 마음을 먹는다. 남은 여행 일정을 취소한 부부는 페루자를 데리고 흙먼지 풀풀 나는 비포장 길을 이틀 동안 버스를 타고 달려 에티오피아의 수도 아디스아바바로 향한다. 한국대사관을 방문해 도움을 요청하고 현지에 있는 무역투자진흥공사(KOTRA)와 한국국제협력단(KOICA)[1]에 페루자를 소개하고 입사를 시키기 위해 면접을 보게 했지만 취업에 적합한 나이와 필요한 학력 조건을 갖추지 못해 직장을 얻는 일에 실패하게 된다. 바라던 성과를 거두지 못하고 다시 페루자의 집으로 돌아온 두 사람은 페루자가 무한한 가능성을 가진 아이라고 부모를 설득해보지만 가족의 생계를 혼자 책임져야 하는 페루자의 새아버지는 쉽게 마음을 정하지 못하고 망설이게 된다. 그곳에 계속 머물 수 없었고 귀국을 해야 했던 젊은 부부는 근심을 한가득 안고 한국으로 돌아올 수밖에 없었다. 돌아온 후에도 인터넷과 국제전화를 통해 페루자와 연락을 계속 유지했던 부부는 조혼이라는 불합리한 제도를 이용해 딸을 팔아넘기려던 그녀의 친아버지와 맞선 페루자의 엄마와 새아버지의 용기 있는 행동 덕분에 페루자를 결혼시키지 않기로 합의했고 고등학교에도 진학하게 되었다는 반가운 소식을 접하게 된다.

대학에서 애니메이션을 공부한 젊은 영화감독 부부는 페루자의 이야기를 영화로 만들기로 결정했다. 천운이 닿아 영화제에서 상영된다면 주연배우인 페루자를 영화제에 초청하여 그녀가 간절히 소망하는 한국 방문의 길을 열어줄 수 있을지도 모른다고 생각했다고 한다. 그래서 그들은 한국으로 돌아오자마자 페루자의 꿈을 좇아 함께 땀을 흘렸던 2주간의 시간을 엮어 2017년에 단편 다큐멘터리 애니메이션 영화 '페루자(FERUZA)'를 제작했고 세상에 선을 보였다. 간절히 바라면 이루어진다고

했던가! 부부 감독의 바람대로 이루어져 영화 〈페루자〉는 울주세계산악영화제, 서울여성인권영화제, 인디애니페스티벌의 3개 영화제에서 주목을 받았고, 주인공 페루자는 2017 울주산악영화제와 2018 서울 배리어프리영화제에 게스트로 당당히 초청되었다. '한국에 꼭 가보고 싶다'던 페루자의 꿈과 '운이 좋으면 페루자를 초청할 수도 있을 것'이라는 부부 감독의 소망이 시너지 효과를 발휘하여 현실로 이루어진 것이다.

아프리카 대륙에 위치한 에티오피아의 오지 마을에서 여성으로 태어난다는 것은 인간의 기본 권리를 포기하거나 전통적으로 이어져 내려온 잘못된 관습에 아무 조건 없이 순종하며 살아야 하는 운명으로 정해졌다는 것을 의미하는 경우가 많다. 아프리카 빈곤국에서 태어난 여성은 성인이 되어 결혼하는 경우가 드물 정도로 조혼이 많이 이루어지고 있다. 10세 전후의 소녀가 40대 이상 나이 많은 남자와 결혼하는 경우가 대부분인데 결혼할 때 신랑 측이 신부 측에 막대한 돈을 지불해야

하는 지참금 전통 때문에 돈이 없는 젊은 남자들은 사실상 결혼을 하고 싶어도 할 수가 없다. 그래서 여러 해 동안 일을 해서 재산을 축적한 나이 많은 남자가 어린 소녀를 신부로 데려가는 환경이 만들어진 것이다. 이렇게 어린 소녀가 나이 많은 남자와 결혼을 하게 되는 이유는 여자의 처녀성에 대한 남성들의 비뚤어지고 맹목적인 강한 집착과 신부의 나이가 어리면 신랑에게 더 많은 노동력과 자손을 제공할 수 있다는 현실적인 경제적 기대 때문이다. 그러므로 신부의 나이가 어리면 어릴수록 신랑이 신부 집에 더 많은 지참금을 지불하고 데려가는 어처구니없는 상황이 벌어지는 것이다. 이렇게 여성의 의사와는 전혀 상관없이 신부 가정과 신랑의 이해관계가 맞아 혼인이라는 이름으로 어린 소녀를 사고파는 행위가 공공연하게 이루어진다. 이것은 분명히 매우 심각한 아동 인권 유린 행위에 해당될 뿐만 아니라 모든 사람은 자유로운 존재로 태어났고, 똑같은 존엄과 권리를 가진다고 규정한 세계인권선언의 존엄성 제1조를 위배하는 것이다. 무엇보다도 조혼의 악습은 어린이들의 꿈과 권리를 빼앗는 것이므로 '세상 모든 어린이는 행복할 권리가 있다'는 유엔아동권리협약을 되새겨봐야 한다.

페루자는 운명처럼 한국인 영화감독 부부와 인연이 닿았고 자신의 처지와 상황을 세상에 알리는 기회를 갖게 되고, 영화에 출연한 주연배우의 자격으로 영화제에 초청되어 한국을 방문하게 된다. 이것이 페루자라는 소녀에게 어떤 의미였을까? 2018년 제8회 서울배리어프리영화제에 참석해 매일경제와 가진 인터뷰(2018. 11. 09.)에서 페루자는 "그때만이 아니고 지금도 '페루자'를 보면 많이 울어요. 두 분을 만난 기억, 그때의 행복이 떠올라서요. 두 분을 만나기 전에는 집안일만 하면 된다고 생각했는데 이분들이 오면서 저도 다른 세상을 보고, 하고 싶은 일을 할 자격이 있는 사람이라는 것을 알게 됐어요. 그 시간이 없었으면 어디서 어떻게 살고 있었을지 생각하면 눈물이 떨어져요." 페루자는 현재 에티오피아 사마라 대학 영문과 4학년 졸업반 학생이다. 지난 학기에 모든 과목에서 A학점을 받을 정도로 꿈을 이루기 위해 열심히 공부를 하고 있고, 한국 교환학생을 꿈꾸고 있다고 한다.

조혼의 굴레에서 미래를 강탈당하고 꿈과 희망을 포기해야 했던 페루자에게 필요한 것은 스스로 삶을 개척할 수 있는 힘을 길러주는 것이었다. 대한민국에 사는 대부분의 청소년들이 당연하게 누리고 있는 '학교의 공교육'이 굶주림과 가난을 극복해 내야만 하는 에티오피아의 청소년들에게는 노력을 해도 쉽게 얻을 수 없는 것이다. 더욱이 여성을 사고파는 성적 노리개로 여기는 미개함과 힘겨운 투쟁을 벌여야 하는 페루자 같은 소녀들에게는 매우 특별한 기회며 축복 같은 것이다. 지금도 학교라는 울타리의 보호를 거의 받지 못한 채 에티오피아 오지 마을에 살고 있을 많은 페루자들이 여전히 두려움의 포로가 되어 희망 없는 눈빛으로 조혼을 선택할 수밖에 없는 암울한 처지에 놓여있을 것이다.

나눔으로 세계를 하나로 엮는 세계시민교육

바람, 돌, 여자가 많아 삼다도라 불리는 제주에는 돌이 참 많다. 그래서 어딜 가든 그냥 되는대로 아무렇게나 올려놓은 것 같은 돌담을 쉽게 마주칠 수 있다. 그런데 참 신기하다. 섬이라는 특수한 환경을 가진 제주에는 태풍과 함께 사람이 날아갈 정도로 불어오는 세찬 바람이 자주 찾아오는데, 솜씨 없는 사람들에 의해 엉성하게 쌓아 올린 것 같이 만들어진 돌담은 쉽게 무너져 내리질 않는다. UN 산하의 세계식량농업기구에 세계유산으로도 등재되어 있는 돌담을 자세히 살펴보면 제각각 다른 크기와 모양의 돌로 이루어져 있다는 것을 발견할 수 있다. 이것이 바로 제주 돌담이 무너져 내리지 않는 비결이라고 알려져 있다. 다르지만 하나로 어우러지고 서로 받쳐주고 당겨주는 조화로움이 돌과 돌 사이에 넉넉한 틈을 만들어 거센 바람에게 길을 내어주고 있는 것이다. 돌려 해석하면 만약 제주의 돌담이 모두 같은 크기와 모양의 돌로 만들어졌다면 수시로 불어오는 바람과 태풍을 견뎌내지 못하고 무너져 내렸을 것이다.

자연은 인간에게 삶의 지혜를 가르쳐준다. 오랜 세월 모진 풍파에 굴하지 않고 아름다운 모습을 간직해온 제주도의 돌담에서 우리는 더불어 사는 어울림의 지혜를 얻을 수 있다. 아무 말 없이 묵묵하게 자리를 지키고 있는 검은 돌담에게서 한 수 배운다. 영화 〈페루자〉를 만든 젊은 부부 감독은 아마도 세계일주 여행 중 위대한 자연을 만나면서 어울림의 지혜를 자연스럽게 얻었는지도 모른다. 그 부부 감독을 보면서 더불어 사는 것을 실천하는 세계시민이 된다는 것은 이렇게 사는 것이구나 하는 깨달음을 얻는다. 그들을 보고 배운다.

'더불어 사는 것'이 특별한 것 같아 보이지만 타인을 발견하는 눈과 자아에 대한 인식을 가지고 있으면 평범한 일이 될 수 있다. 타인과 자아의 발견, 그리고 다양성에 대한 존중이 실천적인 참여활동으로 이어져 행동으로 나타날 때 더불어 사는 것이 가능해진다. 더불어 살기는 사랑이고 사랑은 학습을 해야 실천 가능한 일이 된다. 여기에서 우리는 자연스럽게 '세계시민은 누구인가?', '세계시민을 어떻게 양성할 수 있는가?'라는 화두와 마주하게 된다.

영화를 찍는 신혼부부가 페루자를 데리고 에티오피아의 수도 아디스아바바에서 묵었던 게스트하우스에는 여행을 하는 여러 나라의 다양한 사람들이 함께 묵고 있었다. 그들은 페루자의 절박한 사정을 자연스럽게 알게 되었고, 뜻한 바대로 일이 풀리지 않은 그녀를 위로하고 격려하기 위해 깜짝 파티를 열어주는데 그것은 그녀

의 인생에서 첫 생일파티였다고 한다. 페루자의 성공을 기원하며 한국어로 생일 축하 노래를 불러주고 각자 자기의 모국어로 축하메시지를 전하는 장면에서는 가슴이 뭉클하지 않을 수 없다.

세계시민이란 개인과 국가를 중심으로 하는 사고패턴에서 탈피하여 자신과 다른 인종, 민족, 종교, 문화와 전통을 존중하고 다양한 사람과 더불어 사는 사람을 말한다. 물론 함께 살아가고자 하는 사고의 유연함과 지구와 인류의 공통적인 문제에 관심과 책임감을 가지고 모두 어울려 잘 사는 세상을 만드는 일에 능동적으로 참여하는 것은 세계시민이 갖추어야할 기본적인 자질이다. '시민(citizen)'이라는 용어는 민주주의를 통치의 기본질서로 삼은 고대 그리스에서 공동체가 보장하는 모든 권리를 누리는 구성원을 지칭하는 의미로 처음 사용되었다. 그리고 그 의미가 점점 확장되어 민주사회의 구성원으로서 소양과 자질을 갖추고 역할과 책무를 실천하며 공동체 문제해결에 적극적으로 참여하는 주체라는 의미로 확대되었다.

21세기는 많은 국가들이 다문화, 다민족 사회를 이루고 있기 때문에 타인과 함께 성장하며 조화를 이루며 살아가는 방안에 대한 국제이해교육(EIU)의 필요성이 제기되었고 세계시민교육의 중요성과 공감대는 점차 확대되고 있다. UN은 국가, 인종, 문화, 종교와 이념을 넘어 지구촌의 다양한 문제해결을 위해 적극적으로 행동하는 세계시민을 양성하기 위한 교육을 지속가능개발목표(Sustainable Development Goals, SDGs)로 삼고 있는 것만 보아도 충분히 알 수 있다. 1996년 유네스코국제교육위원회는 21세기 세계교육 목표로 "더불어 사는 학습(Learning to Live Together)"을 제안했고, 우리나라는 제7차 국가교육과정의 창의적 체험 활동 과목에 국제이해교육을 포함시켰으며, 세계시민교육(Global Citizenship Education, GCED)을 가르치는 학교가 꾸준히 증가하고 있다. 세계시민교육이란 '학습자들이 더 포용적이고, 정의롭고, 평화로운 세상을 만드는 데 이바지할 수 있도록 필요한 지식, 기능, 가치, 태도를 길러주는 교육'이며 평화, 인권, 문화 다양성 등 인류 보편적 가치를 폭넓게 이해하고 실천하는 시민을 양성하기 위한 세계시민교육의 실천방안이 꾸준히 논의되고 있다.

2016년부터 유네스코 아태교육원과 대한민국 교육부와 외교부가 공동으로 개최해오고 있는 「세계시민교육 국제회의」에서는 세계시민의식의 중요성을 강조해오고 있고, 세계시민교육은 왜 필요한가?, 변화하는 남북관계와 한반도 평화 정착을 위한 세계시민교육의 역할과 중요성은 무엇인가? 같은 세계시민의식의 기본 주제에 대해 진지한 질문을 하고 있다. 그리고 지금까지의 세계시민교육 적용 사례를 공유하고 학생들을 가르치는 교사의 역량을 강화하고 적합한 교육과정을 개발하는 방법을 연구하고 있다. 또한 세계시민교육과 관련된 연극을 공연하고, 세계시민교육 토크콘서트를 개최하고, 지역공동체를 활용한 학교 밖 세계시민교육 확산 방안을 강구하고 있다. 한편으로는 세계시민교육의 현지화 전략수립, 세계시민교육이 나아갈 길에 대한 성찰과 다짐, 지구촌 평화와 화합과 같은 다양한 주제가 다루어지기도 한다. 세계시민교육 국제회의를 통해 지속가능한 발전을 위해서 지구촌 모두가 세계시민교육의 역할이 매우 중요하다는 인식을 공유하고 세계시민교육의 적용과 실천 확산을 위한 다양한 노하우와 아이디어를 공유하는 자리가 마련이 되고 있다.

세계시민교육을 통해 실천적인 참여활동으로 이어지는 다양한 교수학습이 필요한 학교현장에서 영화 매체는 세계시민교육을 효과적으로 가르치고 확산시킬 수 있는 좋은 학습도구가 된다. 영화 〈페루자〉는 아프리카 에티오피아로 신혼여행을 갔던 영화감독 부부에 의해 사실적으로 기록된 다큐멘터리 장르이기 때문에 현실성이 뛰어난 영화이다. 또한 학생들이 주의를 흩트리지 않고 집중해서 관람할 수 있는 상영시간(23분 33초)과 중간 중간 삽입한 애니메이션 기법은 모델링 학습을 유도

하기에 안성맞춤이다.

영화를 만든 감독들은 도와주었다는 것보다 페루자를 만나서 서로가 성장할 수 있었다고 고백한다. 페루자가 직업에 대해서 고민할 때 감독들도 같이 고민을 할 수 있었고 페루자를 보면서 자신을 보았으며 서로의 꿈이나 진로에 대해 이야기하며 적지 않은 영향을 주고받았다고 한다. 그들은 페루자를 통해 에티오피아를 보고 더불어 살아가야 하는 세상을 만나게 되었고 자신들이 할 수 있는 일을 행동으로 실천한 것이다. 다시 말해 영화를 만든 부부 감독은 처음부터 목적을 가지고 목표를 세워 계획에 의해 실천한 것은 아니었지만 세계시민의 역할을 훌륭하게 수행한 것이다.

영화 〈페루자〉는 세계시민교육에 시사하는 의미가 크다. 페루자에게 일어나는 사건을 통해 아동 인권, 조혼 풍습, 성 역할 등을 수업 주제로 선정할 수 있고 페루자가 관심을 가지고 있는 분야는 무엇이고, 잘하는 것은 어떤 분야이며, 어떤 의지로 자신의 삶을 개척하는가에 대한 인물 탐색을 통해 자신의 꿈과 희망을 이야기하고 진로를 탐색할 수 있는 시간으로 구성할 수 있다. 이렇게 영화 매체를 활용하여 학생들에게 효과적으로 세계시민교육을 하려면 교사는 영화를 이해할 수 있는 능력과 다양한 형태의 메시지에 접근하여 메시지를 분석하고 평가하고 의사소통할 수 있는 미디어 리터러시 역량을 함양해야 한다. 미디어 리터러시 역량을 갖춘 교사는 영화를 해석하고 평가하고 분석하고 생산하여 시대와 학생들의 욕구, 취향, 고민을 고려하여 적극적으로 수업에 활용할 수 있을 것이다.

01 아프리카 '에티오피아'에 대해 가장 궁금한 점은 무엇인지 발표하고 같이 조사해보자.

02 페루자는 아동 인권을 보호받고 있는가?

03 세계시민 학생으로서 할 수 있는 일은 무엇인가?

04 자신이 관심을 가지고 있는 것은 무엇이고, 잘 하는 것은 어떤 분야인가?

05 페루자에게 해주고 싶은 응원의 글을 캘리그래피 하여 사진으로 촬영해보자. 그리고 응원하는 글을 적은 내용이나 사진을 영화 〈페루자〉를 소개하고 홍보하는 유튜브 영상의 댓글로 올려보자. (https://www.youtube.com/watch?v=xwRdAT0Zw6l&t=1052s)

　　예1) 페루자 언니!! 페루자 언니는 힘든 상황 속에서도 열심히 노력해 꿈을 이뤘잖아요..! 저는 언니의 이런 점이 멋있고 본받고 싶어요. 언니, 앞으로 즐겁고 행복한 일들만 생기길 바랄게요. 응원해요)(

　　예2) 페루자님 안녕하세요~~ 이 영상을 보고 페루자님의 열정과 의지를 봤습니다. 정말 대단하세요!!! 페루자님이 꼭 꿈을 이루시기를 기원합니다~~~

*실제로 유튜브에 응원의 글을 올릴 수 있으며 페루자가 종종 확인하고 답글을 올린다.

2

새롭게 보기

마션
그래비티
커런트 워
이미테이션 게임
러빙 빈센트

1 마션(The Martian, 2015)

제 작 국: 미국
상영등급: 12세 이상 관람가
상영시간: 144분
감　　독: 리들리 스콧
출　　연: 맷 데이먼(마크 와트니), 제니카 차스테인(멜리사 루이스)

줄거리

NASA 아레스3 탐사대는 화성을 조사하던 중 모래 폭풍을 만나고 철수를 하는 과정에서 팀원 마크 와트니가 사망했다고 판단한다. 하지만, 극적으로 생존한 마크 와트니는 남은 식량과 기발한 재치로 화성에서 살아남을 방법을 찾으며 자신이 살아있음을 알리려 노력한다. 마침내, 자신이 살아 있다는 사실을 지구에 알리게 된 마크 와트니……
NASA는 총력을 기울여 마크 와트니를 구출하기 위해 노력하고, 와트니의 생존을 알게된 아레스3 탐사대 또한 그를 구출하기 위한 방법을 찾게 된다.

관람 포인트

2021년 2월 미국의 다섯 번째 로버인 퍼서비어런스가 화성에 무사히 안착하였다. 과연 화성에는 생명체가 존재할까? 아니면 과거에 생명체가 존재했었을까? 화성에 존재하는 이산화탄소를 이용하여 산소를 생산할 수 있을까? 미국의 NASA는 2030년 화성에 인간을 보내겠다는 목표를 실현하기 위한 일련의 준비를 하나씩 실행해 나가고 있다. 인간들이 화성에 거주지를 만들고 살아가기 위해서는 어떤 문제들을 해결해 나가야 할까? 영화 마션을 통해 우리는 화성이라는 행성에 대해 다시금 궁금증을 갖게 되었고 화성에서 생존해야만 하는 마크 와트니의 행동을 통해 그의 창의적인 문제 해결 과정과 그것의 가능성에 대해 생각하고 평가해보는 기회를 얻게 될 것이다.

화성 탈출, 꿈에 그리던 지구로
마션

작물을 재배하는 자, 그곳을 지배한다.

화성의 모래 폭풍을 피해 탈출하던 대원들로부터 홀로 떨어져 남게 된 마크. 그는 남겨진 동료들의 짐들을 정리하고 남아있던 식량을 계산하며 산소발생기나 물 순환 장치에 이상이 없다면 300일 정도는 살아남을 수 있다는 생각을 갖게 된다. 하지만, 다음 탐사선이 오기까지는 4년의 시간이 필요한 만큼 남은 3년간의 식량을 추가로 해결해야만 했고, 그 해결책으로 감자를 재배하겠다는 아이디어를 떠올린다. 그는 식물의

화성에서 무럭무럭 자라고 있는 감자들

재배를 위해 필요한 토양을 모으고, 우주선의 연료를 이용해 물을 생산한다. 또한, 동료들의 배설물을 이용해 감자 재배에 필요한 무기양분을 해결한다. 어느 날 감자에서 새싹이 올라오고 79화성일에 감자를 수확한다. 그는 말한다. "작물을 재배하면 그곳을 지배하는 것이다." 인간이 생존하기 위해서 가장 필요한 것은 무엇일까? 우리는 흔히 의·식·주가 가장 기초적인 것들이라고 말한다. 화성에 거주하고 있는 마크에게 옷은 우주복으로 해결이 되었고, 중간에 파손이 되기도 하였지만, 남겨진 동료들의 우주복으로 교체가 가능하였으므로 문제가 되지 않았다. 또 다른 문제인 거주지는 아레스 기지가 대신해 주었고, 도중에 일시적으로 기

지의 입구가 파손되어 이동용 차량인 로버로 이동하기도 하였지만, 다시 수리하여 문제를 해결하였다. 그리고 고장나 방치된 로버까지 활용한다면, 마크가 대피할 수 있는 공간은 세 곳이나 된다. 하지만, 구조에 대한 모든 상황들이 순조롭게 진행된다 하더라도 식량을 생산해 내지 못한다면 결국 마크는 굶어 죽게 될 것이다. 이는 NASA에서 보급품을 보내기 위해 만든 우주선을 점검하지도 못하고 발사하다 실패한 것도, 귀환하던 헤르메스가 지구의 중력을 이용해 가속하여 화성으로 되돌아 갈 수밖에 없었던 것도 더 이상 버틸 수 없는 식량문제가 있었기 때문이다. 그럼 화성에서의 식량문제를 해결해 주었던 감자의 재배에 대해 생각해 보자.

수업에 적용하기

01 감자를 심어 원하는 만큼의 식량을 얻기 위해서는 광합성이란 과정이 원활하게 일어나야 한다. 감자에서 싹이 올라와 광합성을 시작할 때 필요한 것들에는 무엇이 있을까?

02 광합성에 필요한 조건들은 얼마만큼 요구되는 것일까? 빛은 얼마나 필요할까? 물은 어느 정도나 필요할까? 감자가 자라는 토양의 무기양분은 지구와 유사할까? 사용된 동료들의 인분은 미생물에 의해 충분히 분해가 되어 감자의 뿌리를 통해 흡수가 될 수 있을까? 감자가 잘 성장하기 위해서 필요한 조건들을 조사해보고 화성에서 이를 해결할 수 있는 방법에 대해 토의해 보자.

03 영화의 주인공이 한국인이라면 그는 어떤 작물을 재배했을까? 감자보다 더 유용한 작물이 있다고 생각하는가? 그렇다면 어떤 작물을 재배하는 것이 좋다고 생각하는가? 그렇게 생각하는 이유는 무엇인가?

플루토늄 원자력 전지, 난로가 되다.

4년 후, 우주선이 화성에 도착할 지점을 알고 있던 마크는 그 지점까지 이동할 방법을 구상하게 된다. 고장나 있던 로버의 배터리를 자신의 로버에 추가하여 배터리 수명은 연장하였지만, 오랜 시간 이동을 위해서

난방을 위해 플루토늄 전지를 찾아내는 마크

는 난방을 할 수 없어 추위와 싸워야만 한다는 문제에 봉착하게 된다. 이를 해결할 방법으로 탐사대에서 사용했던 플루토늄 원자력 전지를 생각해내고 방사선의 위험성으로 땅에 묻어 두었던 전지를 꺼내 플루토늄이 분열할 때 발생하는 열을 난방에 이용하여 평균 영하 50℃에 해당하는 화성의 추위를 해결하게 된다.

또 다른 장면에서 마크는 지구와의 통신을 위해 수명이 다한 화성 탐사선 패스파인더를 찾아 나서게 되고 이를 지켜보던 지구의 과학자들도 그가 무엇을 찾아 이동하는지를 깨닫게 된다. 지구의 제트추진연구소에는 화성에 있는 무인탐사선과의 통신에 사용하였던 동일한 탐사선이 존재하였고, 기지로 이동한 마크가 패스파인더에 전원을 연결하는 순간, 지구에서도 신호를 수신하게 된다. 얼마 지나지 않아 "ARE YOU RECEIVING ME?"라는 메시지를 수신하게 된 지구의 연구소는 카메라를 "YES" 방향으로 돌려 신호가 수신되고 있음을 알린다. 지구와 연락이 가능하다는 것을 알게 된 마크는 더 많은 정보들을 지구로부터 받게 되고, 남겨져 있던 동료의 소지품에서 16진법 아스키코드를 찾아 지구로부터 "HOW ALIVE?"라는 문장을 수신하게 된다. 또한, 지구로부터 로버의 프로그램을 해킹하는 방법을 알게 된 마크는 이제 지구와 손쉽게 정보를 주고받게 되고 헤르메스를 타고 지구로 귀환 중이던 동료들과도 연락을 할 수 있게 된다.

사람의 창의성은 어느 순간에 발현되는 것일까? 우리는 어떤 물건

의 용도를 다른 시각으로 바라보지 못하는 경우가 많다. 방사능이 인체에 해를 주는 것은 당연하겠지만, 플루토늄 원자력 전지를 난방에 사용하겠다는 생각은 사물의 용도를 다른 시각으로 바라본 발상의 전환이라 볼 수 있다. 또한, 평소에는 대수롭지 않게 보아 넘겼을 동료들의 노트북 속 자료를 지구와의 통신에 활용한 점도 놀랍다. 어떻게 보면 창의력이라는 것이 발생하기 위해서는 주변에 활용할 수 있는 다양한 물건이 많으면 많을수록 유리하고, 특별히 할 일이 없을 때 창발적으로 생겨나는 것이 아닌가 하는 생각이 든다.

수업에 적용하기

01 삶을 살아오면서 어떤 물건을 용도와 다르게 사용한 경험이 있는가? 그때 상황은 어떠하였는가?

02 마크가 사용했던 16진법처럼 메시지를 전달할 수 있는 암호표를 모둠원들과 만들어 보고, 모둠에서 선정한 메세지를 전달해 보자.

03 패스파인더를 통해 지구와 통신이 가능해진 마크가 처음 받은 메시지는 "HOW ALIVE?"였다. 여러분이 마크라면 첫 번째 문장으로 어떤 메시지를 받길 원하는가?

04 화성에서 살아남기 위해 필요한 능력을 중요도에 따라 최대 10가지만 순서대로 나열해 보고 모둠원들과 비교한 후, 모둠에서 정한 순서를 발표하자.

한 명이 죽을 수 있는 높은 확률 vs 여러 명이 죽을 수 있는 낮은 확률

화성으로 보급품을 운반하고자 발사되었던 로켓이 상승 중 폭발하게 되고, 이를 지켜보던 중국은 미국이 알지 못했던 '태양신'이라는 로켓을 지원하겠다고 나서게 된다. 이에 NASA에서는 헤르메스의 항로를

화성에 생존해 있는 마크를 구하러 되돌아 갈
것인가를 놓고 회의하는 동료들

바꿔 마크를 구하는 방안과 중국의 로켓을 이용하여 보급품을 보내주는 방안에 대해 갑론을박이 벌어졌고 로켓 제작 책임자였던 윙은 회의 도중 "한 명이 죽을 수 있는 높은 확률과 여러 명이 죽을 수 있는 낮은 확률" 중의 선택이라는 말을 한다. 결국, 국장은 500일이 넘는 헤르메스호의 임무 추가 부담과 대원들의 안전, 구조에 대한 확률을 근거로 보급품만을 지원하는 방안을 선택한다.

한편, 지구로 향하고 있던 헤르메스호의 항법사 보겔에게 '아이들의 사진'이라는 아내로부터의 이메일이 도착한다. 하지만, 무슨 일인지 파일이 열리지 않아 요한센에게 부탁한 보겔은 그것이 화성으로 향하는 항로에 대한 내용임을 알게 된다. 이에 루이스를 중심으로 한 팀원들은 메일이 비공개로 온 이유가 NASA가 허락하지 않은 내용일 것이라 결론 짓고 자신들이 우주선의 항로를 바꿀 경우, 19개월의 추가 항해가 발생할 뿐만 아니라, 살아 돌아오지 못할 수도 있으며, 지구에 귀환하더라도

수업에 적용하기

01 당신은 우주선을 책임지고 있는 대장이다. NASA로부터 합법적인 지시를 받지 않은 내용을 안건으로 회의를 주최하는 것에 대해 어떻게 생각하는가?

02 화성으로 다시 돌아가 동료를 구하자는 회의에 당신이 팀원 중 한 사람으로 참여했다면 어떤 의견을 내겠는가?

03 루이스는 회의에서 만장일치로 결론을 내리려고 하였다. 다수결로 결정하는 것과 어떤 차이가 있겠는가? 각각의 경우를 상상하고 토의해 보자.

04 당신이 NASA의 국장 샌더스라면 어떤 결정을 내리겠는가? 헤르메스를 화성으로 보내는 것이 옳은가? 보급품을 실은 로켓을 화성으로 보내는 것이 옳은가? 각각의 결정이 갖는 장점과 단점에 대해 이야기해 보자.

여러 가지 불이익을 받을 수 있음을 공유하게 된다. 결국, 루이스는 만장일치로 항로를 변경할 것인지를 팀원들에게 묻고 그들은 항로를 변경하여 지구로부터 보급품을 제공받게 된다. 다시 화성으로 가는 길을 재촉하는 헤르메스의 대원들과 전 지구인들은 마크의 무사 귀환에 새 희망을 품게 된다.

아! 퍼서비어런스

영화 마션은 이제 현실이 될 것인가? 우리나라 시간으로 2021년 2월 18일 화성 탐사선 퍼서비어런스의 안착에 성공한 미국은 2030년 화성 유인탐사선의 발사 계획을 발표하였다. 퍼서비어런스는 2020년 7월 말 미국의 NASA가 쏘아올린 화성의 탐사 로버1이다. 무려 7개월 동안 4억 7천 100만km를 날아 목표 지점에 무사히 착륙하였고 이를 지켜보던 NASA의 직원들은 감격의 환호성을 질렀다. 5번째 탐사선인 퍼서비어런스의 임무는 화성에 고대 생명체가 있었는지를 확인하는 것이며 이산화탄소로부터 산소를 생성하는 실험을 수행하는 것이다. 그래서 착륙 지점 또한 과거에 물이 흐른 흔적이 있는 예제르 크리에이터의 삼각주로 결정되었다. 무사히, 화성에 착륙한 퍼서비어런스는 암석이 박혀있는 화성의 지표 사진과 함께 "Hello World"라는 트윗을 보내왔다. 화성을 날 수 있는 헬리콥터까지 가지고 있는 퍼서비어런스의 활약이 더욱 기대된다.

최근 화성에 대한 세계인들의 관심은 다시금 높아졌다. 중국은 미국과 경쟁이라도 하겠다는 듯 화성을 향해 로켓을 발사했고 중국의 탐사선 또한 화성에 무사히 안착하여 임무를 수행하고 있다. 여기에 더하여 러시아, 유럽연합, 인도, UAE 등도 나름의 우주개발에 적극적으로 나서고 있는 실정이다.

소련과 미국의 경쟁을 끝으로 시들해졌던 화성에 대한 관심이 새롭게 불붙은 이유는 무엇일까? 얼마전 퍼서비어런스와 함께 화성에 착륙했던 드론이 3m 가량 날아 올랐다가 무사히 안착하였다. 지구 밖 행성에서의 첫 번째 비행으로 NASA의 직원들은 열광하였다. 생각해 보라. 지구에서 그 먼 거리에 있는 드론을 조정하여 비행시킨 것이다. 놀랍지 않은가?

수업에 적용하기

01 지구에서 화성까지 퍼서비어런스를 실은 탐사 로켓이 날아간 거리는 약 4억 7,000만km 이다. 무려 7개월 동안 날아간 것도 놀랍지만 문제는 안전한 착륙이다. 퍼서비어런스 의 무게는 약 1톤이고 화성의 대기에 진입하는 순간 속도는 시간당 약 1만 9,000km 이다. 로버가 고장나지 않도록 안전하게 착륙시킬 수 있는 방법에는 어떤 것들이 있는 지 모둠별로 생각해 보자.

02 퍼서비어런스가 화성에서 생명체를 발견하거나 생명이 존재하였다는 명확한 근거를 찾아낸다면 우리가 배웠던 교과서의 내용 중 어떤 부분들이 새롭게 쓰여야 하겠는가?

03 지구에 있는 NASA에서 탐사선을 컨트롤하는 것은 두 행성 간의 거리 문제로 약 11분 이라는 시간이 소요된다. 또한, 퍼서비어런스는 착륙 지점을 찾아가는 데 내비게이션 을 이용했다고 한다. 통신에 걸리는 시간을 고려할 때 내비게이션은 어떻게 활용이 되 었을까?

04 2020년 화성에 로켓을 쏘아올린 나라는 미국과 중국 그리고 UAE이다. 더욱이 일본은 탐사선 하야부사가 2014년 지구를 떠나 소행성의 암석 채취에 성공하여 2020년 지구 에 무사 귀환하였다. 주변 강대국들이 우주에 대한 무한 경쟁에 돌입한 이유가 무엇일 까? 미국은 이번 탐사에 우리나라 돈으로 약 3조원을 투자하였다. 여러분이 국가 예 산을 담당하는 위치에 있다면 이런 결정을 하는 것이 합당하다고 생각하는가? 반대하 는 사람들이 있다면 어떤 근거를 들어 설득할 수 있겠는가?

2 그래비티(Gravity, 2013)

제 작 국: 미국, 영국
상영등급: 12세 이상 관람가
상영시간: 90분
감　　독: 알폰소 쿠아론
출　　연: 산드라 블록(라이언 스톤), 조지 클루니(맷 코왈스키)

줄거리 ◎

우주 공간에서 허블 우주망원경을 수리하던 스톤 박사는 러시아가 인공위성을 폭파하는 과정에서 증폭된 파편으로 인해 지구로 돌아갈 우주선과 대부분의 동료들을 잃게 된다. 소리도 산소도 없는 우주 한가운데에 남겨진 사람은 라이언 스톤 박사와 코왈스키뿐……. 하지만, 소유즈 우주선으로 유영하던 과정에서 코왈스키는 라이언을 구하기 위해 둘을 연결했던 선을 끊고 우주의 어둠 속으로 사라진다. 홀로 남겨진 라이언은 발 아래 금방이라도 밟힐 것 같은 지구의 품으로 돌아가고자 외롭고 힘든 여정을 시작한다.

관람 포인트 🎬

지구 주위를 이만여 개의 인공위성이 돌고 있는 현재에도 우주는 대부분의 사람들에게 신비로운 영역이다. 우주라는 공간에서 내려다 본 지구는 어떤 모습이며, 우리에게 어떤 감정을 불러일으킬까? 우주라는 낯선 공간에서 마주치는 많은 난제들은 영화 속에서 고군분투하는 스톤 박사만의 문제가 아닐 것이다. 가까운 미래에 우주로 나아가는 평범한 사람들이 마주치게 될 일상일 것이다. 우주에서의 부자연스러움과 대비되는 지구에서의 자연스러움. 인간들은 언제쯤 우주에서도 지구와 같은 자연스러움을 획득하게 될까?

가이아의 모성애
그래비티

오~ 지구, 아름답구나!

　　지상으로부터 600km 상공에 떠 있는 허블 우주망원경을 수리 중인 라이언 박사의 발아래로 푸른 행성 지구의 아름다운 모습이 펼쳐진다. 그 높은 우주공간에서 지구를 내려다보는 사람들의 감정은 어떠할까? 1977년 지구를 떠나 태양계를 벗어나던 보이저 1호가 촬영한 지구의 사

라이언의 발아래 펼쳐진 푸른 지구

진을 보며 칼 세이건 박사는 '창백한 푸른 점'이라는 표현을 했다. 아마도 61억km나 떨어진 먼 곳에서 바라본 지구는 너무나도 불안한 하나의 점에 불과해 보였을 것이다. 하지만, 영화 속의 우주왕복선과 허블 망원경, 그리고 검은 우주를 배경으로 펼쳐진 지구의 모습은 우리가 알고 있는 그 어떤 말로도 표현하기 어려울 만큼 아름답다 못해 황홀해 보였고, 세상 모든 것들에 공포를 느끼는 어린아이를 품에 안은 어머니의 자상한 모습이었다.

　　우리는 지구과학 시간에 지구의 구조에 대해 배웠다. 가장 깊은 곳인 내핵, 그것을 둘러싼 외핵, 외핵 밖의 맨틀 그리고 맨틀을 둘러싸고 있으며 인간이 발을 딛고 살아가는 지각. 우리는 지각으로 표현되는 땅위에서 하늘을 올려다본다. 그 하늘도 특징에 따라 구분된다. 대류권, 성층권, 중간권 그리고 열권, 더하여 300km 이상의 외기권. 영화의 배

경이 되는 600km의 상공은 압력도 없고, 산소도 없으며, 소리는 전달되지 않고 온도는 125℃에서 -100℃에 위치한다. 그러므로 생명체가 살 수 없는 공간이다.

영화는 러시아가 자국의 위성을 폭파하는 과정에서 파편이 발생하고 이것들이 연쇄적으로 인근의 위성들에 충돌하여 새로운 파편을 증폭시키며 시작된다. 결국 이러한 파편들은 허블 우주망원경과 우주왕복선에도 날아오고 모든 것들은 처참히 부서져 내린다. 구사일생으로 살아남은 두 사람은 라이언 박사와 코왈스키뿐. 둘은 소유즈 우주선으로 유영을 하게 되지만, 소유즈에 착륙하는 과정에서 둘을 묶어 주었던 끈이 끊어지며 코왈스키는 라이언 박사를 남겨두고 우주 속으로 멀어지게 된다. 그 멀어지는 과정에서도 코왈스키는 라이언 박사가 무엇을 해야 하는지를 차분히 이야기해 준다. 소유즈 TMA-14M을 타고 중국의 우주정거장으로 향하려던 라이언은 연료 부족으로 우주의 한 부분에서 절망에 빠지게 된다. 지푸라기라도 잡는 심정으로 여러 번 무전을 통해 구조 요청을 해보지만 지구로부터는 아무런 답변이 없고, 고개를 돌려 우주선 창밖으로 내려다 본 그곳에는 야속한 오로라의 커튼이 드리워져 있었다.

수업에 적용하기

01 지구의 대기권은 어떻게 구분하는지, 그 특징에 따라 조사하여 보자.

02 물리학에서 많은 역할을 했던 허블 우주망원경은 이제 인류 역사의 한 페이지를 장식하고 그 수명을 다했지만, 영화 속의 라이언 박사의 임무는 허블 우주망원경을 수리하는 것이었다. 허블 우주망원경에 대해 모둠별로 주제를 정하고 조사해 보자.

03 러시아의 인공위성이 부서지고 연쇄적으로 다른 인공위성들이 파괴되는 과정에서 코왈스키는 '미국인들은 오늘부터 페이스북을 못 하겠구나'라는 말을 한다. 영화의 장면처럼 인공위성이 사라진다면 어떤 일들이 일어날지 조사하고 토의해 보자.

Thank you

러시아의 소유즈 우주선으로 가는 것에 성공한 라이언 박사는 그곳에서 다시 중국의 우주정거장까지 운행하기에는 탐사선에 연료가 부족함을 알게 되어 지구에 메이데이를 외친다. 하지만, 희미하게 잡히는 무전 속의 목소리는 라이언 박사의 말을 알아듣지도 못하고 전파를 타고 날아오는 지구의 잡음 섞인 소리에는 닭소리, 개 짖는 소리, 그리고 장난스럽기까지 한 어떤 낯선 남자의 목소리만이 들려온다. 그리고 어느 순간 그 소리들 너머로 갓난 아기의 울음소리가 들려 오고 아기를 어르는 어머니의 온화한 목소리가 들려온다. 어쩌면 지구에서는 때로 가장 힘겨웠을 소리를, 절망에 빠진 라이언은 가장 듣기 좋은 소리라고 혼잣말을 하며 그 소리를 이불 삼아 깊은 잠에 빠져든다.

그러던 중 우주선 속의 산소 부족을 알리는 날카로운 버저에 정신을 차린 라이언 박사는 꿈속에서 코왈스키가 알려준 내용을 힌트로 중국 우주정거장 텐궁에 착륙을 시도한다. 그렇게 도착한 텐궁은 이미 지구를 향해 추락하고 있었고 그 속을 유영하듯 움직이는 라이언 박사의 주변으로 탁구공과 라켓이 중력을 이기겠다며 떠다녔고, 우주선의 한 구역에는 연구에 사용하였을 것 같은 벼들이 푸르게 자라 있었다.

그렇게 지구의 이름 모를 호수 속으로 추락한 착륙선에서 빠져나오

착륙선을 벗어나 호숫가로 기어가는 라이언

는 라이언 박사 옆으로 개구리 한 마리가 평화롭게 수영을 하고 커다란 수초가 물의 흐름을 따라 하늘거린다. 물 위로 올라와 긴 호흡을 하고 호숫가로 나오는 그녀의 귓전에는 내내 알 수 없는 파리 소리가 들린다. 마치 라이언 박사를 환영하는 것처럼…… 사람이라고는 찾아볼 수 없는 호수에 파리는 왜 라이언 박사를 환영하는 듯한 소리를 내는 것일까? 어쩌면 피를 빠는 녀석일 수도 있

다. 원하는 것이 있으니 반가워하는 것일까? 힘겹게 다다른 호숫가에서 그녀는 진흙 한 움큼을 잡고 또 잡아본다. 그리고 "Thank you"라고 나지막히 말한다.

수업에 적용하기

01 메이데이를 수없이 외치던 라이언 박사는 장난기 서린 남자의 목소리 너머로 아기의 울음소리와 어머니의 달래는 소리에 안정을 취하고 행복해하기까지 한다. 내가 가장 좋아하는 소리는 어떤 것인지 말해보자. 세상에서 가장 듣기 좋은 소리는 무엇일까? 서로 생각을 공유해 보자.

02 지구로 추락하는 중국의 우주정거장 텐궁에는 실험에 사용하였던 벼들이 있었다. 여러분들이 우주 사업을 총괄하는 사람이라면 어떤 연구를 진행하고 싶은가? 그 이유는 무엇인가? 모둠원들과 서로의 의견을 이야기해 보고 서로 제시한 내용이 다르다면 우선 순위를 정해 발표해 보자.

03 호숫가에 다다른 라이언은 고맙다는 말을 한다. 여러번 죽음의 문턱에서 살아 돌아온 라이언. 만약 여러분이 라이언이라면 호숫가의 진흙을 움켜잡는 그 순간. '아, 이제 살았구나'라는 확신이 들 때 어떤 말을 할 것 같은가?

2 새롭게 보기

3 커런트 워(The Current War, 2019)

제 작 국: 미국
상영등급: 12세 이상 관람가
상영시간: 108분
감 독: 알폰소 고메즈-레존
출 연: 베네딕트 컴버배치(토머스 에디슨), 톰 홀랜드(사무엘 인설),
　　　　니콜라스 홀트(니콜라 테슬라)

줄거리 📀

우리에게 발명왕으로 너무나 잘 알려진 에디슨. 그는 에디슨하면 전기, 전기하면 에디슨으로 기억 되기를 바랐다. 그런 그에게는 하나의 신념이 자리 잡고 있었는데, 사람에게 해로운 물건은 개발하 지 않겠다는 것이었다. 그래서였을까? 에디슨은 두 가지의 전기 중 직류를 선택하여 세상을 밝히고 자 하였는데, 어느 날 그를 찾아온 젊은 천재 테슬라는 교류를 이용할 것을 제안하지만 에디슨은 이를 수용하지 않는다. 결국, 에디슨을 떠난 테슬라는 경쟁사인 웨스팅하우스에 합류하여 시카고 박람회를 밝혀줄 입찰에 참여하게 된다.

관람 포인트 🎬

현대를 살아가는 우리에게 이제 전기는 절대 포기할 수 없는 것이 되어 버렸다. 가스로 불을 밝혀 도 충분하다고 생각하던 시절 에디슨은 전기가 미국 전체를 환하게 밝힐 것이라 믿어 의심치 않았 고, 그 전기는 에디슨의 전기여야만 한다고 생각했다. 하지만, 에디슨이 선택한 직류 전기는 먼 곳까 지 보내기에는 많은 문제들을 안고 있었다. 그리고 이 문제를 지적하여 교류를 선택하자는 테슬라. 하지만 안전한 전기를 주장하던 에디슨은 계속하여 직류를 고집하는데, 점점 더 많은 사람들이 직 류보다는 교류를 선택하는 상황으로 나아가자 결국 교류의 위험성을 알리기 위해 사형을 집행하는 전기의자의 제작 자문까지 하게 된다.

인류를 위협하는 물건은 발명하지 않겠다는 에디슨의 신념. 그러나 전기에 대한 강한 애착은 그 신 념을 서서히 허물어 가게 한다.

직류와 교류 이야기
커런트 워

등잔 밑은 어둡다.

'등잔 밑이 어둡다'라는 속담이 있다. 그것은 가까이 있는 것을 도리어 알아보지 못한다는 의미를 내포한다. 얼마 전 딸아이와 이야기를 하다가 '등잔 밑이 어둡다'라는 속담이 있는데 왜 가까운 곳이 어둡냐는 질문을 받았다. 순간 나는 어떻게 그런 질문을 할 수 있는지 의구심이 들었다. 그러다 우리 아이는 등잔이라는 도구를 본 적도, 경험을 한 적도 없다는 사실을 깨달았다. 내가 초등학교에 입학하고 4학년이 되기까지 우리 동네에는 전기가 들어오지 않았다. 우리 마을은 금강의 중류 지역에 위치하고 있었는데, 지금 생각해보면 전 세계 그 어디와 비교해도 풍경이 부족하지 않을 만큼 아름다운 곳이었다. 하지만, 그 강을 사이에 두고 건넛마을에는 전기가 들어오고 우리 마을에는 전기가 들어오지 않았다. 그래서 밤만 되면 강을 경계로 밝음과 어두움이 자리를 나누어 위치했다. 그 밤의 어둠이 눌러앉은 마을에 산다는 이유로 등잔 아래에서 숙제를 해야만 했던 나는 등잔 밑이 왜 어두운지를 안다. 등잔을 올려놓는 받침 때문에 등잔 아래에는 일정한 크기의 둥근 어두운 그림자가 생기게 되고 그것이 등잔 아래가 어두울 수밖에 없는 이유가 된다. 전기는 전기 그 자체만이 아니다. 전기는 모든

수많은 전구의 불빛 속에 서있는 에디슨

옛것들을 새것으로 대체해 가는 큰 흐름의 선발대였다. 그 차이는 극명하게 드러났다. 초등학교 2학년 때인 것으로 기억한다. 이유는 알 수 없지만 선생님께서 나와 내 친구를 불러내시고는 친구들 앞에서 춤을 추어 보라고 하였다. 나는 늘상 동네 할머니들이 추는 춤을 보아왔고 전통무용과 유사한 춤을 추었는데 친구는 디스코라는 것을 추고 있었다. 나중에 알고 보니 그 친구는 방앗간 집 아이였고 집에 TV가 있었다.

칠흑같이 어두운 밤, 희미한 등불 하나에 의지해 십여 명의 투자자들이 길을 걷는다. 얼만큼이나 걸었을까? 길을 안내하던 등불이 꺼지고 일순간 수백 개의 전구에 불이 들어온다. 그리고 그 찬란한 전구들의 중심에는 자신감이 가득한 에디슨이 투자자들을 향해 이야기한다. "백지 수표들은 가져오셨겠지요?"

에디슨이 자신의 전구를 발명한 것은 1879년이다. 우리나라에 전기를 이용하여 최초로 불을 밝힌 곳은 고종황제가 기거하던 궁궐이고 1884년이다. 궁궐에 불을 밝힌 회사는 에디슨의 회사였고 이후 전차의 운행과 가로등 설치에 필요한 발전소 등이 건설되었고 이를 운영하기 위한 한성전기회사가 1900년에 설립되었다.

전기는 이제 우리 생활에 없어서는 절대 안되는 것이 되었다. 우리의 집안을 살펴보자. 전기가 없다면 작동하지 않는 것이 얼마나 많은가? 어두운 밤 집으로 들어설 때 현관을 밝히는 전등부터 TV, 세탁기, 전자레인지, 냉장고, 청소기, 그리고 이 글을 타이핑하고 있는 노트북까지 전기가 없다면 모두가 고철 쓰레기로 전락하게 될 물건들이 수두룩하다.

내가 초등학교 때 처음 이사간 집에서 전기를 소모하는 것이라고는 부엌에 전구 하나, 마루에 전구 하나, 안방과 윗방을 가로지르는 형광등 하나, 그리고 외양간과 화장실 사이의 전구 하나. 이것이 전부였다. 세월이 지나면서 각 가정의 전력소비량도 큰 폭으로 증가하였지만, 우리나라의 산업에서 소비하는 전력량 또한 크게 늘어났다. 이렇게 폭증해

온 전력소비량을 공급하기 위해 많은 발전소가 건설되었고, 다양한 에너지원을 기반으로 하는 여러 유형의 발전소도 생겨났다.

수업에 적용하기

01 각자 자신의 집에서 사용하는 전자제품들을 나열해 보고, 소비전력을 인터넷을 이용하여 조사한 후, 총 소비전력량을 계산해 보자.

02 일주일 동안 우리 동네에 전기가 끊긴다면 어떤 문제들이 발생하게 될지 이야기해 보자. 만약, 현재 우리가 사용하는 전력량의 1/5 정도의 전기만이 들어온다면, 어떤 제품을 우선적으로 가동해야 할지 토의해 보자.

03 앞으로 전기사용량은 계속해서 증가할 것이다. 부족한 전력을 해결할 수 있는 방법에는 어떤 것들이 있을까? 또, 전기사용량의 증가에 따라 생기는 문제들에는 어떤 것이 있으며 이를 해결할 수 있는 방안은 무엇인지 토의해 보자.

전류를 장악하는 자가 미래를 장악한다.

사람을 죽이는 물건은 만들지 않겠다고 늘 다짐하던 에디슨은 자신의 직류와 경쟁하던 웨스팅하우스의 교류 전기가 위험하다는 사실을 부각시키고자 부단히 노력하였다. 아마도 에디슨은 전류를 장악하는 자가 미래를 장악한다는 것을 내다보았던 것일까? 비싸게 공급되지만 안정적인 에디슨의 직류와 불안정하지만 먼 곳까지 싼값에 공급할 수 있었던 교류 전기. 에디슨은 교류의 위험성을 부각시켜야만 했다. 어느 날 마구간에 기자들을 불러 모아 교류 전기를 이용하여 말을 도살하며 그 위험성을 보여주었지만 경제성을 앞세운 교류 전기를 선택하는 도시들은 지속적으로 늘어갔고 에디슨은 교류 전기에 대해 큰 위협을 느끼게 된다.

결국 에디슨은 자신이 오랫동안 지켜왔던 신념인 사람을 죽이는 물건은 만들지 않겠다던 약속을 깨기에 이른다. 그것은 사형수들에게 사형을 집행할 때 사용할 전기의자에 대한 자문을 수락하는 것이었고, 그 전기의자는 웨스팅하우스사의 교류 전기라는 것을 알리는 조건이었다.

모든 생명체들은 경쟁이라는 숙명을 타고나는 것일까? 다윈의 진화론에서 자연에 적합한 것이 선택되는 것처럼 그 시절의 사회와 과학기술의 발달 정도는 에디슨의 직류보다는 테슬라의 교류를 선택했다. 먼 거리까지 전기를 안정적으로 보낼 수 있는

박람회를 밝힌 전구와 전기의자 위의 사형수

것은 직류보다는 교류가 훨씬 경제적이었기 때문이다. 하지만, 현재의 우리는 직류와 교류 방식을 모두 잘 이용하고 있다. 당시에는 패배한 것처럼 보였던 직류 방식이 다시 살아난 것일까?

에디슨의 눈에는 앞으로 다가올 미래의 전기가 어떠한 힘을 발휘할지가 보였을 것이다. 그렇게 많은 명성을 얻은 에디슨도 전기에서 자신의 이름이 지워지는 것은 싫었던 모양이다. 하지만, 시카고 박람회를 밝힌 수없이 많은 전구들의 불빛은 테슬라의 교류였고, 이와는 대조적으로 에디슨에게 자문을 구해 만들어진 전기의자에서는 한 사형수가 죽어갔다.

수업에 적용하기

01 수많은 전구로 환하게 밝혀진 시카고 박람회는 당시에 장관이었을 것이다. 하지만, 대조적으로 보인 전기의자에서의 사형 장면은 가히 충격적이다. 인간들이 만든 발명품들은 활용하기에 따라 긍정적인 면 못지않게 때로는 부정적인 면으로도 사용된다. 그러한 사례를 조사하고 토의해 보자. 또한, 부정적으로 사용되는 면을 차단하기 위한 방안에는 어떤 것들이 있을지 이야기해 보자.

02 에디슨은 '사람을 해치는 물건은 만들지 않겠다'는 신념을 저버리는 행동을 하였다. 자신의 신념을 저버리거나 다른 사람이 신념을 저버리는 모습을 본 적이 있는가? 어떤 상황이었는지 불편하지 않은 사례라면 서로 이야기해 보자.

03 교류 전기의 승리로 끝난 것 같은 전류의 전쟁은 현재에도 진행되고 있다. 우리 주변에 교류를 사용하는 제품들과 직류를 이용하는 제품들을 조사해 보자.

4 이미테이션 게임(The Imitation Game, 2015)

제 작 국: 영국, 미국
상영등급: 15세 이상 관람가
상영시간: 114분
감　　독: 모튼 틸덤
출　　연: 베네딕트 컴버배치(앨런 튜링), 키이라 나이틀리(조안 클라크)

줄거리 🎧

2차 세계대전이 한창이던 때, 유럽 전역을 휩쓸고 있던 독일군에 영국군은 고전을 면치 못하게 된다. 이때 영국에서는 독일군의 암호를 풀기 위한 '애니그마 프로젝트'를 진행한다. 어느 날 영국의 한 시골 마을, 라디오 공장으로 위장한 시설로 천재 수학자 '앨런 튜링'이 찾아온다. 수없이 많은 해독자들이 매일 라디오로 들려오는 독일군의 암호를 듣지만 그 의미를 알지 못해 답답해하는 중 앨런은 모든 문자를 해독할 수 있는 기계를 만들어야 문제를 해결할 수 있다고 말한다.

관람 포인트 🎬

독일군의 암호를 해독할 수 있게 된 순간, 더 큰 고민이 찾아온다. 영국이 독일군의 암호를 해독하고 있다는 사실을 상대가 알아서는 안된다. 만약 알게 된다면 그 순간 독일은 암호체계를 바꾸어버릴 것이다. 이제 암호 해독을 통해 적들이 어느 곳으로 공격할지를 알게 되었지만, 어느 곳에서는 전투를 이기도록 해야 하고, 다른 곳은 전략을 바꾸어 벗어나야 했으며, 또 다른 곳에서는 아군이 죽어가는 것을 지켜보아야만 하는 상황이 발생한다. 과연 그 누구에게 그런 선택의 권한이 있을 수 있을까? 그런 개입은 정당하고 옳은 것인가?

신에게도 生과 死의 선택은 괴롭다
이미테이션 게임

가끔은 생각지도 못한 누군가가 누구도 생각하지 못한 일을 해낸다.

영화의 주인공인 앨런은 학창 시절 친구들과 어울리지 못할 뿐만 아니라, 괴롭힘을 당한다. 학교 식당에서 식사를 할 때 초록색의 콩과 빨간색의 당근이 서로 섞이면 안 된다고 분리하던 그의 행동을 이해하지 못하는 친구들이 앨런의 머리 위로 음식물을 쏟아붓기도 하고, 여러 친구들에 의해 교실 바닥에 갇히기도 한다. 어느 날 플라타너스 나무 아

누구나 볼 수 있는 메시지인데
그 뜻을 알 수 없어

암호학 책에 대해 이야기하는 앨런과 크리스토퍼

래 기대어 앉은 앨런과 크리스토퍼, 크리스토퍼는 암호학에 대한 책을 읽고 있다가 암호는 사람들의 대화와 별반 다르지 않다는 말을 앨런으로부터 듣는다. 해석하기 어려운 암호처럼 사람들의 말 또한 그 속뜻을 이해하기 어렵다는 것이다. 그 말을 들은 크리스토퍼는 너에게 이 책이 더 잘 어울릴 것 같다며 자신이 읽던 책을 친구에게 건넨다. 그러면서 다른 친구들과 동화되지 못하는 앨런에게 '가끔은 생각지도 못한 누군가가 누구도 생각하지 못한 일을 해낸다'는 말로 그 존재의 필요성을 인정해 준다.

그렇게 시간이 흐르고 앨런은 영국의 어느 시골 마을, 비밀의 장소에서 독일군의 암호를 해독하는 임무를 수행하게 된다. 그리고 암호를

해독하기 위해 새로운 팀원들을 구하던 앨런은 크로스 퍼즐을 빨리 풀면 좋은 직장을 제공하겠다는 내용을 신문 광고에 싣는다. 어느 날 광고를 보고 찾아온 클라크는 앨런이 제시한 문제를 6분 이내에 해결하지만, 직장이 집으로부터 멀리 떨어져 있고 주로 남자들이 일하는 곳이라는 부모님들의 반대로 정작 출근을 하지 않게 된다. 클라크가 꼭 필요했던 앨런은 클라크의 집으로 찾아가 그 부모를 설득하고 직장에는 비서와 같은 다른 여성 직장인들도 많다고 둘러대어 클라크가 집을 떠날 수 있는 핑계를 제공한다. 집을 나오며 클라크는 앨런에게 여러 차례 '왜 나를 돕느냐'고 묻는다. 그때 앨런은 크리스토퍼가 한 것처럼 '가끔은 생각지도 못한 누군가가 누구도 생각하지 못한 일을 해낸다'는 말을 한다.

하루뿐이다.

라디오 전파를 통해 매일매일 날아오는 독일군의 무전 암호 해독에 필요한 유효시간은 하루뿐이다. 하루가 지나면 암호의 체계는 바뀌게 되고 따라서 날마다 바뀌는 회전체의 의미를 영국은 알아내야만 했는데 이것은 시간적으로 불가능하였다. 사람의 힘으로는 이천만 년이 소요되는 일을 이십 분 만에 알아내야만 했는데, 왜냐하면 의미를 해독하는 것만으로 모든 것이 해결되는 것이 아니고 해독한 의미에 따라 전선에 있는 영국군들에게 그에 맞는 적절한 명령을 전달하는 시간이 필요했기 때문이었다. 그것의 의미와 필요성을 알았고 그것은 사람이 아닌 기계로밖에는 해결할 수 없다는 생각을 가진 앨런은 자신의 연구에 더욱 집착하였다. 하지만, 다른 팀원들은 그런 앨런의 행동을 이해하지 못하게 된다. 결국 매일매일 시간에 쫓기던 팀원들은 어느 날 감정을 폭발시키고, 만약 앨런이 도왔다면 자신들이 해독하고 있는 암호문의 하나라도 더 빨리 해독할 수 있었다며 앨런의 기계를 부수려 하는 사건이 발생하게 된다.

매일매일 바뀌는 독일군의 암호를 풀지 못한 동료들은 기계에만 몰두하는 앨런을 이해하지 못하고 결국 갈등을 표출하게 된다.

이렇게 서로의 감정은 그 골이 더더욱 깊어만 가고, 이를 지켜보던 클라크는 암호를 해독하기 위해 모든 사람의 도움이 절실히 필요하다고 앨런에게 이야기하며 먼저 화해할 것을 제안하게 된다. 다음날 앨런은 동료들에게 화해의 의미로 사과를 하나씩 돌리고 나름 재미있다는 유머를 냉랭하게 하며 다른 팀원들이 좋아하는 사람이 되고자 노력한다. 그러자 팀원들도 하나씩 아이디어를 보태고 전선의 연결 방식을 바꾸어 기계의 작동시간을 빠르게 하였지만, 여전히 하루는 짧기만 하였다. 결국, 상부에서도 10만 달러가 들어간 기계에서 결과물이 없자 앨런을 해고하려고 드는데, 그동안 서로에게 믿음이 생긴 팀원들은 앨런이 해고되면 자신들도 함께 그만두겠다며 오히려 앨런을 두둔하고 6개월의 시간을 추가로 얻어 내기까지 한다.

수업에 적용하기

01 내가 추진하는 일을 부모님이나 주변 사람들이 이해하지 못해서 답답한 기억이 있는가? 주변 사람들의 도움이 필요할 때 당신은 그들에게 어떻게 부탁을 했는가? 좋은 방법이 있다면 서로 공유해 보자.

02 자신이 책임을 맡고 있던 일을 시간에 쫓기며 추진해 본 경험이 있는가? 어떤 일이었는가? 그 결과는 어떠했는가? 지금 다시 그 시간으로 돌아간다면 같은 방식을 택하겠는가?

나는 누구인가?

나는 기계인가? 사람인가? 전쟁영웅인가? 범죄자인가? 이 말은 앨런이 경찰서의 취조실에서 형사에게 건넨 말이다. 그동안 살아온 자신의 삶을 이야기하며 형사에게 물었지만, 형사는 '모르겠다'라는 답변을 한다. 앨런은 분명 우리와 같은 사람이다. 유기물로 이루어져 있고 물질대사를 하며 자극에 대해 반응한다. 하지만, 그는 전쟁 기간 동안 수없이 많은 확률 문제를 풀었다. 그에게 당면한 가장 큰 문제는 독일군들이 절대로 그들의 무전이 영국군에 의해 도청되고 있다는 사실, 아니 해독되고 있다는 사실을 알아

경찰과 대면하며 다양한 자신에 대해 이야기하는 튜링 교수

차리지 못하는 수준에서 승패를 결정해야 한다는 것이었다. 최종적으로는 승리해야 하지만, 어떤 것은 이기고 어디에서는 져야하는 냉정한 선택을 해야만 했던 것이다. 그런 부분에서는 냉혈한 인간을 넘어 오히려 차가운 기계에 가깝지 않을까? 하지만, 결과적으로 전쟁을 승리로 이끌었으니 영국이라는 나라에서는 영웅일 것이고, 다른 한편에서는 누군가

는 죽도록 두어야 했고 또 다른 지역의 누군가는 죽었을 것이므로 죽은 자들이나 그 가족의 입장에서는 범죄자로 비춰질 수도 있을 것이다.

2차 세계대전의 막바지에 일본으로 날아든 두 발의 원자폭탄. 그것은 히로시마와 나가사키에 수많은 희생자들을 낳았다. 원자폭탄을 만들기 위해 구성되었던 맨해튼 프로젝트. 그곳에는 수많은 과학자들이 자신들의 지식을 총동원하여 적국의 도시와 군사시설을 가장 효율적으로 파괴할 수 있는 무기를 구상하였을 것이다. 2차 세계대전이 끝나고 그 작업에 참여했던 많은 과학자들 또한 주인공 앨런과 같은 심정이었을까?

우리는 쉽게 나라는 존재는 하나라고 생각한다. 하지만, 조금 더 생각해 보면 나라는 존재가 하나가 아니라는 생각도 든다. 그냥 흔히 생각하는 나, 배우자로서의 나, 부모로서의 나, 자식으로서의 나, 형제로서의 나, 직장인으로서의 나 등등 이루 헤아릴 수 없을 만큼 다양한 존재로 살아간다. 그 다양한 존재 중 진정한 나는 누구일까? 영화로 돌아와 튜링 교수는 기계, 전쟁영웅, 범죄자 중 누구였을까?

수업에 적용하기

01 나는 누구인가? 그리고 무엇으로 이루어져 있으며 체제는 어떠한가? 이것을 고민하는 방법은 다양하겠지만 그중 한 가지는 나를 구성하는 물질들에 대해 생각해 보는 것이 아닐까? 그러면 먼저 나는 어떻게 구성되어 있는지 생각해 보자. 물질을 기준으로 생각해 보아도 좋고, 체제를 기준으로 고민해 보아도 좋다. 여러분은 무엇으로 만들어졌고 어떤 체제를 갖추고 있는가?

02 나에 대해 바라보면 하나의 나로 착각하지만 다양한 종류의 내가 존재한다. 그리고 그 다양한 나는 때로 서로 충돌을 일으킨다. 어떤 경우에 서로 충돌하는 나를 보았는가? 그럴 때는 어떻게 그 충돌을 해결하는지 말해 보자.

2 새롭게 보기

5 러빙 빈센트(Loving Vincent, 2017)

제 작 국: 영국, 폴란드
상영등급: 15세 이상 관람가
상영시간: 95분
감　　독: 도로타 코비엘라, 휴 웰치맨
출　　연: 더글러스 부스(아르망 룰랭), 시얼샤 로넌(마르그리트 가셰)

줄거리

'빈센트'의 죽음 후 1년, 별이 빛나는 아를의 거리 '밤의 카페 테라스'에서 주인공 '아르망'은 빈센트가 마지막으로 살았던 장소로 찾아가 그의 죽음을 추적해 나간다. 그동안 빈센트가 자신의 귀를 자른 미치광이라 믿었던 아르망은 빈센트의 주변인들을 만나며 죽음의 비밀을 쫓지만, 죽음에 대한 비밀을 파헤칠수록 의문만 생길 뿐이다. 그의 죽음은 자살일까? 타살일까?

관람 포인트

'빈센트'의 밝은 색채와 인상적인 화풍을 좋아하며 그의 짧고 비극적인 죽음에 주목하는 사람들은 많지만, 그가 그림을 전혀 배운 적이 없으며 29세의 늦은 나이에 여러 직업을 경험하다 화가를 선택했다는 것을 아는 사람은 많지 않다. 그림을 시작하고 죽기까지 8년 동안 860장의 그림을 그렸고, 1,026장의 소묘, 800여 통의 편지를 남긴 열정의 화가 빈센트. 그의 삶과 죽음에 집중하면서 영화를 감상해 보자.

2 새롭게 보기

5 러빙 빈센트: 임파서블 드림
(Loving Vincent: The Impossible Dream, 2018)

제 작 국: 영국
상영등급: 전체 관람가
상영시간: 59분
감   독: 미키 웨셀
출   연: 휴 웰치맨(본인), 도로타 코비엘라(본인)

줄거리

제90회 아카데미, 제75회 골든글로브 장편 애니메이션 작품상 노미네이트 〈러빙 빈센트〉가 탄생하기까지 10년의 과정을 담은 다큐멘터리. 〈러빙 빈센트〉는 어떻게 완성될 수 있었을까? 영화를 깊이 있게 이해하기 위해 빈센트 반 고흐의 삶과 작품에 대한 기본적 정보를 수집해 먼저 공부하고 영화를 보거나 〈러빙 빈센트: 임파서블 드림〉을 먼저 보길 추천한다.

관람 포인트

화가의 길에 자신의 전부를 쏟아부은 빈센트의 열성과 감정이 영화 〈러빙 빈센트〉 제작에 진심으로 매달리게 했다는 두 감독(도로타 코비엘라, 휴 웰치맨)은 세계에 다시없을 페인팅 애니메이션으로 빈센트의 작품을 그대로 재현한 영화를 제작한다. 그들이 해석한 빈센트의 열정은 어떻게 영화로 표현되었을까? 〈러빙 빈센트: 임파서블 드림〉에는 누구도 상상하지 못했던 놀라운 10년의 제작 스토리와 '불가능한 꿈'이 '가능한 꿈'으로 바뀐 열정이 고스란히 담겨있다.

열정을 재해석하다
러빙 빈센트

남이 가지 않은 길을 가려는 사람들에게

원하는 미래는 어떻게 만들 수 있을까? 남이 정해준 길을 가며, 누군가의 의견을 인용하고, 불가능하다는 평가로 새로운 것을 시도하기를 포기한다면 우리가 원하는 미래를 만들 수 있을까? 불가능하다는 평가를 딛고 일어나 자신을 믿으며 미래를 새롭게 개척한 노력을 보고 싶다면 영화 〈러빙 빈센트〉를 추천한다. 이 영화가 원하는 미래를 만들었다는 것은 단지 고흐의 작품을 아날로그적인 수작업으로 모두 그려서 제작하고, 125명의 애니메이터와 화가들이 참여했으며, 사용된 유화 프레임이 6만 장이 넘고, 이 영화를 제작하기 위해 걸린 시간이 10년이라는 대단함 때문만은 아니다. 이런 노력과 더불어 새로운 상상을 하고 모두 불가능하다던 평가를 딛고 영화를 완성하기까지 수많은 난관을 극복하며 보여준 의지와 집념의 위대함 때문이다. 〈러빙 빈센트〉는 그 노력의 결과물이라 할 수 있다. 〈러빙 빈센트: 임파서블 드림〉은 이런 노력의 과정을 고스란히 담은 기록인데 영화의 깊이 있는 이해를 위해선 고흐에 대한 기본적인 정보를 수집해 먼저 공부하고 영화를 보거나 〈러빙 빈센트: 임파서블

고흐의 작품을 영화로 재현하는 사람들
ⓒ러빙 빈센트: 임파서블 드림

드림〉을 먼저 보길 추천한다. 고흐의 이야기도 이야기지만 고흐의 작품을 고스란히 영화화한 사람들의 열정을 먼저 접하고 본다면 고흐의 삶과 고흐의 화풍을 그대로 재현한 이 영화가 더욱 위대해 보일 것이다.

빈센트를 사랑한 사람들: 창의성과 열정에 관해

전 세계를 통틀어 빈센트 반 고흐처럼 사랑받는 화가도 없을 것이다. 작품이 가진 밝은 색채와 인상적인 화풍, 영혼이 실린 것 같은 그림은 사람들의 상상력을 자극하고 따뜻한 감성을 끌어낸다. 그런 밝음 뒤쪽에 자리 잡은 화가의 어두운 면, 즉 자신의 귀를 자르고 정신병력이 있으며, 살아서 그림을 단 한 점만 팔았고, 37세의 나이로 자살한 비극적인 삶 역시 그의 작품을 더욱 신비주의로 끌어들인다. 그러나 빈센트의 작품을 좋아하며 그의 짧고 비극적인 죽음에 주목하는 사람들은 많지만, 고흐가 대단한 독서광이었고 29세의 늦은 나이에 그림을 시작했으며 여러 직업을 전전하다 늦게 화가가 된 그의 삶을 아는 사람은 많지 않다. 또한, 그는 그림을 전혀 배운 적이 없었다. 빈센트는 그림을 시작하고 죽기까지 8년 동안 860장의 그림을 그렸고, 1,026장의 소묘, 800여 통의 편지를 남겼다. 1년에 200장의 그림을 그렸다고 추정하면 그가 얼마나 작품에 대한 열의를 가지고 있었는가를 짐작할 수 있다.

고흐가 동생 테오에게 쓴 편지들
ⓒ러빙 빈센트: 임파서블 드림

〈러빙 빈센트〉는 2008년 7분의 짧은 영화로 처음 계획되었으나 나중에 장편영화로 계획이 수정된다. 영화에 들어가는 65,000프레임 각 장면을 빈센트 반 고흐의 기법을 그대로 재현해 캔버스 유화로 그리는데, 125명의 화가들이 팀을 이뤄 수년에 걸쳐 완성하게 되었다니 그 노력도 어마어마하다. 무엇이 그들을 빈센트의 그림으로 이끌었을까?

　도로타 코비엘라 감독은 늦은 나이 그림을 시작하면서 전혀 배운적 없는 영화에 뛰어들어 제작을 시작하는데 자신의 방, 신발, 먹은 음식, 대화한 사람들, 풍경들을 소재로 자기 주위의 모든 세계를 그림으로 그렸던 빈센트의 열정을 가슴에 담는다. 그리고 '진실은 그림 말고는 설명할 길이 없다'고 말하는 빈센트의 열정을 토대로 전에 본 적 없는 그만을 위한 영화를 만들기로 결심한다. 그녀의 인터뷰에는 '원하는 것에 자신의 모든 것을 내던진 화가 빈센트의 용기'가 세계 최초로 어디서도 본 적 없는 실사 애니메이션을 완성하는 감독의 용기가 되었다는 내용이 그대로 담겨 있다. 그들은 영화를 완성하기까지 겪은 수많은 거절과 감정적 충격, 지루하고 경험 없는 감독이란 평판을 딛고 끈질긴 설득과 노력으로 페인팅 애니메이션이라는 새로운 장르를 개척한다. 무엇보다 강한 끈기가 있다는 자신을 믿고 앞으로 나가는 용기를 발휘한 점이 〈러빙 빈센트〉를 완성하는 힘이 되었다고 한다. 제작, 감독, 각본을 쓴 휴 웰치맨 역시 20년 동안 영화와 애니메이션 일을 한 사람이었지만, 처음부터 빈센트에 대해 알고 영화화하겠다 마음먹은 것은 아니었다. 그는 빈센트 관련 책을 읽기 시작하면서부터 그림에 진심으로 매달린 빈센트의 열정과 감정에 마음을 빼앗기게 되었다고 고백한다. 최악의 상황에서 화가가 되는 길에 자신의 전부를 쏟아부은 빈센트의 열정은 감독들의 열정이 되었고, 비로소 10년의 결실로 고흐의 그림에 생명을 불어넣은 영화 〈러빙 빈센트〉가 된다.

　　"다른 천재들처럼 어릴 때부터 재능을 보인 화가인 줄 알았어요. 빈센트는 다른 네 가지 직업에 실패한 후 29세가 돼서야 그림을 시작했어요. 삼촌의 미술품 중개소에 취직해서 처음 미술을 접했고, 아주 열심히 일했지만 손님을 응대하지 못해 파면되고, 그다음 선생님이 되려 했고, 그다음은 서점 점

화가가 되기 전 빵으로 연명하며 책만 읽은 빈센트 ⓒ러빙 빈센트: 임파서블 드림

원, 마지막은 아버지와 같은 목사가 되려 했지요. 하지만, 너무 종교적이라 내쳐지고, 벨기에 가난한 광산의 한 헛간에서 빵으로 연명하면서 책만 읽었습니다. 그런 최악의 상황에서 화가가 되는 것에 모든 걸 걸기로 했고, 그를 물심양면으로 지원한 동생 테오의 도움을 받아 화가의 길에 자신의 전부를 쏟아붓는데, 빈센트의 그 열성과 감정이 저를 〈러빙 빈센트〉에 진심으로 매달리게 했죠."

- 러빙 빈센트: 임파서블 드림, 휴 웰치맨 대사 中

창의성은 새로운 생각이나 개념을 찾아내거나 기존에 있던 생각이나 개념들을 새롭게 조합해 내는 것이다. 새로운 무엇을 만드는 것만을 창의성으로 생각하지만 새로운 형태로 상상해 재조합하는 능력1 역시 창의성이다. 그런 면에서 고흐의 작품을 재해석해 화풍을 그대로 재현한 〈러빙 빈센트〉는 기존의 관습과 관행을 넘어 자기만의 새로운 생각을 덧입히고 적용한 예라 할 수 있다. 정확히 빈센트의 창의성에 감독의 창의성이 더해져 어려움을 포기하지 않는 끈기와 노력으로 완성된 것이라 봐야 할 것이다. 인상파를 주도한 빈센트 역시 좋은 작품을 그리기 위해 보이지 않는 철벽을 뚫는 노력, 흔들림 없이 지속되어야 할 인내심을 강조했다. 이런 것을 보면 결코 창의성은 노력 없이 우연히 뿌리를 내려 의미 있는 열매로 이어지진 않는다는 것을 알 수 있다.

그림이란 게 뭐냐? 어떻게 해야 그림을 잘 그릴 수 있을까? 그건 우리가 느끼는 것과 우리가 할 수 있는 것 사이에 서 있는, 보이지 않는 철벽을 뚫는 것과 같다. 아무리 두드려도 부서지지 않는 그 벽을 어떻게 통과할 수 있을까? 내 생각에는 인내심을 갖고 삽질을 해서 그 벽 밑을 파내는 수밖에 없는 것 같다. 그럴 때 규칙이 없다면, 그런 힘든 일을 어떻게 흔들림 없이 계속해 나갈 수 있겠니? 예술뿐만 아니라 다른 일도 마찬가지다. 위대한 일은 분명한

의지를 갖고 있을 때 이룰 수 있다. 결코, 우연으로 되는 것이 아니다.2
- 빈센트의 편지, 1882년 10월 22일

빈센트 죽음의 미스터리를 추적하다.

　복부에 총을 맞아 죽어가던 빈센트는 마지막 날까지 동생 테오에게 죽음이 아닌 삶을 이야기했다고 한다. 그 때문에 유서도 발견되지 않은 빈센트의 죽음에 관한 미스터리는 지금까지 수많은 의문을 불러일으키고 있다. 정신 질환을 앓던 빈센트가 스스로 1890년 7월 27일 총을 쏴 자살했을 것이라는 추측은 그동안 빈센트의 죽음에 관한 일반적 결론이었다. 그러나 2011년 하버드대 출신 변호사 스티븐 네이페와 그레고리 화이트 스미스는 빈센트의 죽음에 타살설을 주장한다. 또한, 자살일 수 없다는 법의학자의 분석은 타살설에 힘을 싣는다. 빈센트의 총상 부위가 스스로 겨냥하기 어려운 위치고, 손에 화약 흔적이 없다는 이유에서다.3 8년 만에 예술가로 인정받기 시작하던 시점에 '오베르 쉬르 우아즈에서 80일 머물면서 그림을 75점이나 그린 고흐가 극단적인 선택을 했을 것으로 보기는 어렵다'4와 같은 빈센트의 죽음에 대한 의문은 〈러빙 빈센트〉의 주요 줄거리가 된다.

　영화는 빈센트의 죽음 후 1년, 별이 빛나는 아를의 거리 '밤의 카페 테라스'에서 시작된다. 주인공 '아르망'은 빈센트의 그림을 사랑했던 아버지의 부탁으로 빈센트가 마지막으로 살았던 장소로 찾아가 그의 죽음을 추적해 나간다. 그동안 빈센트가 자신의 귀를 자른 미치광이라 믿었던 아르망은 빈센트의 주변인들을 만나며 죽음의 비밀을 쫓지만, 그의 죽음에 대한 비밀을 파헤칠수록 의문만 생길 뿐이다. 아르망은 빈센트를 그리워하는 여인 '마르그리트'에게 동네 한량인 '르네'가 여관에서

영화의 주 배경인 아를의 포룸 광장 카페 테라스 (밤의 카페 테라스, Café Terrace at Night, 1888 Oil on canvas, 81cm x 65cm)

산 총으로 고흐를 죽였을 수 있다는 타살 가능성을 듣게 된다. 하지만, 그녀는 '그가 죽은 이상 이제 그 원인은 아무 의미도 없고, 자신이 할 수 있는 일은 그의 무덤에 꽃을 바치는 것뿐'이라며 아르망에게 '그의 죽음에 대해 그렇게도 궁금해하면서 그의 삶에 대해선 얼마나 아느냐'고 오히려 반문한다.

빈센트는 예술로 사람들을 어루만지고 싶어 했다. 그는 마음이 깊고, 따뜻한 사람으로 남고 싶었다. 그런 빈센트의 삶에 대해 영화는 "당신은 그의 삶에 대해 무엇을 알죠?"라고 질문한다. 죽음의 미스터리가 아닌 영혼과 감정을 작품에 넣기 위해 노력한 빈센트의 삶과 예술에 대해 우린 무엇을 알고 있을까? 고흐가 평생 그린 자화상 36점은 자신의 삶에 대해 치열하게 고민했던 결과를 우리에게 보여준다.

우리는 그의 작품을 오늘도 인터넷이나 책, 신문, 잡지 등 다양한 매체를 통해 어렵지 않게 만난다. 게다가 〈러빙 빈센트〉를 통해 붓질이 살아 춤추는 살아있는 영상으로도 빈센트의 작품을 만날 수 있다. 우리 앞에는 손만 뻗으면 언제든 보고 재생할 수 있는 그의 작품들이 있다. 이런 작품들 앞에 서서 화가의 고뇌와 집념의 결과로 작가들의 삶을 만나고는 있는지 질문해보자. 그리고 그 질문을 자신에게도 던져보자.

〈러빙 빈센트〉는 자신과 끊임없이 싸우며 긴 시간을 포기하지 않았던 빈센트의 집념과 자기만의 영화를 만들기 위해 끊임없이 고민하며 빈센트의 삶에 생명을 넣은 사람들의 열정으로 제작된 영화다. 이런 결과는 빈센트가 자신에게 던진 삶의 질문을 자신의 질문으로 바꾼 감독들의 삶의 자세에 관한 결과이기도 하다.

영화는 우리에게 질문한다. 자기만의 색을 찾기 위해 고민하고 노력

하고 있는가? 나는 무엇에 열정을 쏟으며 살고 있을까? 그런 내 삶의 색
은 무슨 색일까? 그 색들이 빛을 발하기 위해 어떤 노력을 하고 있을까?

> "I want to touch people with my art. I want them to say: he feels
> deeply, he feels tenderly."
> "난 내 예술로 사람들을 어루만지고 싶다. 그들이 이렇게 말하길 바란다. 그
> 는 마음이 깊은 사람이구나, 마음이 따뜻한 사람이구나."
>
> — 〈러빙빈센트〉; 빈센트 반 고흐

수업에 적용하기

01 빈센트 반 고흐 작품 중 가장 마음에 드는 작품은 무엇인가? 그 이유는?

02 작가의 삶을 이해하고 작품을 감상하면 무엇이 달라 보이는가? 고흐가 평생 그린 자
화상을 찾아보면서 작가의 삶의 고민이 무엇이었을지 생각해보자.

03 〈러빙 빈센트: 임파서블 드림〉을 본 후 〈러빙 빈센트〉를 감상해보자. 감독의 열정을
본 후 무엇이 달라 보이는가? 무엇을 시도하기도 전 포기했던 적이 있었는가? 자기만
의 색을 찾는 것은 어떤 의미일까? 나는 나만의 어떤 색깔을 찾기 위해 어떤 노력을
기울이고 있는가?

3

미래 바라보기

월-E
더 기버: 기억전달자
인 타임
지구가 멈추는 날

1 월-E(Wall-E, 2008)

제 작 국: 미국
상영등급: 전체 관람가
상영시간: 104분
감   독: 앤드류 스탠튼
출   연: 벤 버트(월-E, M-O 목소리), 엘리사 나이트(이브 목소리)

줄거리 ◉

먼 미래 모든 환경은 파괴되었고 사람들은 지구를 탈출했다. 이제 지구를 지키는 것은 쓰레기처리 로봇 Wall-E뿐이다. 700년 동안 쓰레기를 뭉쳐 산을 만들며 버려진 지구를 청소하던 중 우연히 식물을 발견하게 되고, 이를 계기로 우주에서 떠돌던 사람들은 지구로 귀환하게 된다. Wall-E와 지구인은 파괴된 지구에서 다시 희망의 노래를 부르며 행복하게 살 수 있게 될까? 지구인이 해결 해야할 과제는 무엇일까?

관람 포인트 🎬

미래를 상상한 영화들은 많다. 영화를 보며 미래를 엿보고 상상하며 예측된 미래에 대응할 전략을 세워보는 것은 어떨까? Wall-E의 눈을 통해 지구의 환경과 변해버린 인간의 모습을 상상해보면서 우리가 만들어 갈 미래를 그려보자. 이런 예측과 상상은 발 빠르게 변화하는 시대에서 삶의 대응력 을 높이는 방안이며 동시에 현재 예측 가능한 리스크를 관리하는 예방주사가 될 것이다. Wall-E를 통해 시나리오 속으로, 영화 속으로, 그리고 미래로 들어가 보자.

미래에 대한 암울한 상상
월-E

미래를 상상하는 것은 왜 중요한가?

　세상이 빠르게 변하고 있다. 변해도 너무 빠르다. 그러다 보니 과거에 참이라 믿었던 것들이 지금은 거짓으로 밝혀진 것들도 많고, 과거에는 없었지만 지금 새롭게 등장한 지식도 많다. 변화의 방향도 예측할 수 없다. 과거를 거울삼아 미래의 예측이 가능하던 때는 과거의 경험을 통해 현재를 살 수 있었다. 그러나 지금처럼 패러다임이 빠르게 바뀌는 시대, 어제의 경험으로 산업과 문화의 변화를 예측할 수 없는 시대는 다르다. 이럴 때일수록 변화에 대응하며 변화를 만들어가는 힘을 기르는 일이 더욱 중요해진다. 누군가 예측한 변화를 따라 살 수 없기 때문이다. 따라서 급격하게 변하는 사회에 대응하는 것은 개인에게도 사회에도 중요한 일이 되었다.

　본래 미래지향적인 성격을 지닌 교육도 이런 측면에서 고민이 깊어지고 있다. 미래를 살아갈 학생들의 삶을 준비하는 예비적 활동이 교육이라면 대체 우린 어떻게 변화의 방향을 예측하고 이에 맞는 교육을 할 수 있을까? 현재 우리가 받았던 교육체제가 비판받는 지점은 교육 전반에 퍼져있는 효과성과 효율성을 우선시하는 표준화된 모델과 획일성, 경직성, 관료제가 가진 병폐, 입시 위주의 창의성 교육의 어려움, 지나친 경쟁으로 인한 역효과 등의 문제에서 비롯된다.[1] 과거 산업 사회에서 중요하게 여기던 효율성과 효과성의 가치를 사회가 변했음에도 교육이 따라가지 못하고 변하지 못한다는 진단은 학교교육이 미래 사회와의 괴리를 더욱 크게 벌어지게 만들 것이라는 아주 우울한 디스토피아적 전망을 내놓게 한다. 따라서 이런 미래에 대비하기 위해 다가올 미래를 상상하고 예측하는 것이 더욱 중요해졌다. 미래학자들은 우리가 원하는 미래 모습을 예측하는 목적을 어떤 미래가 펼쳐질지 정확하게 맞추기 위함이 아니라 '바람직한 미래를 만들어 가기 위함'이라고 설명한다. 결국, 무엇이 일어날 것인가를 예측함으로 우리가 무엇을 해야 하는지 혹은 하지 말아야 할지를 고민하고 알아내려는 것이다.

과연 우리는 어떤 미래를 맞이하게 될까? 많은 사람들이 다가올 사회를 불확실성, 복잡성, 불명확성, 빠른 속도의 변화로 예측한다. 이에 따라 기술의 발전, 직업의 변화, 인구구조의 변화, 다문화 사회의 도래, 환경의 변화 등을 메가트렌드로 제시한다. 누군가는 미래를 불가항력적인 바이러스가 창궐하고, 첨단 기술은 빛의 속도로 앞서갈 것이며, 트렌드는 숨 가쁘게 바뀌는 시대가 될 것이라 예측하기도 한다. 그런데 이렇게 다양하게 예측되는 수많은 변화는 사실 완벽하고 정확한 예측들이 아니다. 알다시피 미래를 정확하게 예측하는 것은 불가능하다. 다만 우리가 할 수 있는 것은 여러 가지 미래에 예측되는 가능성들을 나열해 보고, 보다 나은 미래를 선택하기 위해 노력할 뿐이다.

나의 어린 시절도 그랬다. 내가 초등학교를 다녔던 30년 전에도 분명 수많은 미래를 예측했다. 그 시절 내가 기억하는 미래에 대한 예측은 물을 사 먹게 될 것이라는 선생님의 말씀, 잠자는 중국이 깨어나는 시대가 올 것이라는 예측, 기술이 발전하게 될 것이라는 예측들이었다. 그저 불확실하고 두루뭉술했다. 그런 예측들은 어른이 된 지금 돌아보니 일정 부분 들어맞은 것도 있다. 그 당시 '물을 왜 사 먹냐'고 했었지만, 지금은 물을 사서 먹는 것이 전혀 어색하지 않다. 이런 상황이라면 미래에는 공기를 사서 마시게 될지도 모른다. 이 또한 예측일 뿐이다. 과학정보기술의 발전 역시 예측되었는데 구체적인 예측이라기보단 하늘을 나는 자동차나 물속도시, 우주도시를 상상한 것이었다. 이런 공상과학의 소재는 현재 실현 가능성이 높아졌지만, 예나 지금이나 상상 속에 존재할 뿐이다. 어린 시절 예측 중에는 전혀 상상하지 못했던 미래도 있다. 스마트폰을 누구나 들고 다니면서 모든 정보를 그 속에 다 넣어 수많은 일을 할 수 있게 된 현실이 그렇고, 하늘을 나는 자동차와 같이 과학기술이 발전한 장밋빛 세상도 그렇다. 이런 상상과는 달리 미세먼지에 점령당해 뿌연 하늘을 보는 것, COVID−19로 마스크를 벗지 못하는 시대의 암울함은 나의 상상 속에는 없었다.

이렇게 어린 시절의 상상들은 이미 현실이 된 것들도 있지만, 지금 현실로 다가오고 있는 것들도, 아직 현실이 되진 못했지만 다가올 미래에 가능한 것들도 있다. 모든 상상이 100% 들어맞아 현실이 되는 것은 아니다. 상상과 예측이 꼭 들어맞지 않는다 해도 이런 상상과 예측하기 활동이 무의미한 것은 아니다. 이런 예측을 통해 더 나은 선택을 할 수 있으며, 더 성장하기 위한 변화의 동력을 얻어내기 때문이다. 그리고 무엇보다 우리를 괴롭히는 근심들에 대한 해결책을 고심할 수 있기 때문이다. 이런 상상들이 지속 가능한 미래를 만들 수 있는 정교한 전략들로 환원된다면 미래를 수준 높게 통찰하고 그 속에서 기회를 만드는 의사결정을 하게 될 것이고, 이런 과정으로 변화 대응력은 높아질 수 있을 것이다.

나는 미래를 상상한 영화를 좋아한다. 그리고 즐겨본다. 영화는 다양한 방법으로 다가올 미래를 상상했는데 유토피아와 같이 장밋빛도 많지만 암울한 디스토피아적 미래를 상상한 것들도 많다. 영화에서 전혀 상상하지 못했던 시나리오가 전개되고 영상이 펼쳐질 때 머리를 한 대

얻어맞은 것 같은 상상력의 펀치를 즐기기엔 SF 영화가 안성맞춤인데, 그 영화들 중 〈Wall-E〉를 단연 으뜸으로 꼽고 싶다. 미래를 상상한 영화들 중에는 현실화되고 있는 상상도 있지만 터무니없는 상상들도 많은데, 〈Wall-E〉는 몇 번을 반복해서 보아도 볼 때마다 재밌고, 흥미로움도 처음과 같이 유지된다. 오히려 나는 영화의 상상력이 현실화되는 것은 아닌지 두려움이 앞선다.

미래학자 최윤식은 「2030 대담한 도전」에서 시나리오의 기능을 미래 예측과 디스토피아적 위기가 실제로 발생하지 않도록 정교한 전략을 세우기 위함으로 설명한다. 위에서 설명한 '바람직한 미래를 만들어 가기 위함'과 같은 맥락이다. 그리고 미래를 예측하고 예측한 미래에 대응하기 위한 전략 수립의 정교함을 위해 시나리오의 중요성을 역설한다. 우리도 바람직한 미래를 만들기 위해 영화를 보며 미래를 엿보고 예측된 미래 전략을 세워보는 것은 어떨까? 이런 노력들이 우리의 변화 대응성을 높이는 지름길이라 볼 때 영화는 중요한 이야깃거리를 제공할 것이라 확신한다. 미래를 상상해보고 상상한 시나리오들을 수정하고 민감하게 통찰하고 다시 삶에 반영하면서 우리 역시 통제 가능한 미래를 만들어낼 것이기 때문이다. 이런 노력이 현재 예측 가능한 위험을 관리하며 동시에 미래를 예측하고 발 빠르게 변화하는 삶의 대응력을 높이는 예방주사가 될 것이다. 이제 그 시나리오 속으로, 영화 속으로, 그리고 미래로 들어가 보자.

수업에 적용하기

영화를 보기 전 내가 상상하는 미래 시나리오를 작성하고 발표해보자.

01 10년 후 어떤 미래를 상상하는가?

02 100년 후 어떤 미래를 상상하는가? 100년 후를 상상해 구체화시킨다면 어떤 시나리오를 작성할 수 있을까?

상상 1. 인류가 떠난 파괴된 지구

〈Wall-E〉의 세계는 지구환경이 모두 파괴되어 더는 지구에 생명체가 살지 못하는 세계다. 인간은 엑시엄 우주선을 이용해 우주로 대피한 '지구 탈출의 시대'에 살며, 끊임없이 우주를 항해하고 있다. 아니, 떠돌고 있다. 영화 〈설국열차〉에도 이런 설정이 나오는데 지구환경이 파괴되어 빙하기가 오자 끊임없이 도는 열차 안에서 삶을 이어가는 환경재난 상황이 그려진다. 〈Wall-E〉의 세계도 이와 다르지 않다. 모든 환경은 파괴되었고 지구에 남아 지키는 것은 쓰레기처리 로봇 Wall-E뿐이다. 700년 동안 Wall-E는 그의 유일한 생명 친구 바퀴벌레와 쓰레기를 뭉쳐 산을 만들며 버려진 지구를 청소하고 있다. 그러던 중 우연히 발견한 식물로 우주에서 떠돌던 지구인들은 다시 지구로 돌아오게 된다.

이런 지구의 환경재난, 기후 시스템이 악화된 상황은 뿌연 먼지로 가득한 대기와 식물이 자라지 못하는 세계로 그려진다. 과학기술은 발전했지만 환경오염으로 더는 지구에 살지 못하게 된 인간은 발전된 과학기술을 이용해 인공 환경 '엑시엄 우주선'을 발명해 우주로 탈출했다. 이런 영화적 설정은 인간이 앞으로 환경을 어떻게 대해야 할 것인지 질문한다. 혼자 지구를 지키는 쓸쓸한 Wall-E를 정말로 인류가 필요하게 된다면 우리에게 어떤 미래가 펼쳐진 것일까?

현재도 환경 문제가 우리 생활과 경제에 직접적인 영향을 주고 있다는 사실은 COVID-19 사태를 지나며 더욱 선명하게 드러나고 있다. 지구온난화로 인한 집중호우, 태풍, 폭염, 폭설, 화재, 지진, 해일 등 자연재해는 우리가 마주한 현실이다. 따라서 생태 위기를 극복하는 것, 더불어 친환경적이며 자연과 공생하며 발전할 수 있는 생활양식을 갖추려는 고민이 더욱 절실해진다.

700년 동안 쓰레기를 뭉쳐 산을 만들며 버려진 지구를 청소하는 로봇 Wall-E

상상 2. 지능형 로봇, 그리고 인간다움을 잃어버린 인간의 등장

엑시엄 우주선에선 청소와 같은 단순 업무를 로봇이 담당할뿐더러 임신, 출산, 육아와 같은 인간의 본능적 영역인 가정의 기능까지 우주선의 시스템으로 관리된다. 사실 디지털 기술, 인공지능, 빅데이터 활용과 같은 새로운 기술은 그동안 사람들이 살아가는 방식을 끊임없이 변화시켰다. 특히 빅데이터를 사용해 지능적으로 작동하는 기계의 등장으로 많은 작업들이 자동화되었으며 의사결정이나 규제와 같은 정신적 활동도 대신하게 되었다. 이렇게 초고도화된 기계의 등장은 언제나 인간에게 위협적 요소가 되었는데, 영화의 상상력은 이런 위험을 고도로 자동화된 기계와 대비되게 할 일이 없어 짧아진 다리와 팔, 거대한 몸집을 가진 스스로 움직이지 못하는 인간으로 다소 충격적이게 묘사한다. 이들은 모든 것을 기계에 의존하며 기계의 도움을 당연하게 여기고 시선은 모니터에 고정한 채 의자에 앉아 언택트한 삶을 즐긴다. 더는 음식을 만들 필요도, 옷을 갈아입을 필요도, 친구를 만날 필요도 없다. 배가 고프면

움직임이 없어 팔과 다리가 퇴화된 인간
©Wall-E

알약을 먹고, 사람은 모니터로 만난다. 기계는 모든 필요를 채워주고 삶을 지속할 수 있도록 도와준다. 현재 우리가 부르는 스마트폰 중독자 '스몸비(스마트폰 좀비)'보다 훨씬 더 진화된 모습으로 발달한 기술을 마음껏 활용하지만 영화는 개별로 제공된 모니터 속 세계 이외의 것을 보지 못하는 수동적 인간이 되었을 뿐이라 꼬집는다. 이런 인간의 모습이 어떻게 보이는가?

이런 인간의 모습에서 편안함이 아닌 답답함, 모두에게 제공되는 평등한 공공재를 이용하는 효율적이고 편리함으로 무장한 인간이 아닌 기계에 의존하며 생각하는 방법을 잊어버린 무기력한 기계의 노예가 된

엑시엄 우주선의 지능형 로봇 ©Wall-E

움직임이 없는 인간의 퇴화를 보여주는 선장의
초상화 ©Wall-E

모습을 보게 된다. 기계에 대항할 힘을 가진 엑시엄 우주선의 선장은 모든 기계를 통솔하지만, 그 역시 대를 거듭하며 사고하는 방법을 잊었고 급기야 우주선의 모든 주도권을 기계에게 내어주고 만다. 현재도 이런 AI의 발달을 우려하는 목소리들은 기계로 양상될 극단적 자동화가 초급 및 중급 기술자의 업무를 로봇이 대체할 것으로 예견한다. 이 때문에 기계를 다룰 줄 아는 능력, 최첨단 기술을 개발하고 관리할 수 있는 초엘리트 집단의 필요성을 설득력 있게 제기한다. 이런 디지털 세상에서 필요한 능력이 곧 기기의 활용을 넘어 디지털 기술에 대한 활용,

디지털 기술을 읽어내는 것, 적용을 넘어 비판적으로 사고할 수 있는 디지털 리터러시 역량을 갖추는 일이라 할 수 있다.

영화는 묻는다. 인공지능이 발전한 세상에서 로봇이 할 수 없는 인간만의 강점이 있다면 무엇일까? 만약 그것이 공감, 창의, 감성, 개성이라면 이런 지능화된 기계를 다룰 인간은 존재할 수 있을까? 그 일이 초엘리트 집단에게만 독점적으로 맡겨져야 할까?

상상 3. 기술의 발전이 드러낼 격차

〈Wall-E〉의 우주선 세계는 누구에게나 평등한 삶을 살도록 만든 세계다. 우주선의 사람들은 모든 사람이 차별받지 않고 공공재를 누린다. 누구나 같은 공간에서 가정적 배경, 사회적 지위, 문화적 토대와 상관없이 똑같은 의복, 똑같은 편의 기계를 제공받는다. 우주선에서는 같은 옷을 입고, 같은 것을 마시고, 똑같은 의자에서 똑같은 기계를 보며

하루하루를 보내는데 이런 천편일률적 삶의 태도에선 서로가 서로를 돌보는 정서적 유대감이나 통합, 나눔, 배려, 인내라는 인간다움의 중요한 가치를 찾을 수 없다. 편리함으로 무장된 부족함 없는 생활이 때로는 외로움과 인간적 소외를 극복하며 조금 더 나은 하루를 만들기 위해 노력하는 삶보다 질적으로 나은 것인지 반문하며 영화는 정해진 대로 주어진 것을 따르는 수동적 인간의 종말을 보여준다.

영화 〈설국열차〉에는 이와 반대의 세계가 그려진다. 멈추지 않고 계속 돌고 있는 열차에선 꼬리 칸으로 갈수록 경제력 차이에 따른 계층 분리가 극명하다. 기차 내 특권층이 누리는 고급화된 특급 권리와 선택권이 없는 꼬리 칸의 암울한 상황은 양극화로 벌어진 삶의 질적 차이를 드러내고, 천지가 얼어붙은 설원의 기차를 움직이기 위한 불평등한 노동은 결국 꼬리 칸의 불만족과 상대적 박탈감, 좌절로 벌어진 폭동의 원인이 된다. 그러나 〈Wall-E〉의 세계는 똑같음을 선택한다. 파괴된 환경에서 살아남은 인류에게 남겨진 숙제는 기술이 발달할수록 심하게 벌어질 격차의 문제를 어떤 방법으로 해결할 것인가다. 우리는 어떤 선택을 하게 될까?

우리에겐 기술과 로봇의 발전을 수용하며 동시에 인간적 소통을 잃지 않고 사람다움을 지킬 수 있는 인간, 동시에 탐욕에 젖어 불평등을 당연하게 바라보지 않으며 상대의 마음을 수용하고 품는 과정으로 공감의 중요성이 더욱 필요할 것이다. 따라서 인간만이 가진 인간적 공감과 스킨십의 가치, 감성적 공감, 인간의 따뜻한 체온, 인간의 꿈과 상상력, 열망의 가치를 아는 것, 새로운 것을 창조하는 가치 등 기술의 발전으로도 잃지 말아야 할 인간다움이 무엇일지 영화를 통해 고민해 보는 것도 좋겠다. 그런 인간다움의 가치가 변화를 수용하고 예측하면서 변화에 대응할 수 있는 힘이 될 것이며 동시에 미래는 따라가는 것이 아니라 만들어 갈 수 있는 기대와 희망이 된다는 점을 이해한다면 더욱 좋겠다.

01 인간은 파괴되는 지구환경을 지킬 수는 없었을까? 과학기술은 발전했지만 우리가 놓친 것들이 있다면 무엇이었을까?

02 기계와 달리 인간만이 가진 능력은 무엇일까? 만약 그것이 공감, 창의, 감성, 개성이라면 동시에 이런 지능화된 기계를 다룰 인간은 존재할 수 있을까? 이렇게 기술이 발전하는 시대에 배운 지식을 저장하고 처리하는 기능은 지속적으로 인간에게 유용할까?

03 〈Wall-E〉에는 팔, 다리가 짧아진 인간의 모습이 등장한다. 미래에 볼 수 있는 보통의 사람의 모습을 그려보자. 다 그린 후 이야기를 나누며 왜 그런 모습의 인간을 그렸는지 설명해보자.

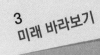

2 더 기버: 기억전달자(The Giver, 2014)

제 작 국: 미국

상영등급: 12세 이상 관람가

상영시간: 97분

감　　독: 필립 노이스

출　　연: 브렌튼 스웨이츠(조너스), 메릴 스트립(수석 원로),
제프 브리지스(기억전달자)

줄거리 ◉

전쟁, 차별, 가난, 고통 없이 모두 동등한 시스템에서 살아가는 '커뮤니티'에서 '기억보유자'의 임무를 부여받은 '조너스'는 훈련을 통해 사물의 색깔과 진짜 모습을 보게 된다. 그리고 기억을 전달받으면서 참다운 선택의 가치와 자유의 의미를 알게 되고, 있는 그대로의 감정을 경험하게 되면서 그동안 완벽한 세상인 줄 알았던 커뮤니티에 대한 모든 신념이 흔들리게 된다. 이후 조너스는 인류를 위한 위험한 선택을 실행에 옮기게 되는데……

관람 포인트 🎬

열두 살 생일 '기억 보유자'라는 직위를 부여받으며 시작된 조너스의 내적 갈등을 따라가면서 행복한 사회와 사회의 평화를 유지하기 위한 통제가 어느 정도까지 허용될 수 있는지 고민해보자. 무엇도 선택할 수 없지만 '늘 같음'을 유지하는 것, 원로들의 결정에 만족하며 복종하고 살아가는 커뮤니티 사람들의 선택은 옳은 선택이었을까? 사회의 부정적인 측면들을 소거해 버리면 우리는 평화를 보장받을 수 있을까? 평화를 위해 무엇을 남기고, 무엇을 없애야 할까? 그 결정은 누가 해야 할까? 소거하면서 희생되는 것이 생긴다면 그 희생은 정당할까?

인간다움에 대한 통찰
더 기버: 기억전달자

조너스의 커뮤니티: 당신이 상상하는 행복한 사회란?

대파멸의 잿더미 속에서 공동체인 커뮤니티들이 세워지고, 경계선 내에서 보호되었다. 과거의 기억들은 모두 지워졌다. 대파멸 이후 우린 다시 일어나 진정한 평등을 실현한 새로운 사회를 만들었다. 규칙들로 그 평등을 지켜나 갔기 때문에 '신자녀' 때부터 배워 익혔다. 이를테면 정확한 언어사용, 배정된 의복 착용, 오전 약물 투여, 통금시간 엄수, 거짓말 금지.1

'늘 같음 상태(Sameness)'를 지향하는 '다름'과 '차이'가 없는 사회가 있다. 먼 미래 인구증가와 식량부족으로 일어난 전쟁은 대파멸을 불러왔고, 그 속에서 살아남은 자들은 커뮤니티를 만들었다. 이들은 예측되는 위험에서 사람들을 보호하기 위해 다양한 규칙들을 만들었다. 사람들의 모든 행동은 규칙으로 통제되는데 물건은 본래 정해진 용도로만 사용할 것, 정확한 언어의 사용, 배정된 의복 착용, 통금시간 엄수, 거짓말 금지 등. 이것들은 사소하지만 커뮤니티를 지키기 위한 사람들의 행동 통제 규칙들이다.

영화는 시작부터 '늘 같음 상태'를 무채색의 흑백화면으로 보여준다. 19세기 독일의 철학자 쇼펜하우어는 "인간에게 허락된 최고의 삶이란 기껏해야 목표를 달성하기 위해 노력하고, 성취했더라도 만족감이 덧없이 사라지고 마는 것이 삶이다."라고 말했다. 새로운 욕망은 우리의

삶을 헛된 투쟁으로 몰아가고 이런 반복이 평생토록
이어진다는2 허무함은 조너스가 살아가는 커뮤니티
의 '늘 같음 상태'를 유지하고 지지하는 힘이 된다.
삶은 새로운 욕망이 생길 틈이 없이 매일매일 '늘
같음'을 보장하고 커뮤니티 사람들은 태어나서 죽기
까지 예측 가능한 시간을 보내며 살아간다. 생각해
보자. 이 예측 가능함은 꼭 평온함과 연결될까?

늘 같음 상태(Sameness)의 커뮤니티 사람들
ⓒ더 기버: 기억전달자

　　조너스가 사는 커뮤니티, 무채색이 지배하는 회
색 세계란 어떤 사회일까? 현재 우리 사회에서 사람들의 행복을 보장하기
위해 변화를 줄 수 있다면 어떤 규칙들은 버리고 무엇을 남겨야 할까?

　　영화는 이 물음에 나름의 답을 제시한다. 조너스가 살아가는 커뮤
니티에선 '다름', '차이'를 허용하지 않는다. 커뮤니티는 온갖 수단과 검
열을 통해 분란이 일어날 수 있는 요소를 제거했다. 식량 생산에 영향을
주는 날씨와 기후는 통제되어 맑고 화창한 '늘 같음 상태'를 유지해 생
산량을 통제하고, 인종 등 사람들의 차이를 드러낼 수 있는 색깔은 통제
되어 색의 개념조차 사라졌다. 사람들에겐 신분의 차이를 없애 같은 자
전거, 같은 모양의 의복이 지급되고, 모든 사람은 성이 없는 이름을 부
여받아 차별 요소를 원천적으로 통제한다. 이들은 같은 모양의 집에서 4
명의 기초가족으로 구성되어 살아가는데 배우자를 신청하면 원로들이
배정해 부부가 되고, 부부는 산모의 직위를 가진 여성이 낳은 남자아이
와 여자아이를 각각 1명씩 배정받는다. 모든 사람은 성욕을 비롯한 감정
을 통제하기 위해 매일 약을 주입하는데 사랑의 감정이 배제되므로 임
신과 출산이 불가능하다. 산모의 직위를 가진 자만 아기를 출산하는데
아기는 매년 50명으로 출생률을 제한하고, 아기는 보육사의 직위를 받
은 사람이 돌보다 기초가족에 배정된다. 직위의 높낮이는 없지만, 산모
는 자신의 아이를 볼 수 없으며, 평생 3명의 아이를 낳은 후 육체노동자

계약으로 형성된 조너스의 기초가족
ⓒ더 기버: 기억전달자

가 되어 커뮤니티에서 생활하다 직위해제(사망)된다. 혈연관계가 아닌 계약으로 형성된 가족은 노인이 되면 자연스레 가족과 떨어져 1인 가구로 양로원에서 살게 되고 일정 나이가 지나면 임무 해제 의식에 들어간다. 죽음은 고통과 연관된 부정적 의미이므로 임무 해제 의식이라 명명해 성대한 축하와 함께 고통 없이 안락사에 처한다.

커뮤니티 사람들의 언어통제도 주목할 점이다. 사람들은 '죽음'과 같은 부정적 언어, 감정 언어, 색깔과 관련된 언어, 날씨와 관련된 언어를 잊은 지 오래다. 언어의 상실로 감정을 표현할 방법을 모르고, 무례함에 즉각적으로 사과하며, 혹시라도 저지른 실수는 원로들의 관리에 의해 철저히 통제되어 사람들은 '늘 같음 상태'를 보장받으며 정해진 대로 살아간다. 이들은 어려서부터 규칙에 훈련되기에 통제로 포기된 것들을 알지 못한다. 따라서 그 어떤 불만과 질문 없이 적응된 삶을 산다.

> "우리들이 그쪽을 선택했어. '늘 같음 상태'로 가는 길을 택했지. 내가 있기도 전에, 이 시대보다도 전에, 옛날 아주 오랜 옛날에 말이야. 우리가 햇볕을 포기하고 차이를 없앴을 때 색깔 역시 사라져 버렸지. 그럼으로써 우리는 많은 것을 통제할 수 있었지. 하지만 동시에 많은 것들은 포기해야 했단다."3

사람들의 역사를 기억하는 일

이곳에서 유일하게 인류의 역사를 기억하는 임무를 부여받은 자가 '기억보유자'다. 기억보유자가 간직하는 기억들은 커뮤니티가 있기 전 인류의 역사에 관한 것들로 사랑, 따뜻함, 편안함과 같은 긍정적 정서도 포함되지만, 불안, 분노, 공포와 같은 부정적 감정들과 공동체를 방해하는 파괴와 전쟁의 기억들도 포함된다. 따라서 기억보유자를 제외하면 역사도, 색깔도, 날씨도, 감정도, 그에 따른 언어도 기억하는 사람은 아무도 없다. 기억보유자의 주된 임무는 삭제된 이전 세계의 역사를 기억하고 예측할 수 없는 돌발 상황에 유연하게 대처하기 위해 지혜를 발휘하는 일이다. 그는 이 일로 존경을 받지만 동시에 부정적이고 고통스러운 기억을 포함한 커뮤니티 이전의 모든 기억을 혼자 감당하기에 끊임없는 고독감을 느끼며 살아간다. 모두에게 허락된 '늘 같음 상태'가 유일하게 기억보유자에게만 허락되지 않는 셈이다.

조너스는 기억보유자의 직위를 받는다. 훈련을 통해 다른 사람과 달리 사물 너머를 보고 듣게 되면서 그동안 커뮤니티에서 당연하게 여겼던 것들에 낯선 감정을 경험하게 되면서 커뮤니티의 평온한 삶에 대해 처음으로 질문하게 된다. 사람들은 왜 변화하는 삶을 선택하지 않고 모든 것을 잊고 살까? 타인이 선택해 주는 삶을 왜 더 좋아하는 것일까? 스스

기억전달자에게 기억을 전달받는 조너스
ⓒ더 기버: 기억전달자

로의 잘못된 선택이 두려워, 안전하지 못할 것이 두려워, 스스로 보호하기 위해 타인에 의해 정해진 삶을 살아가는 것을 왜 당연하게 여길까? 아무 활력 없는 생활에 만족하는 것, 자신의 감정을 표현하지 못하고 삶을 변화시킬 수 없다는 것을 왜 당연하게 여길까? 사람들은 왜 현재의 '같음'을 당연하게 여길까? 질서정연하고 예측 가능한 삶, 별로 힘들이지 않는 삶, 나의 고통과 지식을 대신 품어줄 기억보유자가 필요한 삶을 왜 당연하게 여기며 사는 것일까? 인간만이 느낄 수 있는 다양한 감정이 혼란을 가중한다고 단언할 수 있을까? 이런 삶의 방식을 지금도 원할까? 변화는 필요할까?

변화를 선택한 사람 조너스, COVID-19 이후의 세계에서 살아남기

주변의 익숙함을 다르게 바라본 적이 있었는가?

우리 모두에게 2020년은 어려웠던 해로 기억된다. COVID-19 팬데믹 상황은 우리가 늘 당연하다고 생각하는 것들과 익숙한 것들에서 우리를 분리시켰다. 맑은 공기, 시원한 바람, 타인과의 교류와 대화, 친밀도를 높이는 접촉, 사람들의 평범한 얼굴들은 우리가 매일 마주하는 너무나도 당연한 풍경이었다. 그러나 2020년은 그동안의 익숙함이 뒤틀려 비정상적인 것들이 당연한 세상이 되었다. 마스크를 쓰고, 집에 머물며, 접촉을 피하는 '사회적 거리두기', 제한된 범위에서만 교류하는 것이 당연해졌다. 이전에는 비정상적인 것으로 보였던 현상과 표준이 점차 아주 흔한 표준이 되어가고 있다는 의미의 뉴노멀(New Normal)4이 곳곳에서 발견되었다. 또 비접촉의 시대는 디지털 트랜스포메이션(Digital Transformation)5의 속도를 더욱 빠르게 가속시켰는데 인공지능과 디지털 기술을 통한 언택트(Untact)는 소통의 새로운 표준이 되었다. 이런 사회에서 혹자는 현재의 COVID-19 상황이 끝나면 COVID-19가 없던 세상으로 '짠'하고 돌아갈 수 있다고 예측한다. 그러나 이미 COVID-19 팬데믹 상황 이전 세계는 존재하지 않는다. 시간의 흐름은 언제나 변화를 동반하기 때문이다. 세계보건기구 테드로스 아드하놈 게브레예수스 총장 역시 'COVID-19이 종식된다 하더라도 우리는 과거로 돌아갈 수 없으며 새로운 일상을 맞이할 준비를 해야 한다'고 말하며6 사회 변화에 대한 대응의 중요성을 강조했다. 이처럼 변화의 주기가 짧아 적응이 어려운 시대에 우리는 무엇을 준비해야 할까?

조너스는 기억전달자에게 기억을 전달받으며 '사물 너머를 보는 능력', '사물 너머를 듣는 능력'을 갖게 되었다. 세상을 다르게 보기 시작하면서 그동안 살아온 익숙하고 평범했던 세계를 뒤틀어 보게 되고 비로소 천연색으로 이루어진 변화하는 자연을 봄과 동시에 불안한 세계를 마주하게 되었다. 그 속에서 누군가 정해준 세계에서 위험을 제거한 온실 속의 화초처럼 평온하고 일정한 삶을 사는 인간의 모습보단 위험을 마주하고 맞서면서 헤쳐 나갈 수 있는 강인함을 가진 인간의 가능성과 마주하게 되었다. 그리고 기억들을 사람들에게 돌려주었을 때 마주할 공포와 추악한 인간의 파괴본능으로 괴로워할 모습보단 성장하며 다채로운 감정을 다루고 새로운 질서를 만들어 낼 사람들의 변화 가능성을 믿게 되었다. 조너스가 기억전달자에게 받은 기억들은 사물을 새롭게 보고 주변의 익숙함을 넘어서는 힘이 되었다. 그리고 사람들의 선한 의지를 믿는 믿음이 되었다.

불안한 변화가 예측되는 시대, 무엇보다 필요한 것은 영화에서처럼 조너스가 터득한 사물 너머를 보는 능력과 변화를 선택하는 용기일 것이다. 철학자 최진석은 '보는 사람'을 이전에 존재해 본 적이 없는 진실을 우리 앞에 턱! 하니 선물하는 새로움을 창조하는 사람이라 지칭하며 창조는 판단의 결과가 아니라 집요한 보기를 통해 열리는 새로운 빛이라 설명한다. 조너스의 변화가 보는 것에서 시작되었듯 천천히 깊게 보기는 익숙함을 넘어 변화하려는 인간의 노력에서 시작된다는 점에서 중요하다. 그리고 변화를 선택하는 용기는 다양한 사회에서 더불어 사는 삶의 가치를 이해하고 갈등을 슬기롭게 풀어내 공동체 삶의 질을 고민하며 변화에 대응해 나가는 삶의 양식이지 위험을 제거해 체제에 순응하는 삶은 아닐 것이다.

> 정치가 되었건, 학문이 되었건, 예술이 되었건, 산업이 되었건 새로워지는 일을 감행하려면 우선 보아야 한다. 보기 위해서는 스스로를 지배하고 있는 구태의연한 의식으로 채워진 자신이 허물어질 필요가 있다. 이것을 어느 부류의 수양론에서는 '허심(虛心)'이라고도 하고 '무심(無心)'이라고도 한다. 그래서 새로운 일은 결국 새로워진 사람이 아니고서는 안 된다고 할 수밖에 없다. 새로워진 사람은 볼 수 있고, 볼 수 있으면 새로워진다. 보는 능력 없이도 지배력을 가질 수 있을까.7　　　　　　-「경계에 흐르다」, 최진석

영화 〈트루먼 쇼〉8에도 〈더 기버〉의 조너스와 같은 주인공이 등장한다. 트루먼은 통제된 삶을 산다. 세트장에서 '늘 같음 상태'를 살지만 트루먼은 어느 날 세트장의 환경에서 미세한 다름을 발견하게 된다. 그리고 이를 주의 깊게 관찰하고 익숙함을 등지며 변화를 선택함으로 마침내 세트장을 나온다. 비록 나온 세상이 세트장과 같이 늘 같음을 보장받지 못하고, 무엇이 있을지 모르는 변화투성이지만 트루먼은 나오길 주저하지 않는다. TV를 통해 지켜보던 사람들은 이런 트루먼의 선택과 용기에 박수를 보낸다.

세트장을 나서는 트루먼 ⓒ트루먼 쇼

기억전달자인 원로 역시 조너스에게 훌륭한 기억보유자가 되기 위해 고통 없는 완벽한 행복을 유지하고 어려운 문제를 척척 해결하는 슈

퍼히어로의 모습을 기대하지 않았다. 오히려 그는 조너스가 타인의 고통과 감정을 온몸으로 받아들여 삶의 느낌을 이해하고 기억을 나누며 공감하는 선한 인간의 본성을 갖추길 원했다. 야생의 꽃에서 경이감을 품을 수 있으며, 오래 바라보고, 근처에서 낯선 새가 지저귀는 소리에 귀를 기울일 줄 알며, 바람이 나뭇잎을 흔드는 것을 즐기고, 타인의 감정을 이해하며 공감하는 '사물 너머를 보고 듣는 능력'이 기억보유자가 가져야 할 내면의 힘이라는 사실을 조너스에게 전달했다. 마침내 조너스는 익숙한 자신을 떠나 자신을 지배하던 이념과 신념에서 벗어나 고독해질 힘을 감당하는 기억보유자가 되어 기억의 한계선, 경계선을 과감하게 넘어서는 것을 선택한다.

'기억의 한계선'은 어떤 의미일까?

「더 기버: 기억전달자(The Giver)」는 1993년 출판되어 뉴베리 상을 수상한 로이스 로리(Lois Lowry)의 소설을 바탕으로 만든 영화로, 미래 사회의 암울한 전망을 통해 행복과 자유의지를 가진 인간의 본성에 대한 물음을 던지는 작품으로 널리 인정받고 있다. 영화의 결말 이후 이야기를 상상하는 것은 우

기억의 한계선을 넘는 조너스
ⓒ더 기버: 기억전달자

리에게 남겨진 숙제다. 조너스가 넘은 기억의 한계선이 통제하지 못하는 불완전한 인류 본성의 판도라 상자를 연 것이 될까? 인류의 본성을 불완전하게 보았던 원로들은 커뮤니티 내 통제 수단으로 인간의 욕망과 감정에 대한 철저한 검열을 선택했다. 커뮤니티의 구성원들은 가족과 꿈 내용을 공유하면서 그 꿈의 느낌까지 검열하고도 모자라 저녁에도 하루 일과를 공유하는 의식에 참여했으며, 일정 나이 이후로는 매일 아침 감정

을 억제하는 약물을 주입했다. 우리도 알게 모르게 이런 통제에 익숙해진 것은 아닐까?

기억보유자 훈련을 통해 감정을 경험한 조너스는 무표정한 사람들에게 그렇게 사는 것이 정말 행복하냐고 묻는다. 그는 커뮤니티에서는 이제 존재하지 않는 사랑이란 감정을 느끼게 되고, 행복한 감정과 동시에 고통스러운 기억을 전달받으며 행복을 위해 현재의 욕망을 억누르며 고통을 감내해가는 '행복'의 다른 이름, '고통'의 필요성을 알게 된다. 그리고 행복을 위해 고통을 과감히 선택한다.

영화 〈이터널 선샤인〉9에서도 이런 상황이 벌어진다. 헤어진 연인의 기억을 지우기로 결심한 주인공이 사랑의 아픈 기억만을 먼저 지우기 시작하지만 아픈 기억이 사라져 가면서 동시에 사랑이 시작되던 순간, 행복한 기억들, 가슴 속에 각인된 추억들이 떠오르며 주인공은 아픈 기억이 지워지는 것을 붙잡으려 안간힘을 쓰게 된다. 이런 영화의 설정은 행복이 '행복한 삶'을 위해 소거되는 단점들로 보장받을 수 없다는 점을 잘 보여준다. 〈더 기버〉의 커뮤니티 원로들 역시 인간의 행복한 삶을 위해 고통스런 기억 제거에 초점을 두고 커뮤니티를 이끌지만 조너스는 삶이 주는 다채로움을 경험하면서 행복이 좋은 순간, 즐거운 순간이며 동시에 몹시 불편한 순간일 수도 있다는 점을 깨닫게 된다. 조너스는 과거의 기억이 얼룩처럼 제거 대상이며 불행을 느끼는 감정이 행복의 방해꾼이라는 가정으로 현재를 희생시키는 것이 당연하다는 원로들의 선택에 동의하지 않는다. 그는 오히려 행복이 모종의 특별함이나 느낌을 전제한 것이 아니라 순간순간을 그 자체로 완전하게 보고 삶 전체에 퍼져있는 순간에서 의미를 누리고 기억하는 것이 인간을 더 인간답게 할 것이라 믿게 된다. 그래서 현재의 만족을 위해 과거와 미래를 혼합해 현재를 볼 수 있는 기억을 기억보유자에게 떠맡기고 모든 고통을 기억보유자에게 전가한 커뮤니티에선 행복을 보장받을 수 없다고 판단

한다. 마침내 조너스는 행복은 다른 것을 위해서가 아니라 그 자체로 가치 있으며 삶에서 가장 중요한 것은 특정한 방식으로 느끼는 개인의 감정이라고 믿으므로 햇빛과 바람과 빛을 따라 기억의 한계선을 넘어 사람들에게 인류의 기억을 돌려준다. 조너스가 돌려준 인류의 기억은 개인이 순간을 통해 발견할 삶의 의미이며 어떻게 살 것인가를 삶에서 선택함으로 즐겁고도 의미 있는 삶을 가꿀 수 있다는 자유의지를 가진 인간에 대한 믿음일 것이다.

이제 눈을 감고 생각해 보자. 당신에게 조너스가 넘은 기억의 한계선은 어떤 의미로 다가오는가? 당신도 과감히 기억의 한계선을 넘을 준비가 되어있는가? 기억을 돌려받은 커뮤니티는 어떤 변화를 경험하게 될까? 그 변화를 통해 무엇을 얻게 될까? 지금 이 순간 행복이라고 느끼는 감정들에 집중하며 조너스가 우리에게 주고 싶었던 변화가 무엇이었을지 느껴보자. 우리에게 시작된 작은 변화들에 집중해 보자.

수업에 적용하기

01 조너스가 넘은 '기억의 한계선'은 어떤 의미가 있는 것일까?

02 기억을 돌려받은 커뮤니티는 무엇을 경험하게 될까? 혼란일까? 아니면 다채로움일까?

03 나는 행복을 무엇이라 정의하는가? 모두의 행복을 위한 사회 통제는 어느 정도까지 허용될 수 있을까?

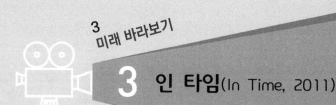

3
미래 바라보기

3 인 타임(In Time, 2011)

제 작 국: 미국
상영등급: 12세 이상 관람가
상영시간: 109분
감　　독: 앤드류 니콜
출　　연: 저스틴 팀버레이크(윌 살라스), 아만다 사이프리드(실비아
　　　　 웨이스), 킬리언 머피(타임키퍼 레이몬드 리언)

줄거리

모든 사람들은 25세가 되면 노화를 멈추고, 잔여 시간 1년을 받는다. 사람들은 시간을 돈처럼 사용하며 경제 활동을 한다. 사람들의 손목에는 시간을 담아 두는 칩이 내장되어 있다. 자신에게 주어진 시간을 다 써버려 시계가 '0'이 되는 순간, 심장마비로 사망한다. 이 사회에서 부자들은 계속해서 시간을 축적할 수 있어 죽지 않는 영생의 삶을 살 수 있다. 윌 살라스는 어느 날 우연히 빈민 마을에 들어온 해밀턴을 구해주고 100년의 시간을 선물 받게 되면서 시간 시스템의 비밀을 파헤친다.

관람 포인트

21세기 모든 인류에게 공평한 것은 무엇이 남았을까? 맑은 공기와 물 같은 공공재가 심각하게 오염된 상황에서도, 소수의 사람들은 그들의 부와 기술을 통해 공공재를 특별하게 소유하고 사용한다. 영화에서는 왜 사람들이 25살에 성장이 멈추고, 1년의 시간을 부여받고, 그 시간을 돈처럼 사용하는 시스템 속에서 살아가야 하는지에 대한 설명이 나오지 않는다. 사람들의 관심은 시스템의 정당함이 아니라 자신의 생존뿐이다. 우리들 역시 사회의 시스템의 문제를 생각하기 보다는 하루하루 생존이 더 중요한 일상을 살고 있지는 않을까?

평등은 실현 가능한 가치인가?
인 타임

불평등은 필연적일까?

25살까지 성장한 후, 나머지 모든 삶은 25살의 모습으로 살아가며, 1년을 평등하게 부여받는다면 사람들은 모두 죽지 않고 살아갈 수 있을까? 1년의 여유가 있기에 바로 일을 하고 돈을 벌면 매일매일, 더 벌어오는 시간을 통해 죽음을 연기하고 보유한 시간을 늘려 평생 죽지 않는 삶을 살 수 있을 것이라는 희망을 주어 영화 속 시스템은 사람들의 동의를 얻고, 시작되었을 것이다. 하지만, 시스템의 이면에는 부자들의 놀라운 의도가 숨겨져 있다. 사람들이 아무리 일을 해도 절대 가난한 사람들은 충분히 여유 있는 시간을 확보하지 못한다는 것이다. 왜냐하면, 가난한 사람들이 열심히 일해 벌 수 있는 돈의 한계가 있기 때문이다. 부자들은 가난한 사람들에게 제공하는 서비스의 요금을 일방적으로 올려서 가난한 사람들의 돈(시간)을 회수한다. 가난한 사람들은 불만을 느끼지만, 시스템을 변화시키려 하기보다는 시스템에 적응하기 위해 더 많은 일을 하는 선택을 한다. 가난한 사람들은 일을 더 많이 해서, 부를 축적한다고 해도 부자들이 얻는 부와 결코 대등해질 수 없으며 어느 순간 가난한 사람들의 결실은 부자들의 창고에 쌓이게 된다.

소수의 영생을 위해
다수가 죽어야 돼

해밀턴은 빈촌 사람들의 가난이 가난한 사람들의 개인적 문제가 아니라 사회 구조 때문임을 알려준다.

사람이 어떤 모습으로 어떤 환경에서 태어나든 자신의 가능성을 실현할 수 있는 기회를 동등하게 부여받는 세상은 존재할까? "평민으로 태어난 사람의 가장 큰 꿈은 마름이지, 양반이나 지주가 아니었다." 법이 그것을 허락하지 않은 사회를 신분제 사회라고 했고, 그렇게 정해진 차이를 계급이라고 불렀다. 2021년에는 대부분의 국가가 신분제도를 비민주적이고 반인권적인 제도로 여겨 인정하지 않는다. 하지만, 우리 사회는 평등할까?

자본주의가 심화될수록 빈부의 격차는 좁혀지지 않는다. 기득권을 가진 사람들은 그 기득권을 이용하여 자신들의 특권을 더욱 심화시키고 강하게 만든다. 영화 속 여주인공은 자신이 25살이 되었을 때, 아버지에게 생일 선물로 10년을 선물 받는다. 10년은 일반 사람들이 평생을 일해도 결코 획득할 수 없는 정도의 부이다.

우리 사회의 모습과 비교해보면 어떨까? 가끔 뉴스를 보면, 돌이 지나지도 않은 아이가 50억 원 이상의 주식을 보유하거나 100억 원이 넘는 건물을 증여받았다는 뉴스가 나온다. 평범한 가정에서 태어나 월급을 받는 사람들은 아무리 그가 성실하게 일하고 월급을 모아도 결코 가질 수 없는 금액이다. 이렇게 재산을 물려받은 사람은 특별한 노력을 하지 않아도, 그 재산을 통해 부를 쉽게 늘릴 수 있다.

영화에서 시간은 돈, 돈은 삶과 생명을 결정하는 힘으로 제시된다. 현실에서는 영화에서처럼 아직 돈으로 시간을 사지는 못하지만, 건강관리 및 다양한 치료를 통해 부자들은 자신의 생명을 연장할 수 있다. 돈이 없는 사람은 치료를 포기하고 죽어간다. 시

'빈부 격차가 심화되는 현상의 원인은 무엇일까?'를 생각해 보게 하는 대사이다.

간이 없어 죽어가는 사람들을 외면하는 모습은 현실의 모습과 유사하다.

영화와 다른 우리 사회의 희망은 어디에 있을까?

분명, 현실에서도 영화처럼 부자들이 존재하고, 그들이 누리는 삶

이 우리가 살아가는 모습과 다른 것은 사실이다. 하지만, 우리는 노동의 정당한 대가를 요구할 수 있으며, 자신의 존재 의미를 발견하고 행복할 수 있다. 마르크스가 이야기한 것처럼 우리는 부자들의 착취와 억압의 대상으로 존재하고 삶의 의미를 완전히 상실한 채 살아가고 있다고 생각하지 않는다. 사람들은 자신의 일을 통해 존재의 의미를 발견하고 사회에 기여한다. 또한 그 노력을 통해 가족들을 부양하는 행복을 얻는다. 하지만, 부정할 수 없는 현실은 빈부 격차는 심해지고 불평등은 커진다는 것이다.

불평등한 사회의 변화를 막기 위한 제도는 무엇이 있으며, 우리는 어떤 노력을 해야 할까?

수업에 적용하기

01 영화처럼 우리 사회에 빈부 격차가 존재하는가? 어떤 현상을 볼 때, 빈부 격차의 심각성을 느끼는가?

02 빈부 격차를 극복하고, 약자를 보호하기 위한 사회제도에는 어떤 것이 있을까? 그러한 제도들의 한계는 무엇인가?

분배의 공정성에 대해 생각하다.

영화 속에서 가난한 사람들은 노동을 통해 월급을 받는다. 부자들은 회사나 건물, 땅, 예금 등을 소유하고 그 소유에 대한 이자를 수익으로 받는다. 오늘을 살기 위해 우리는 무엇을 제공하고, 무엇을 분배 받는가? 분배하는 기준은 무엇이 되어야하며, 분배하는 방식은 어떻게 되어야 하는가?

마르크스는 산업 혁명기의 생산량 증가를 보면서, 사람들이 자신의 능력껏 일하면 필요한 만큼 분배 받을 수 있다는 생각을 했다. 공장, 기계, 동력, 분업 시스템으로 인류는 노동을 통해 절대적 가난을 이겨낼 만큼 충분히 많은 재화를 생산하지만, 여전히 지구상에는 기아로 죽어가는 사람들이 있다. 필요에 따른 분배는 이상적이다. 자원의 낭비를 줄일 수 있고, 사람들의 만족도를 높일 수 있으며, 모든 사람들의 행복에 이바지할 수 있기 때문이다. 필요에 따라 무엇인가를 분배하는 사례에는 무엇이 있을까? 필요에 따른 분배의 예로는 학교 보건실의 약품이나, 화장실의 휴지 같은 것들이 있을 수 있다. 보

영화에서 빈촌의 사람들은 매우 성실하게 일하지만 현실을 유지하는 것조차 힘들다.

주인공은 공장에서 노동을 하고 노동의 대가로 매일 시간(돈)을 분배 받는다. 사진은 임금을 받는 장면이다. 더 많은 노동을 해도 임금은 조금씩 줄어든다.

건실의 약품은 아픈 학생이면 누구나 사용할 수 있고, 화장실이나 휴게소 같은 곳의 휴지도 필요한 사람이 사용한다.

필요와 유사하지만, 다른 분배 방식 중의 하나가 절대적 평등이다. 모든 사람에게 기계적으로 똑같이 나누어주는 방식으로 사람들 사이에 분배에 대한 불만이 가장 적으며, 가장 빠르게 나누어 줄 수 있다. 누구는 받고, 누구는 왜 못 받는지에 대한 불만도 제기되지 않는다. 하지만, 절대적 평등에 의한 분배는 재화의 낭비가 심하다. 필요하지 않은 사람들이 받는 경우, 거의 버려지기 때문이다. 학교 앞에서 학생들에게 나누어 주는 학원 전단지 같은 것들이 절대적 평등에 의한 분배이다. 필요에 의한 분배는 낭비를 줄일 수 있고, 만족도를 높일 있지만, 분명한 전제조건이 있다. 그것은 바로 충분한 재화가 있을 때 가능하다는 것이다. 만약 필요한 만큼 충분한 물건이 준비되어 있지 않다면, 필요에 의한 분배는 가능하지 않다. 사람들은 분배 시스템을 믿지 못하고, 자신의 몫을 받기 위해 필요 분배 시스템을 붕괴시킬 것이다.

또 다른 기준으로 노력에 따른 분배를 들 수 있다. 어떤 사람이 어느 정도 노력을 했을 경우, 그 노력에 대한 대가를 주는 것이다. 개근상 같은 것이 노력에 대한 보상의 대표적인 예이다. 하지만 현실에서 무엇인가를 분배하기 위해서는 분배의 대상을 생산해 내는 것이 필요하다. 현실에서 노력만으로 보상을 받는 것은 불가능하다. 어떤 중국집이 한 달 내내 문을 열고 영업을 했다고 해도, 손님들에게 요리를 팔지 않았다면, 수익이 없기 때문이다. 노력은 분배의 기본적인 요소로 작용하지만, 자본주의 체제에서는 업적이 더 현실적인 요소가 된다. 가게의 수익이 문을 열었던 날짜가 아니라 판매한 물건의 양으로 결정되는 것이 업적에 의한 분배이다. 업적에 의한 분배는 더 많은 노력을 통해, 더 많은 것을 얻었다면, 그의 소유는 정당하다는 논리를 기반으로 한다. 하지만, 업적을 지나치게 강조할 경우 경쟁이 심화되며, 불법적인 행위들이 발생할 가능성이 커진다. 영화 속 주인공이 받은 10년은 어떤 원칙에 의해

우리 아빠가 축하선물로 10년을 주셨어

주인공은 가난한 사람이 아무리 노력해도 결코 받을 수 없는 시간을 생일 선물로 받는다. 우리 사회에도 이와 유사한 사례는 존재한다.

분배되었을까? 주인공은 부자 아버지의 딸로 태어났다는 이유만으로 빈촌의 사람들이 결코 가질 수 없는 금액을 선물 받는다. 의지나 노력이 아니라 운명이나 우연이 삶을 결정하는 가장 중요한 요소가 된다. 우연에 의해 결정되는 삶을 극복하기 위해 우리는 어떤 노력을 해야할까?

우리는 업적을 만들어 내는 과정의 공정성에 대해 생각해 보아야 한다. 우리가 경쟁에 참여할 때, 전제 조건은 그 경쟁이 공정하다는 믿음이다. 나도 노력을 하면, 경쟁자를 이길 수 있다는 믿음. 그것이 우리가 희망을 가지고 경쟁에 참여하는 힘이 되며, 경쟁에서 진 사람들이 이긴 사람을 인정하는 기반이 된다. 사회의 건전성과 건강함은 공정한 경쟁 시스템 속에 있다.

우리 사회의 경쟁 시스템은 공정할까? 누구나 노력을 통해 원하는

대학을 가거나 직장을 얻을 수 있고, 노력의 대가를 정당하게 받아, 행복한 삶이 가능한 사회를 어떻게 만들 수 있을까?

수업에 적용하기

01 우등상을 받는 기준과 개근상을 받는 기준은 무엇인가? 공부를 열심히 한 학생에게 상을 주는 것은 이렇게 정당화될 수 있을까?

02 수능 성적이 높은 학생이 원하는 대학에 갈 수 있는 기회를 가지는 것은 정당한가? 대학 진학의 기준으로 내신과 수능 점수 중 무엇이 더 타당한가? 그 이유는 무엇일까?

03 우리 사회의 공정성을 높일 수 있는 제도나 법 등을 제안해보자.

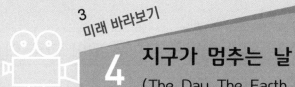

4 지구가 멈추는 날
(The Day The Earth Stood Still, 2008)

제 작 국: 미국
상영등급: 12세 이상 관람가
상영시간: 106분
감   독: 스콧 데릭슨
출   연: 키아누 리브스(클라투), 제니퍼 코넬리(헬렌),
        제이든 스미스(제이콥)

줄거리

미생물 연구가인 헬렌은 어느 날 정부의 급한 호출을 받고 NASA로 가게 된다. 지구에 소행성이 충돌하기 78분 전, 어떤 노력도 소행성을 멈출 수 없다. 소행성은 빛이 나는 구 형태로 지구에 착륙하고 구에서 클라투가 나온다. 클라투는 지구를 구하기 위해 왔다고 하며, 지구를 구하기 위한 최종 작전을 시행하기 전 마지막 확인을 한다. 지구를 구하는 행위와 인간을 구하는 행위가 모순됨을 알게 된 헬렌은 클라투를 설득하려고 한다.

관람 포인트

인류의 종말과 관련된 내용은 행성과의 충돌, 핵전쟁, 기상 이변, 새로운 전염병(바이러스) 등 다양한 소재를 바탕으로 영화에 등장한다. 원 제목 "The Day The Earth Stood Still"을 '지구 최후의 날'이 아니라 '지구가 멈추는 날'이라고 새롭게 번역한 이유는 무엇일까? 외계인이 지구를 방문한다면 누가 지구를 대표해야 하며, 그들은 어떤 언어를 사용할까? 왜 그렇게 생각했을까? 영화는 오늘을 사는 우리들의 행동에 대해 많은 생각을 하게 한다.

지구를 구하는 일과 인간을 구하는 일이 다른 이유
지구가 멈추는 날

내일이 삶의 마지막 날이 된다면 우리는 무엇을 할까?

충돌까지 7, 6, 5, 4...

지구에 행성이 충돌한다는 상황이 전해진다.

만약 영화처럼 지구에 소행성이 다가오고 있고, 몇 시간 후 지구에 충돌한다면? 그 남은 시간 동안 무엇을 하고 싶은가?

대학 때, 들었던 이야기가 있다.

'만약 당신에게 시간이 하루만 남게 된다면, 무엇을 하고 싶은가요?'라고 어느 교수님이 칠판에 적었고, 학생들에게 종이에 적어보라고 했다. 대부분의 학생들이 '부모님에게 감사하다고 말하고 가족과 저녁을 먹어요. 친구에게 미안했던 일을 사과할 거예요. 사랑했는데, 고백하지 못한 사람에게 고백을 할 거예요.'라고 대답했다.

그런 이야기를 듣고 교수님은 칠판에 이렇게 적었다.

"Do It Now."

죽음에 대한 내용을 다루는 수업을 시작하면서, 앞서 언급한 이야기가 생각나 칠판에 '자신의 삶에서 하루만 남는다면 무엇을 하고 싶은가요?'라고 적었다. 학생들의 답은 어땠을까? 위의 이야기의 학생들처럼 반응을 보인 친구들도 있었지만, 많은 친구들의 대답은 달랐다.

'친구들과 술을 한번 실컷 마셔볼 거예요. 통장을 털어서 명품 옷을 살 거예요. 성격이 좋지 않은 친구에게 그렇게 살지 말라고 말해줄 거예요.'

내가 대학을 다녔던 때가 벌써 20년 전이니, 학생들의 가치관이나 생각도 많이 변했을 것이다. 그날 수업에서 나는 미리 준비한 'Do it now'를 적지 못했다. 그럼에도 한정된 삶을 생각해 보는 것은 자신이 가장 원하는 것을 생각해 보는 계기가 되었다. 하이데거1는 현재를 살며 죽음을 미리 생각해보는 존재인 인간이, 스스로 자신의 삶의 주인이 될 수 있는 방법으로 '죽음으로 달려가 봄'을 제시한다. 삶의 유한성에 대한 인식은, 평범한 일상을 소중하게 생각하는 계기가 될 수 있다.

영화에서는 외계에서 온 주인공(외계인)이 매우 잘생긴 성인 남성의 모습을 하고 있다. 자신이 생각하는 외계인의 모습을 그려보고, 그렇게 생각한 이유에 대해 탐색해보자.

우리의 상상은 결국, 우리가 직간접적으로 경험한 세계에 의해 구성된다. ET 영화가 유행했던 시절에 아이들은 외계인하면 ET를 그렸다. 요즘 아이들은 어벤져스나, 스타워즈 같은 영화를 통해 본 모습을 그릴 것이다. 학생들에게 외계인을 그려보라고 하자. 그린 그림을 보면서, 자신이 상상하고 표현한 그림은 어떤 경험을 바탕으로 했는지 탐색해보자. 활동을 통해 우리는 우리의 생각이나 상상도 결국 경험을 통해 형성되었다는 것을 이해할 수 있다. 우리의 생각은 우리가 경험한 모든 것이다. 결국 상상력이나, 창의력도 다양한 경험을 재구성하는 힘이며, 재구성을 위해서는 많은 경험들이 필수적이다. 아무리 훌륭한 요리사도 재료 없이는 요리를 만들지 못하기 때문이다. 또한 아무리 좋은 재료가 많아도, 재료를 잘 다듬어 조화시켜야 요리가 되는 것이다. 책이나 영화, 견학, 공부 등을 통한 경험, 그리고 그 경험을 새로운 주제에 따라 재구성하는 역량이 미래 시대의 역량이 될 것이다.2

재미있는 논리 이야기를 하나 해보자.

외계인은 없다. 내가 보지 못했으니까. 여기에 대한 반론은?

외계인은 있다. 없다는 근거가 없으니까. 여기에 대한 반론은?

기본적인 논리 문제로 가볍게 수업에 집중하게 하는 효과가 있다. 학급별로, 외계인에 대한 영상을 보여주고 외계인을 그려보라고 한 학급과, 영상을 보여주지 않고 그려보라고 한 학급의 학생들의 그림을 비교해서 설명하면, 학생들의 경험이 상상력에 어떤 영향을 주는지 더 쉽게 학습할 수 있다. 내 생각과 판단의 기반이 무엇인지를 아는 것은, 결국 나에 대해 아는 것이다. 자신에 대한 이해는 삶의 다양한 문제를 합리적으로 해결하는 역량이 된다.

> ### 수업에 적용하기
>
> **01** 만약 영화처럼 지구에 소행성이 다가오고 몇 시간 후 지구에 충돌한다면 남은 시간 동안 무엇을 하고 싶은가?
>
> **02** 가족이나 친구에게 정말로 말하고 싶었는데, 용기가 없어 하지 못한 이야기가 있다면 나눠보자.
>
> **03** 영화처럼 외계인이 지구에 왔다. 그 외계인이 타고 온 우주선과 외계인의 모습을 상상해서 그려보자.

인간은 지구를 대표하는가?

클라투가 지구의 친구로서 자신의 방문에 대해 설명하고 있다.

미국의 국방부 장관은 클라투(외계인)에게 우리 행성에 왜 왔느냐고 묻는다. 그때 클라투는 왜 지구가 인간의 행성인지 묻는다. 클라투는 지구를 구하러 왔다고 한다. 그리고 인간 이외의 생명체들을 스피어(빛나는 구)에 태우고 나노봇을 통해 인간과 인간이 만들어 놓은 모든 것을 분해한다.

지구를 구하는 것과, 인간을 구하는 것이 하나가 되지 못하는 이유는 무엇인가? 지구상에 존재하는 모든 생명체 중에서 하늘, 땅, 바다를 독점적으로 사용하며, 파괴하고 오염시키는 존재는 누구일까? 그들은 누구에게서 그런 권리를 부여 받았기에 그렇게 행동해도 된다고 생각할까?

아리스토텔레스는 모든 불완전한 것은 완전한 것이 되기 위해 존재하며, 보다 완전한 것은 불완전한 것을 이용할 권리가 있다는 목적론을 주장하였다. 따라서 인간은 우리보다 불완전한 존재인 식물이나 동물들을 우리의 필요에 따라 사용할 수 있다는 것이다. 이 논리는 과연 타당할까? 이성을 지닌 인간의 우월성을 바탕으로 동물과 식물 및 자연을 인간의 이용대상으로 보고 인간의 행복을 위해 실험하고 사육하고 도살하는 행동들은 정당할까? 이성을 이용해 문명을 발전시키고 도구를 개발한 우리는 자연을 변화, 파괴시킬 수 있는 힘을 가지게 되었다. 하지만 힘을 가진 것이, 힘을 사용할 권리가 된다고 할 수 있을까? 그렇다고 한다면, 누군가 무기를 가지게 되면, 그는 그 무기를 자신의 마음대로 사용해도 된다는 논리가 성립될 것이다.

만약, 인간보다 완전한 존재가 우리를 그들의 의지와 목적에 따라 지금 인류가 자연을 대하는 것처럼 대한다면, 우리는 그것을 운명이나 자연의 순리로 받아들일 수 있을까? 영화 속에서 지구를 먼저 방문해서 정보를 수집 중이었던 외계인은 '인간은 비이성적인 존재이며, 모든 것을 망치고 절대 바뀌지 않을 것'이라고 한다. 그가 그렇게 말한 이유는 무엇일까? 영화를 통해 우리는 인류를 위해, 지구를 위해 우리의 삶을 어떻게 변화시켜야 할지 진지하게 성찰해 볼 수 있을 것이다.

스티브 커츠의 애니메이션 "Man"을 보면서 인간이 지구의 환경과 생명체들에게 어떤 행위를 해왔는지에 대해 탐색하는 활동을 통해, 우리는 지구의 주인으로 환경을 파괴하는 권리를 가진 인간이 아니라, 지구 공동체의 온전함을 고민하는 생태 공동체의 구성원으로서의 삶을 성찰해 보아야 한다.

지구를 구할 책임은 누구에게 있는가?

세계를 지키는 일은 왜 미국의 책임인가?

만약, 정말로 외계인이 협상을 하러 온다면? 그 협상을 맺는 대표는 누가 되어야 하는가?

할리우드 영화의 가장 큰 특징은 세계의 모든 문제를 결국 미국이 해결한다는 것이다. 할리우드의 영웅들은 항상 전 세계의 모든 악에 대항해서 미국과 세계를 지켰다. 이 영화에서는 미국 대통령이 모든 것을 결정하는 존재로 나온다. 왜 우리는 우리의 영웅이 세계를 지키는 것을 상상하면 안 되는 것일까?

칸트의 영구 평화론에 의하면 모든 국가들은 독립된 주권을 가지고 세계 연합에 참여해야 하고, 각각의 고유한 주권을 지닌다. 지구상의 많은 국가들의 연합체인 UN의 대표가 협상의 대표가 되어야 하는 것은 아닐까? 우리는 왜, 캡틴 아메리카가 영웅 중의 리더로 지구를 지키는 가장 힘든 책임을 지고 있는 존재라고 생각할까? 왜, 그의 이름은 캡틴 아메리카일까? 국제 사회의 현실을 인정하는 것과 우리의 삶의 문제를 누군가에게 의존하는 것의 차이는 무엇일까? 다양한 질문을 통해 자신의 삶의 주인으로 산다는 것과 자국의 문제를 스스로 결정하고 책임지는 주권국가의 역할에 대해 생각해 볼 수 있을 것이다.

미국 국방부 장관은 자신들이 지구의 대표라고 말하고 있다.

수업에 적용하기

01 외계인이 지구를 공격한다면, 누가 지구를 지키기 위해 싸우러 갈 것 같은지 지금 자신의 머릿속에 떠오른 존재를 써보자. 그 존재가 떠오른 이유는 무엇인가?

02 외계인이 지구에 편지를 보냈다면? 그 편지는 어떤 언어로 기록되어 있을까? 왜 그렇게 생각하는가?

03 지구를 대표하는 존재는 누가 되어야 하는가? 그렇게 생각하는 이유는 무엇인가? 지구를 대표하는 존재를 선발한다면 어떤 방법으로 선발해야 하는가?

4

같은 곳을 바라보기

4 같은 곳을 바라보기

1 가부와 메이 이야기
(あらしのよるに, Stormy Night, 2005)

제 작 국: 일본
상영등급: 전체 관람가
상영시간: 110분
감 독: 스기이 기사부로
출 연: 나카무라 시도(가부), 나리미야 히로키(메이) 등

줄거리 🌀

폭풍우를 피해 어두컴컴한 오두막에 숨어있던 염소 '메이'는 우연히 다리를 다친 늑대 '가부'를 만나게 되어 서로의 정체를 모른 채 다음날 만나기로 약속을 한다. 약속한 암호 '아라시노 요루니(폭풍우 치는 밤에)'를 외치며 상대방의 정체를 확인하는 순간 깜짝 놀라 황당해하지만, 서서히 서로에게 마음을 열게 되는 '가부'와 '메이'는 비밀친구가 되기로 약속을 한다. 먹이사슬 관계에 있는 늑대 '가부'와 염소 '메이', 이들은 과연 우정을 지켜낼 수 있을까?

관람 포인트 🎬

비밀친구를 맺고 어떤 일이 있어도 관계를 이어가기로 약속한 늑대 '가부'와 염소 '메이'의 우정 앞에는 어려운 상황이 여러 번 찾아온다. 자신의 동족 무리에서도 주목받지 못하는 이들은 그 상황을 어떻게 헤쳐 나가는가? 이들이 주위 동료들의 편견과 오해를 극복하고 우정을 돈독하게 가꾸는 힘은 어디에서 오는가?

내가 제일 중요하게 여기는 게 우정이거든
가부와 메이 이야기

깜깜한 오두막에서 시작된 우정

일본의 아동문학가 기무라 유이치의 그림책, 가부와 메이 이야기 시리즈를 원작으로 만들어진 영화 〈폭풍우 치는 밤에(あらしのよるに―ひみつのともだち, One Stormy Night, 2012)〉는 폭풍우가 내리치는 깜깜한 밤에 허름한 오두막에서 우연히 만나게 된 늑대 가부와 염소 메이의 우정을 그려낸 작품이다. 칠흑 같은 어둠, 천둥과 번개 속에서 상대방이 누군지 분간을 못하고 얼떨결에 친구를 맺게 되는 가부와 메이는 편견과 두려움에 사로잡힌 동료들의 완강한 반대에 부딪힌다. 종족이 다른 가부와 메이는 우정을 지켜낼 수 있을까?

먹구름이 가득한 어느 날, 엄마 염소와 함께 맛있게 풀을 뜯어 먹던 아기 염소 메이는 사냥을 나온 늑대들에게 둘러싸이게 된다. 절체절명의 위기를 마주한 엄마 염소는 자신의 새끼를 구하기 위해 늑대들의 앞을 가로막고 늑대 무리의 대장인 기로의 귀에 부상을 입히며 필사적으로 저항을 한다. 그 사이 아기 염소 메이는 늑대들로부터 무사히 벗어나는 것에 성공하지만 엄마 염소는 결국 늑대들의 먹이가 되고 만다.

엄마를 잃은 아기 염소 메이는 다행히도 할머니의 돌봄과 보호를 받으며 성장하게 된다. 어느 날 친구들과 어울려 풀을 뜯으러 나온 메이는 맛있는 풀을 정신없이 먹던 중 갑작스레 내리는 폭풍우에 황급히 그곳을 벗어나려고 허둥지둥한다. 내리치는 천둥번개에 놀라 혼비백산하던 메이는 동료 무리에서 떨어지게 되고 정신없이 어디론가 달려가다가 가까스로 근처 오두막집으로 들어간다. 그렇게 우여곡절 끝에 오두막에 숨어 비를 피하던 염소 '메이'는 다리를 다쳐 부목을 대고 오두막에 들어서는 늑대 '가부'를 만나게 된다. 폭풍우를 피해 들어온 오두막에서 어두운 밤인데다가 코감기 때문에 서로의 정체를 알 수 없었던 가부와 메이는 목소리에만 의지한 채 서로를 알아간다. 대화를 나누고 상대에게 의지하며 폭풍우 속 두려움을 무사히 넘기게 된 가부와 메이는 서로 호감을 느끼게 되고 다음날 오두막집 앞에서 다시 만나 정식으로 인사를 나누고 소풍을 가서 점심을 함께 먹기로 약속한다.

　늑대와 염소는 친구가 될 수 있을까? 의문을 던지는 것을 넘어 가당치도 않은 일이라고 생각할 것이다. 실제로 영화 읽기를 함께 나눈 많은 이들이 먹고 먹히는 관계로 연결되어 있는 먹이사슬에서는 있을 수 없는 불가능한 일에 가깝다고 대답을 한다. 하지만 절대 친구가 될 수 없을 것 같은 천적관계에 놓인 늑대 가부와 염소 메이는 서로 무섭고 힘든 상황에 놓이는 순간 누가 먼저랄 것도 없이 그냥 친구가 된다. 여기에서 중요한 것은 서로가 서로를 모르는 상태였고, 절대 강자 늑대와 절대 약자 염소가 만난 시간이 밤이며 시야 확보와 소리 구별이 어려운 폭풍우 치는 밤이었다는 것이다. 그런데 달라도 너무 다른 두 동물이 환한 낮에 만났다면 어떤 일이 벌어졌을까? 염소고기를 좋아하는 가부는 메이를 잡아먹으려고 공격했을 것이고 메이는 가부에게서 벗어나려고 안간힘을 다해 도망쳤을 것이 뻔하다. 하지만 어둠 속에서 만났기 때문에 서로 천적관계이며 적대하는 동물이라는 것을 알지 못했다. 이들은 상대방을 나와 같은 동물일 것이라고 막연하게 추측하고, 상대방의 말을 자기 기준대로 해석하고, 누구인지 확인하기도 전에 서로를 같은 종족이라고 결론을 내려버린 것이다. 그것은 아마도 폭풍우와 천둥번개, 어둠이라는 환경이 주는 두려움과 공포 속에서 의지할 수 있는 자기

편을 만났다는 심리적인 안녕감이 결정적으로 작용했을 것이다. 이렇게 '제 눈의 안경'은 불안과 초초라는 마음의 짐을 누그러뜨리는 효과를 나타내고 같은 종족임을 의심하지 않은 확신에서 오는 믿음은 차이가 불러오는 편견이나 선입견 따위를 미리 만들어내지 않는다.

메이와 가부는 폭풍우 속에서 함께 견디며 상대방도 자신과 동일하게 무서움을 싫어하고 견디기 힘들어 한다는 것을 확인한다. 두려운 상황 아래 같은 공포를 가지고 있는 상대와 함께 있다면 어떨까? 위험한 상황이 닥쳐도 혼자가 아니라는 안도감과 함께 나와 비슷한 무언가를 가진 동질의 상대에게 우리는 본능적으로 끌리기 마련이고 더욱 가깝게 느껴지게 된다. 위기를 함께 극복한 동병상련의 경험은 메이와 가부처럼 '나'와 '너'를 단단하게 묶어 준다.

메이와 가부가 서로에게 쉽게 마음을 열 수 있었던 것은 우연한 폭풍우 상황이 이질감을 확인할 순간을 차단했기 때문이다. 우리가 누군가를 만나게 되고 친해지고 사귀게 될 때 그 사람에 대해 모를수록 빠르게 가까워진다. 다양한 인간관계를 맺고 살아가는 우리는 상대를 제대로 알기도 전에 자신이 가지고 있는 선입견 때문에 가까워질 수 있는 사람을 가까이 하지 못하고 배척하는 경우가 참 많다. 왜냐하면 누군가를 있는 그대로 받아들이기 전에 편견과 선입견으로 미리 선을 그어 놓는 실수와 잘못을 하기 때문이다. 외모가 능력이 되고, 출신 지역과 경제력이 미래 가능성으로 탈바꿈 되고, 심지어는 과학적인 근거도 없는 혈액형으로 처음 만난 사람의 성격을 확신에 가까울 정도로 단정하기도 한다. 결국 개인이 살아온 단편적인 지식으로 누군가를 판단하는 오류를 서슴없이 범하는 것이다. 물론 선입견이라는 것이 그냥 생긴 것은 아니지만 이런 선입견 때문에 가까워질 수 있는 누군가를, 다르다는 이유 하나로 알기도 전에 경계태세를 갖추고 배척하는 것은 아닐까? 이렇게 상대를 제멋대로 재단해서 밀어내는 과정을 통해 지금 이 순간에도 자신과 마음을 나누고 의지가 될 좋고 훌륭한 친구를 놓치고 있는지도 모른다.

수업에 적용하기

01 살아오면서 어려운 상황을 함께 견디며 의지했던 친구는 누구인가?

02 힘들고 위험한 상황에 놓여 있을 때 혼자가 아니라 함께 있어 위로가 되고 안도감을
    느끼게 해주었던 친구가 있는가?

03 두려운 상황에서 동병상련의 경험을 나눈 후 나에게 생긴 변화는 무엇인가?

* 참고: 힘들고 어렵고 위험하고 두려운 상황을 너무 크게 확장하지 않도록 안내한다.

친구가 되기 위해 필요한 덕목

다음날, 약속 장소에 먼저 도착한 '메이'가 아직
도착하지 않은 '가부'를 깜짝 놀래켜주기 위해 나무
뒤에 숨는다. 어슬렁거리는 가부의 발자국 소리가
가까워오자 둘만이 아는 암호 '아라시노 요루니(あら
しのよるに－ひみつのともだち)'를 외치며 '까꿍'하고 나
무 뒤에서 머리를 내밀고 자신을 드러내는데, 서로
의 얼굴을 확인하는 순간 메이와 가부는 순식간에
그 자리에서 얼어붙고 만다. 그도 그럴 것이 메이는
동물의 세계에서 가장 힘이 없는 약한 염소, 가부는
먹이사슬에서 강력한 포식자의 위치에 있는 늑대이
니 둘의 만남은 천지가 개벽할 정도로 놀라운 사건

이 되는 것이다. 이 영화를 소개하는 글마다 '절대로 만나서는 안 될 늑
대와 염소의 만남'이라고 소개를 하고 있으니 모두가 깜짝 놀랄 일은 맞

는 것 같다. 그런데 산들산들 산에 살고 있는 메이와 꿀꺽꿀꺽 골짜기에 사는 가부는 절대로 만나서는 안 되는 잘못된 만남인가?

오랜만에 통하는 친구를 만났다는 기대감에 부풀어 약속장소에 나간 가부와 메이는 서로의 정체를 알게 되고 깜짝 놀라게 되지만 친구가 되기로 약속을 하고 소풍을 떠난다. 자신이 가장 좋아하는 식사거리인 염소를 눈앞에서 보고 있어야만 하는 늑대 가부, 약속시간에 맞추려고 서두르다가 아침식사를 거르고 나왔는데 설상가상으로 목에 둘렀던 염소고기 도시락이 담긴 보자기마저 절벽 아래로 날려버린 가부는 배고픔과 우정 사이에서 괴롭기만 한 소풍길에 나선다. 하지만 그 사정을 알 턱이 없는 메이는 그저 한가롭게 풀을 먹고 보는 앞에서 늘어지게 낮잠까지 즐기고 있으니 난감하기 이를 데 없다.

어두컴컴한 오두막에서는 가부와 메이의 차이가 드러나지 않았지만 환한 낮에 산을 오르는 하얀 색깔 염소와 검은 색깔 늑대는 분명하게 차이가 나타난다. 먹고 먹히는 관계인 이들이 서로 마주 보며 웃는 모습은 많이 낯설고 가부의 날카로운 이빨과 찢어진 눈을 보면 둘 사이에는 금방이라도 심상치 않은 일이 생길 것 같은 불길한 예감마저 든다. 배고픔이 극에 다다라 배가 등에 붙을 지경에 처한 가부는 앞장서서 걸어가는 토실토실하게 살이 오른 메이가 자꾸 먹잇감으로 보여 군침을 흘리고 입을 벌려 꿀꺽 삼키고 싶은 충동이 자꾸 일어나지만 그 유혹을 어렵고 힘겹게 이겨낸다. 친구를 보고 군침을 흘리는 자신의 모습에 양심의 가책을 느끼는 가부는 친구가 무엇인지, 친구란 어떤 존재여야 하는지를 제대로 아는 늑대인 것 같다. 메이도 가부가 자신을 잡아먹으려 했던 것은 아닐까 의심을 하지만, 그런 의심을 품었던 자신을 스스로 꾸짖는다. 친구 간에는 기본적으로 믿음이 바탕이 되어야 한다는 것을 가부와 메이는 잘 알고 있는 것이다.

자신의 욕심을 물리치는 가부와 상대를 탓하기보다 자신을 먼저 돌아보는 메이의 모습은 우리에게 친구가 되기 위해 필요한 덕목이 무엇인지 잘 보여준다. 차이는 우정에 문제가 되지 않는다. 문제는 그 차이를 어떻게 생각하는가에서 발생한다. 친구는 서로의 다름을 인정하고 존중하며 나만의 것을 상대에게 강요하지 않을 때 만들어진다. 메이가 자꾸 먹잇감으로 보이는 달콤한 유혹을 이겨낸 가부와 먹이사슬의 포식자인 가부에게 먹힐 수도 있다는 약자의 두려움을 이겨낸 메이는 다름을 인정하고 존중하는 마음을 행동으로 보여줌으로써 친구를 얻을 수 있었다. 누구도 경험하지 못한 드라마틱한 나들이를 통해 가부와 메이는 서로에게 호감을 느끼게 되고 진정한 친구가 된 것이다.

생태계에서는 운명적인 먹이사슬 관계인 가부와 메이는 둘만의 비밀스런 우정을 지켜가기 위해 가슴 졸이는 생활을 이어간다. 메이를 울퉁불퉁 언덕에서 만나기로 약속한 날, 가부는 다른 늑대에게 공격을 받고 있는 메이를 가까스로 구해 동굴 속으로 데리고 들어가 숨는다. 자신을 구해준 가부에게 메이가 "고마워. 늑대한테서 나를 구해줘서."라고 하자 가부는 이 정도는 당연한 거라고 말한다. 이 말에 메이가 "늑대한테 당연한 건 염소를 구해주는 게 아니고 염소를 잡아서 고기를 먹는 거야."라고 하자 가부가 하는 말이 "하긴 그렇지. 하지만 난 말이야 지금 내가 제일 좋아하는 건 염소고기가 아니라 염소야. 내 친구 염소." 이 감동적인 말에서 우리는 가부가 얼마나 마음을 다해 메이를 대하고 진정한 우정을 나누고 있는지 알 수 있다.

이렇게 가부와 메이는 서로에게 둘도 없는 소중한 친구가 되지만 둘이 함께 도망치는 것을 목격했던 염소 무리와 늑대 무리에서 동족의 배신자로 찍히게 되어 가부는 사형선고를, 메이는 무리에서의 추방이라는 처벌을 받게 된다. 그런데 벌을 피할 수 있는 유일한 조건은 상대방의 정보를 빼내 무리에게 알려주는 것. 즉, 스파이 역할을 하는 것이다. 친구를 속이고 배신하지 않으면 무리에서 쫓겨나거나 목숨을 잃을 절대적 위기 상황에 처한 늑대 가부와 염소 메이. 메이와 함께 있으면 마음이 편안해진다는 가부와 가부와 함께 있으면 나쁜 일은 몽땅 잊어버린다는 메이. 이들은 우정을 지켜내고 친구의 존재 가치를 증명할 수 있을까?

요즘 청소년들에게 친구는 어떤 의미일까? 아침 일찍 등교하자마자 자기 책상에 웅크리고 앉아 자신만의 휴대폰 세상에 빠져 있는 이들에게 친구가 있기는 한 것인지 궁금했다. 그래서 수업 중에 '여러분에게 친구란 무엇이냐?'고 물었다. 온라인을 통한 SNS를 무대로 인간관계를 형성하고 이어가는 요즘 Z세대[1]는 기성세대인 내가 생각하는 친구의 정의와는 다른 대답을 할 것이라고 예측했었는데, 700여 명의 고등학교 학생들에게서 들려온 대답은 나의 예상을 보기 좋게 빗나갔다. 그들은 친구란 '언제 어디서나 항상 같이 있는 사람', '외롭거나 고민이 생겼을 때 함께해 주는 사람'이라고 정의하고 있었다. 그렇다. 아이들에게 꼰대로 비칠 수 있는 나와 같은 세대에게나, 꼰대들에게 버르장머리 없는 세대라고 불리기도 하는 요즘 청소년들에게나 친구란 자신의 생각이나 감정 또는 비밀까지도 마음 놓고 편하게 공유할 수 있고 어려운 문제를 해결하기 위해 서로 돕는 존재인 것이다.

영화 〈가부와 메이 이야기〉에서 늑대 가부와 염소 메이는 우정을 나누는 동안 예상하지 못한 어려움에 처하고 시련을 당하게 되며 심지어 생명을 잃게 될지도 모르는 위태로운 상황까지 마주하게 된다. 하지만 둘은 편견과 선입견에 당당하게 맞서고 종족을 초월하는 우정을 나누고 지키는 과정에서 세상 무엇과도 바꿀 수 없는 소중한 가치를 깨달으며 영화를 보는 관객들에게 친구란 이런 존재여야 한다고 몸소 말하고 있다.

첫째, 적어도 친구는 아무런 편견 없이 상대방의 말을 들어주는 존재이다. 들어준다는 것은 그 말의 의미를 이해하고 제대로 공감한다는 것을 의미한다. 공감을 통해 상대방의 고통을 이해하고, 아픔을 함께 나누면 자연스럽게 동질감이 만들어진다. 그래서 친구를 어떤 일을 짝이 되어 함께 하는 사람이라는 의미로 동무라고 부르는 모양이다. 동무는 늘 친하게 어울려 노는 사람이라는 의미도 가지고 있다. 남북분단과 6.25 전쟁으로 깊어진 이데올로기의 대립으로 어느 때부터 입에 올리는 것조차 꺼려하는 말이 되었지만 '길동무', '말동무', '글동무'는 스스럼없이 언제든지 만나 놀이를 함께 할 수 있는 존재인 것 같아 부르는 것만으로도 정겹다.

둘째, 친구란 상대방을 순수하게 걱정해주는 존재이다. 친구의 불안하고 두려운 심리적 어려움과 직면한 문제를 기억하고 아무런 보답을 바라지 않으면서 하루 종일이라도 같이 있어줄 수 있는 무조건적인 애정을 유지한다. 이것을 우리는 공감이라고 부른다. 일반적으로 사람들은 피해자나 불우이웃에게는 쉽게 공감할 수 있지만 가해자, 비행청소년, 다른 인종에게는 쉽사리 공감하지 못하는 경향이 있다. 영화 〈가부와 메이 이야기〉에서 늑대 가부는 염소 메이와는 분명히 다른 종족이고 가해자이며 두려울 정도로 폭력적인 존재다. 그렇지만 높은 공감 능력을 지닌 메이는 가부의 아픔을 이해하고 안타까운 성장과정을 위로해주며, 동족들의 비난을 온몸으로 받으면서 기꺼이 옆에 있어주고 가부가 기억상실에 걸려 자신을 해칠지도 모르는 상황에서도 걱정하는 마음을 잃지 않는다. 아무것도 바라지 않는 순수함으로.

셋째, 상대방의 약점에 가치를 부여해 친구가 존중받아 마땅한 최고의 존재임을 계속 깨우쳐주는 것이 진정한 우정이다. 완벽한 것 같은 사람이라도 가지고 있는 약점은 자신의 일부분이기 때문에 쉽게 버릴 수 있는 것이 아니고 버려지는 것도 아니며 본질을 바꾸기 어려운 것이다. 약점은 그림자이기 때문에 들키기도 싫고 밖으로 드러내고 싶지 않은 아픈 구석이며 버리고 싶은 것이다. 그러므로 다른 사람의 약점을 고쳐주려고 다가가는 순간 상대방은 자신의 행동에 대한 지적과 비난으로 받아들이기 때문에 관계가 소원해지고 갈등이 발생하기도 한다. 만약 친구의 약점을 강점으로 바꾸어 주고 싶다면 전혀 다른 시각으로 바라볼 수 있게 만드는 반전의 지혜가 필요하다. 가부와 메이는 각 동물 무리에게 비밀친구라는 사실이 발각된다. 늑대와 염소 진영에서는 가부와 메이를 이중첩자로 이용해 상대편의 비밀을 알아내라고 시킨다. 폭우에 불어난 강을 건너던 가부와 메이는 자신들의 우정을 인정해주지 않는 무리를 떠나기로 마음을 먹고 우정을 지키기 위해 목숨을 걸고 시뻘건 흙탕물이 거세게 흐르는 강물에 몸을 던진다. 작은 폭풍우에도 겁에 질려 몸을 숨기기 바빴던 겁쟁이들이 용기로 무장한 결단력 있는 가부와 메이로 바뀌는 순간이다. 우정이라는 이름으로 가치를 부여해주는 순간 다른 동료들에게 놀림을 받던 약점 투성이 '겁쟁이'는 세상 어느 것도 두려워하지 않는 '용기'를 발휘하게 된 것이다.

수업에 적용하기

01 늑대 '가부'와 염소 '메이'가 처음 만나는 폭풍우 치는 밤의 컴컴한 오두막의 의미는 무엇일까?

02 친구가 되기 위해 필요한 덕목에는 어떤 것이 있을까?

03 '친구(親舊)'와 'Friend'는 어떤 차이가 있을까?

04 오늘 내가 카·페·인(카카오 스토리, 페이스북, 인스타그램)을 통해 접속한 친구는 누구인가? 접속한 친구들을 끈끈이, 친한 이, 아는 이로 구분해보자.

05 카·페·인(카카오 스토리, 페이스북, 인스타그램)에 접속한 친구 중 나의 존재를 진정으로 인정해주는 친구는 누구인가?

06 평소 생활 속에서 내가 괴롭거나 슬플 때 위로해 주는 친구는 누구인가?

07 친구와 친해지고 사이좋게 지내려고 조바심을 냈던 적이 있었나? 그 친구의 어떤 특징이 그런 마음을 갖게 만들었는가?

4 같은 곳을 바라보기

2 벌새(House of Hummingbird, 2018)

제 작 국: 한국
상영등급: 15세 이상 관람가
상영시간: 138분
감　　독: 김보라
출　　연: 박지후(은희), 김새벽(영지), 박수연(수희)

줄거리 🎞️

강남 대치동에서 떡 방앗간을 하며 살고 있는 은희네 가족. 은희는 그림 그리는 것 말고는 특별히 잘하는 것도 좋아하는 것도 없는 아이다. 은희의 아버지는 독선적이고 가부장적이며 엄마는 일에 치여 여유가 없다. 아버지의 사랑을 독차지하는 오빠와 강남에 살면서도 공부를 못해 강북으로 학교를 다니는 언니와 함께 살고 있다. 연애도 하고 친구와 일탈도 하지만, 세상은 답답한 일이 더 많다. 그런 은희에게 나타난 한문 학원 선생님 영지는 은희에게 자신의 삶을 변화시킬 수 있는 용기를 준다.

관람 포인트 🎬

영화 소개에 보면 '가장 혼란스러웠던 시대를 살았던 소녀의 이야기'라는 구절이 나온다. 어른들의 말과 행동은 모순적이며, 자신의 삶은 무엇 하나 제대로 되지 않고 불만족스럽다는 느낌. 이것은 영화 속 은희만의 이야기는 아닐 것이다. 여전히 우리는 혼란한 시대에 살고 있고 삶이 만족스럽지도 않다. 삶에서 만나는 인연과 관계를 통해 우리는 행복을 느끼기도 하고 아픔을 느끼기도 한다. 행복과 아픔이 공존하는 삶 속에서 우리는 어떻게 희망을 찾을 수 있을까?

누군가를 안다는 것은?
벌새

상식만천하 지심능기인

상식만천하 지심능기인(相識滿天下 知心能幾人)

얼굴을 아는 사람은 천하에 가득하지만, 마음을 아는 사람은 몇이나 되겠는가?

한문 수업 중 영지 선생님은 친구들에게 묻는다.

"아는 사람이 얼마나 돼요?" "얼굴 아는 사람요? 오십 명! 이백 명!"

"그 안에서 마음을 나눈 사람은요?"

얼굴을 아는 사람과 속마음을 나눈 사람의 차이는 무엇일까? 영화에서 영지 선생님은 절도 사건으로 상처를 받고 울고 있는 은희의 이야기를 들어주고 공감해준다. 은희는 선생님에게서 마음을 이해받는다.

지영 선생님과 은희의 수업장면. 문장을 설명하고 선생님은 생각에 잠긴다.

나는 이 사람의 마음을 알고 있다고 말할 수 있는 사람이 있을까? 어린 왕자의 이야기가 생각난다. 모자가 아니라 코끼리를 삼킨 보아뱀을 볼 수 있는 사람을 찾았던 비행사. 어린왕자는 한 번에 보아뱀을 그린 비행사의 마음을 알았다. 그래서 친구가 되었다.

무엇인가에 대해 안다는 것은 쉽게 생각하면 간단해 보이지만, 조금만 깊게 생각해보면 정말로 어려운 일이다. 고정된 대상이나, 일어난 현상을 객관적으로 이해하는 것도 매우 어려운 일인데, 시시각각 변화하는 사람의 마음을 아는 것은 얼마나 어려운 일일까? 삶의 많은 문제 중, 우리에게 가장 어려운 문제는 사람들과의 관계이다. 관계를 결정짓는 마음을 이해하는 능력은 현명한 삶, 행복한 삶을 사는 힘이 된다.

단순하게 알고 지내는 사람이 아니라 서로의 생각과 마음을 알고 이해하며 서로를 진심으로 존중하고 사랑하는 사람, 그런 사람이 자신의 삶에 끼치는 의미는 무엇일까? 그런 관계를 만드는 방법은 무엇일까? 고대 그리스의 철학자 아리스토텔레스, 에피쿠로스도 서로를 이해하고 존중하는 진정한 우정을 행복한 삶의 가장 중요한 요소 중 하나로 제시하였다.

현대 사회는 새로운 기술의 발달로 만남의 형태가 달라지고(다양한 온라인 만남의 등장), 관계의 범위가 변했지만, 여전히 관계에서 우리가 지향하는 보편적 가치는 인정과 존중이다. 우리는 내 마음을 제대로 인정하고 존중해주는 사람을 찾는 숙제를 하고 있다. 하지만, 그 사람을 찾는 것만큼 중요한 것이 자신이 누군가의 숙제에 대한 답이 되는 일은 아닐까?

사랑의 아픔에 최고 명약은 사랑이라는 이야기처럼 관계의 아픔을 치유하는 가장 분명한 방법은 건강한 관계이다. 삶의 배움이란 그 관계를 건강하게 만들고 지켜가는 것임을 알아가는 과정이다.

영화 속 주인공 은희가 학교 선생님도 아니고 친구도 아니며 가족도 아닌 한자 학원 선생님인 영지 선생님을 잊지 못하는 것은 영지 선생님이 자신의 마음을 가장 잘 알아주었기 때문이 아닐까? 자신의 아픔을 가볍게 여기지 않고 진심으로 들어주고 공감해 주면서도 그 아픔을 이겨 낼 수 있는 지혜를 준 사람이 은희에게는 영지 선생님이었다.

영화 소개에는 '1994년 가장 혼돈스러웠던 시대를 살아간 은희의 이야기'라는 표현이 나온다. 하지만 2021년 대한민국도 혼돈스럽기는 마찬가지이다. 우리는 이 시대의 은희가 아닐까? 우리의 영지 선생님은 누구일까? 어쩌면 교육은 서로를 존중하고, 가능성을 인정하며, 생각과 마음을 나눌 수 있는 관계를 형성하는 법을 배우는 것에서 시작하는 것은 아닐까?

수업에 적용하기

01 나에게도 영지 선생님 같은 분이 있는가? 내 마음을 잘 알아주고 이해해주며 때로는 현명한 도움을 주는 사람과의 우정 이야기를 해보자.

02 누군가의 영지 선생님이 되어 주고 싶다면 우리는 어떤 노력을 해야 할까?

03 누군가에게 위로 받은 경험이 있었는가? 어떤 말과 행동이 위로가 되었는가?

나를 사랑하는 힘 기르기

은희와 지숙은 장난으로 문구를 훔치다가 주인에게 걸린다. 경찰에 신고한다고 협박을 하는 주인에게 지숙이는 은희 아버지의 가게 이름을 말한다. 은희 아버지는 딸의 절도 사건을 경찰서에 넘기려고 하니, 합의하자는 주인의 말에, 그냥 경찰서에 넘겨 버리라고 한다. 주인은 아버지의 이야기를 듣고 은희와 지숙을 그냥 보내준다. 주인에게 풀려난 은희는 지숙에게 사과를 요구하지만, 지숙은 떠나 버린다.

학원에 도착한 은희는 책상에 엎드려 운다. 위기의 순간에 자신을 배신한 지숙에게도 상처를 받았고, 딸이 전과자가 될지도 모르는데, 그냥 경찰서에 신고하라는 아버지의 말에도 상처를 받았을 것이다. 선생님은 차를 마시며 은희의 이야기를 들어준다. 은희는 지숙의 배신보다 집에 가서 오빠에게 맞을 것을 걱정한다. 오빠는 자기가 잘못하면 때리고 자신은 끝날 때까지 참고만 있다고 한다.

우롱차를 따라주며 은희를 바라보는 선생님. 선생님은 아무 말도 하지 않았지만 은희는 위로를 받는다. 우리는 가끔 아무 이야기도 하지 않지만 나를 진정으로 걱정해주고 염려해주는 누군가의 마음을 듣는다. 그 마음을 듣고 보았을 때, 우리는 위로를 받는다.

남자친구와 120일이 되는 날에 남자친구의 엄마로부터 상처를 받은 은희는 학원에 간다. 그리고 영지 선생님을 만나 묻는다.

"선생님은 자기가 싫어진 적 있으세요."

"응 많아, 아주 많아."

"자기를 좋아하기까지는 시간이 많이 걸리는 것 같아. 나는 내가 싫어질 때, 그냥 그 마음들을 들여다보려고 해. 아, 이런 마음들이 있구나. 힘들고 우울할 땐, 손가락을 봐. 그리고 한 손가락, 한 손가락 움직여. 그럼 참 신비롭게 느껴진다. 아무것도 못할 것 같은데, 손가락은 움직일 수 있어."

지숙과 은희의 갈등 뒤 은희는 선생님을 찾아간다.

살면서, 우리는 믿었던 사람이 내가 믿고 생각하는 방향과 다르게 말하고 행동하는 것을 경험한다. 이를 어떤 경우에는 배신이라고 하고, 어떤 이는 사람이 변했다, 사람을 잃었다고도 한다. 인생을 살면서 우리는 많은 사람을 만난다.

다행히 은희에게는 영지 선생님이라는 완충지대가 있었다. 은희는 선생님에게 이야기한 것만으로도 마음의 응급처치가 되었다. 선생님은, 구구절절 이야기하지 않는다. 은희를 안타까운 마음으로 지그시 바라볼 뿐이다.

선생님은, 자신이 한심하게 느껴진 적이 없냐는 질문에 진심을 담은 자신의 이야기를 들려준다. 그리고 자신을 사랑하는 것이 얼마나 어려운 일인지 말한다. 아무것도 할 수 없다고 느낄 때 손가락을 움직여 보면서 무엇인가를 할 수 있는 자신을 발견하는 현명한 지혜도 전한다. 은희는 선생님의 위로로 힘을 얻는다. 관계에 상처가 생긴 날, 그 상처를 이겨내는 힘을 새로운 관계를 통해 얻는다.

교직 생활 20년이 되어서야 나는 아이들에게 용기를 내어 이야기할 수 있었다. 너희들에게 좋은 선생님이 꼭 필요한 것처럼, 선생님들에게도 자신을 존중해주고 믿어주며 수업을 잘 들어주는 좋은 학생이 절실하다고.

수업에 적용하기

01 지숙이가 은희 아버지의 가게 이름을 말했을 때, 은희의 마음은 어땠을까? 은희의 감정을 세 단어로 표현해 보자.

02 여러분도 은희와 비슷한 경험을 한 적이 있었는가? 그때의 마음을 이야기해 보자.

03 여러분이 은희라면, 어떤 위로를 받고 싶을까?

04 상처받은 사람을 위로하는 방법 중 가장 효과적인 방법은 무엇일까?

05 지영 선생님의 손가락 바라보기 같은 슬픔과 어려움을 이겨내는 자신만의 비법이 있다면 이야기해 보자.

나밖에 몰랐던 나를 돌아봄

자신을 부모나 친구보다 좋아한다고 했던 후배 유리가 더 이상 아는 척도 하지 않는다. 은희는 지숙이를 만나 계속해서 유리 이야기를 한다.

은희의 이야기를 계속 들어주던 지숙이가 말한다.

은희의 이야기를 듣다 지숙이 자신의 상황을 이야기한다.

"우리 부모님 이혼한대, 나는 아직 누구랑 살지 결정도 못했는데. 너, 그거 알아? 너, 가끔 정말 네 생각만 한다."

내 아픔이 있을 때, 우리는 상대의 절망을 보지 못한다. 어쩌면 지숙이의 이야기는 우리도 살면서 누군가에게 들었을 이야기이다. 우리는 가끔 우리 자신만을 생각한다. 내 아픔이나 고민이 있을 때는 누군가의 상황을 돌아보지 못한다. 누군가가 나의 마음을 알아주지 않아서 서운하다고 느껴질 때, 우리는 얼마나 친구의 마음을 이해해 주었는지 생각해보자. 그런 연습을 통해 관계는 아름답고 단단해진다. 나의 가시가 상대방의 대못보다 아픈 것은 당연한 일이다. 하지만 우리는 나의 가시를 통해 상대방의 대못을 헤아려볼 수 있다.

영화의 마지막 장면에서 은희는 선생님의 편지를 본다. 선생님의 편지를 통해 우리는 다시 희망을 찾는다.

어떻게 사는 것이 맞을까?
어느 날, 알 것 같다가도 정말 모르겠어.
다만 나쁜 일들이 닥치면서도 기쁜 일들이 함께 한다는 것.
우리는 늘 누군가를 만나, 무언가를 나눈다는 것.
세상은 참, 신기하고 아름답다.

영화는 1994년의 중학교 2학년 은희를 통해 삶의 부조리함과 모순, 그 속에 있는 희망을 이야기한다. 상처를 받는 일과 위로를 받는 일이 함께하는 것을 알아가는 은희를 통해 우리는 수없이 많은 상처 뒤에 위로가 있는 새로운 삶의 희망을 본다.

수업에 적용하기

01 다른 친구의 입장이나 상황을 생각하지 못하고 자신만 생각하는 말이나 행동을 한 경험이 있을까?

02 자신의 생각과 입장만을 지나치게 이야기하는 친구가 있다면 어떻게 도움을 주는 것이 좋을까?

03 친구의 입장이나 상황을 잘 배려하려면 어떤 노력을 해야 할까?

3 더 헌트(The hunt, 2012)

제 작 국: 덴마크
상영등급: 15세 이상 관람가
상영시간: 115분
감   독: 토마스 빈터베르그
출   연: 매즈 미켈슨(루카스), 토마스 보 라센(테오),
            아니카 베데르코프(클라라)

줄거리 🎬

이혼의 상처를 안고 고향에 돌아온 '루카스'는 유치원 교사를 하며 지낸다. 아이들을 편안하게 대하며 따뜻하게 품어주는 선생님으로 인정을 받은 루카스는 친구 '테오'의 딸 '클라라'를 각별히 돌봐준다. 그런데 강박적인 성향을 가지고 있는 클라라는 자신에게 적당한 거리를 두는 루카스 선생님에게 서운한 감정을 느끼게 되어 사소한 거짓말을 하게 되고, 마을 사람들이 클라라의 말을 사실이라 믿게 되면서 억울한 누명을 쓰게 된다. 더욱이 가장 친한 친구이자 클라라의 아빠인 테오와의 관계는 파국으로 치닫게 되고 마을 사람들에게 공개적인 폭력까지 당하게 된다. 경찰 조사 결과 모든 것이 아이들의 거짓말임이 밝혀지지만 어느 누구도 그의 결백함을 받아들이려 하지 않는다. 루카스는 홀로 자신의 결백을 주장하는데...

관람 포인트 🎬

한 소녀의 사소한 거짓말로 시작되는 마을 사람들의 멸시, 비난, 폭력적인 행동의 심리적 원인은 무엇일까? 우정이 의심으로, 의심이 관계 단절로 이어지지 않기 위한 방법은 무엇이 있을까? 자신이 곤경에 처하면서도 클라라를 비난하지 않는 루카스에게서 배울 수 있는 교사의 덕목은 무엇인가?

내 눈을 봐 내 눈을 보라고! 내 눈에 뭐가 보여? 더 헌트

아이들은 거짓말을 하지 않는다?

'아이들은 거짓말을 하지 않는다' 누가, 언제 이런 말을 했는지는 알 수 없지만 많이 들어서 이미 우리에게 익숙하고 친근한 명제이다. 그런데 이 명제는 참일까? 거짓일까? 여기에서 말하는 아이들은 몇 살까지 해당되는 것일까? 증명할 길도 없고 해석하기 참으로 애매한 이 말은 동양과 서양 구분 없이 인종과 국경을 초월하여 모든 민족과 국가에서 흔들리지 않는 공통적인 진리와도 같은 굳건한 비합리적인 신념으로 오랫동안 자리를 잡고 있다. 예수님도 '어린 아이들과 같이 되지 아니하면 결단코 천국에 들어가지 못한다'고 말씀하셨다고 성경에서 전하고 있으니 이 글에서 '아이들은 거짓말을 하지 않는다'는 명제의 참, 거짓을 논하는 것은 의미가 없는 일이라 여겨진다.

세상은 아이들을 순수함의 상징으로 생각하고 있고 의심하지 않는다. 어떤 경우에는 아이들이 지나치게 솔직해서 어른들을 곤란한 상황에 처하게 만드는 때도 생기는데 이런 이유로 사람들은 아이들이 가진 순수와 진실의 눈동자를 믿는다. 이리저리 부대끼며 녹록지 않은 세상 풍파에 흔들리며 살아가다 보면 때묻지 않았던 순수한 시절로 돌아가고 싶은 간절함을 느끼는 때가 종종 있다. 하지만 되돌아갈 수 없는 현실적 한계 때문에 어린 시절을 회상하며 순수함으로 치장하고 싶은 마음이 자연스럽게 올라오는지도 모른다. 이렇게 순수라는 이름으로 포장해놓은 어린 시절의 이상적인 자기 이미지를 망가트리지 않으려는 마음도 있겠지만, 실제로 아이들은 거짓말하는 방법을 잘 모르기 때문에 거짓말을 하는 경우 바로 들켜버린다. 이런 이유로 티 없이 맑은 아이들의 웃음과 눈망울을 보면 어느 누구라도 이들이 거짓말을 할 줄 안다고 생각하지 않는 것이다. 그래서 영화 〈더 헌트〉에서 클라라의 말만 믿고 루카스를 성추행범으로 몰아붙인 유치원 원장처럼 많은 사람들은 아무런 근거가 없이 순수의 무의식에 기대어 외칠 수 있는 것이다. "나는 아이들을 믿어요. 그들이 거짓말을 할 리가 없어요."

확증편향(確證偏向, Confirmation bias)은 자신이 원래 가지고 있는 생각이나 신념을 확인하려는 경향성이다. 고대 로마의 정치인이자 독재자, 군인이며 서구권 황제의 시초가 된 인물로 삼두정치를 통해 로마를 통치했던 율리우스 카이사르는 자신이 저술한 내전기[1]에서 "인간은 자기가 보고 싶다고 생각하는 현실밖에 보지 않는다."라고 썼다. 그가 남긴 이 말이 바로 인간이 지니고 있는 확증편향을 가장 잘 설명한다고 할 수 있다. 카이사르는 마치 자신은 확증편향이 없는 사람처럼 자신을 비난하고 암살하려던 자들에게도 관용을 베풀었지만 그렇게 위대했던 카이사르도 인간이었나 보다. 점점 더 커져가는 권력에 빠진 그는 스스로 종신 독재관에 취임하여 자신에게 임페라토르(imperator, 최고사령관)라는 호칭을 사용하면서 자신의 조각상을 로마 왕들의 조각상 옆에 만들어 놓고 자기 얼굴을 새겨 넣은 주화를 발행한다. 자기 절제가 철저했던 카이사르는 황제나 다름없는 권세와 절대 권력, 집중되는 명예에 신중함을 잃고 "브루투스 너마저…"라는 유명한 말을 남기고 원로원 의원들에게 암살을 당하게 된다. 보고 싶어 하는 것의 시야가 일반인들보다 훨씬 넓었던 카이사르라는 위인도 결국 자신이 보고 싶다고 생각하는 현실밖에 보지 못한 것이었다.

영화에서도 유치원 원장은 알고 지내던 성폭력 상담사의 면담 결과와 진단만 굳게 믿고, 사건 발생 상황과 클라라의 심리상태에 대한 면밀한 조사나 클라라의 증언, 어린아이들의 제보에 대한 신빙성을 전혀 검토해 보지도 않은 채 의심의 여지도 없이 루카스를 성범죄자로 지목한다. 대화를 하자는 그의 말을 무시하고 경찰에 신고를 하고 검증되지 않은 사실을 일방적으로 학부모들에게 공개함으로써 그를 공공의 적으로 만들어 버린다. 확증편향 경향성이 발동한 것이다. 결국 경찰이 개입하여 조사한 결과, 아이들의 진술에 허점이 드러나고 모두 거짓으로 판명이 나서 루카스는 누명을 벗고 풀려나온다. 하지만 이미 아동 성범죄자로 억울한 낙인이 찍혀버린 루카스는 마을 사람들에게 멸시와 비난을 받아야 했고, 이유 없는 따돌림과 신체폭력까지 당하게 된다. 이혼의 아픔을 치유하고 새로운 삶의 의미를 찾기 위해 고향으로 돌아왔던 루카스는 집단적인 따돌림과 모멸감을 견디지 못하고 결국 정든 고향을 다시 등지게 된다.

유치원 원장으로부터 시작되어 마치 급성전염병처럼 모든 마을 사람들을 감염시켜버린 확증편향이 고향에 돌아와 아들과 함께 평범하게 살고자 했던 루카스의 소박한 바람을 무참하게 밟아버리고, 그의 소중한 삶마저 뒤죽박죽으로 만들어 버린 것이다. 자기의 자녀는 거짓말을 하지 않는다는 것을 믿고 싶은 사람들은, 경찰 조사에서 밝혀진 루카스의 혐의 없음에 대한 사실을 받아들이고 싶지 않았을 것이므로, 사건에 대한 팩트 체크는 관심 밖이었던 것이다. 오로지 아이들은 거짓말을 하지 않는다는 자신들의 근거 없는 믿음을 확인하려는 경향성에 빠져 아이들이 친구처럼 따르고 사랑했던 좋은 선생님이자, 다정한 이웃이었던 루카스를 잃어버린 것이다.

'아이들은 거짓말을 하지 않는다'는 관념의 진위를 따지자는 것은 아니다. 다만 사랑에 목이 마른 클라라가 자기의 사랑을 받아주지 않는 루카스 선생님에게 느낀 서운한 감정으로 아무 생각 없이 내뱉은 거짓 말이 순식간에 진실로 둔갑해버리고, 평범한 한 남자의 삶을 송두리째 짓밟는 결과로 이어진다는 사실에 주목하자는 것이다. 루카스는 아이들을 가르치는 교사로서 클라라와 안전한 감정적 거리를 두고자 했던 것 뿐인데 말이다. 아이들은 거짓말을 하지 않는다는 고정된 인식은 마을 사람들의 이성을 마비시키고 그들이 가지고 있는 편견을 진실이라 믿게 만들어 결국 유치원 교사 루카스를 성추행범으로 몰아가고 온 동네 사람들이 '마녀사냥'식의 끔찍한 집단행동을 저지르게 만들어버렸다. 평소 루카스를 신뢰하던 친구들은 물론이고 자신의 가장 소중한 친구라고 티를 내며 자신은 그의 눈빛만 바라보아도 진실인지 거짓인지 알아낼 수 있는 진정한 친구라고 호언장담하던 클라라의 아빠 '테오', 그리고 루카스와 사랑을 나누기 시작한 여인 '나디아', 심지어는 화장실에서 대변을 보고 루카스에게 엉덩이를 내밀며 닦아달라던 아이들조차 그 사냥에 동참하게 된다.

마을 사람들의 집단적인 돌팔매질과 따돌림 끝에 회복되기 힘든 상처를 가득 안은 채 결국 마을에서 억울하게 밀려나는 누명 쓴 루카스를 보고 있노라면 영화 보는 내내 답답함이 스멀스멀 올라와 가슴이 조이는 느낌을 받는다. 확인 과정 없이 루카스를 성추행범으로 낙인을 찍어놓고 학부모들의 편견을 부추긴 유치원 원장은 사과 한마디 없다. 거짓말이 들불처럼 번져 심각한 상황이 벌어지자 덜컥 겁이 난 클라라가 자신이 거짓말을 한 것이었고 루카스는 아무런 잘못이 없다고 진실을 밝히는데도, 그것은 끔찍한 상황을 무의식적으로 지우려는 행동이라며 프로이트의 억압이론까지 불러들이는 클라라의 엄마 '아그네스'도 뻔뻔하기 이를 데 없다. 한쪽으로 고정된 자신들의 편견을 주입하여 하루아침에 거짓을 진실로 둔갑시켜버린 작은 시골마을은 '혐의 없음'으로 판명된 경찰의 조사 결과를 받아들이지 못하고 무혐의로 풀려난 루카스를 공개적으로 드러내놓고 마녀사냥의 대상으로 삼는다.

　사면초가에 놓인 루카스는 죽마고우들에게 차가운 외면을 당하고 아들과 함께 살고 싶다는 소박한 꿈마저 물거품이 되었다. 경찰에 연행되어 조사를 받는 수모를 당해 명예를 잃어버렸고, 직장을 잃게 된 것은 물론이며 결백을 주장하는 그에게 돌아온 것은 동네 사람들의 손가락질과 어처구니없는 주먹질뿐이었다. 거기에다 누군가에 의해 애완견이 살해당하고, 식사를 준비하는 부엌으로 돌이 날아드는 위협적인 테러가 이어졌으니 마른하늘에 날벼락이 떨어진 것에 비할 바가 못 된다. 결국 한 어린아이의 사소한 거짓말에서 시작된 오해와 편견은 한 남자의 인생을 벼랑 끝으로 몰아붙였고 해명할 기회마저 주어지지 않은 루카스는 '어린아이는 거짓말을 하지 않는다'는 비합리적 신념에서 비롯된 확증편향의 희생양이 되었다.

　자기가 보고 싶다고 생각하는 현실밖에 보지 못하는 확증편향은 한국 영화 〈여중생A〉에서도 여실히 드러난다. 글쓰기가 취미이자 스스로를 위로해주는 재능을 가진 주인공 '장미래'는 자신이 쓴 소설을 청소년 문학 공모전에 출품한다. 그런데 같은 반 친구인 학급 반장 '이백합'이 미래의 작품을 표절하여 출품하는 바람에 표절 시비가 발생한다. 친구들은 물론이고 담임선생님마저 학업성적이 낮고 말을 조리 있게 하지 못하며 사회성이 부족한 미래가 백합의 글을 표절했을 것이라고 쉽게 단정을 하게 되고 자신의 작품이라는 것을 믿어주지 않는 주위의 따가운 시선에 글 쓰는 희망마저 잃어버린 미래는 자살을 생각하게 된다. 조사해 볼 생각도 하지 않고 평소 성적이 낮고, 가난하고, 존재감 없던 미래가 표절한 것이라고 무조건 믿고 표절자로 몰아가는 상황은 어쩌면 우리가 일상생활에서 종종 마주치고도 알게 모르게 무심코 넘겨버리는 일인지도 모른다.

　명예롭지 못하게 고향을 등지고 떠난 후 1년이라는 시간을 흘려보내고 아들의 성인식을 축하하는 행사에 참석하기 위해 마을에 들른 루카스. 1년 전 그를 응징하려했던 친구들과 동네 사람들은 마치 아무 일도 없었다는 듯, 상처는 말끔하게 씻어냈다는 듯 돌아온 그를 반갑게 맞이해주고 축하파티는 별일 없이 진행된다. 영화를 보는 관객들도 덩달아 루카스의 환향을 기뻐하고 이제는 모든 것이 제자리로 돌아왔다고 느끼며 안도의 숨을 내쉬며 가슴을 쓸어내리게 된다. 하지만 다음날 아침, 성인식에서 가장 의미 있는 아들의 첫 사슴 사냥에 함께 참여한 루카스는 지난날을 회상하며 숲을 걸어가고 있었다. 그런데 갑작스런 총소리와 함께 총알이 그의 머리를 살짝 빗나간다. 순식간에 벌어진 상황에 놀란 루카스가 총알이 날아온 방향을 황망한 표정으로 응시하며 총을 발사한 사람이 누구인지 보려고 하지만 밝은 아침 햇살이 정면으로 비치면서 총을 발사한 사람의 형체를 분간할 수 없게 만든다. 루카스를 향해 총을 겨눈 사람이 누구인지 알 수 없지만 총구는 여전히 루카스를 향해 있다가 재빨리 사라진다. 성추행 혐의에 대해 무죄가 입증이 되었고 1년이라는 시간이 흘렀지만 아직도 그는 성범죄자로 찍힌 낙인을 지우지 못한 것이다. 그에게 총을 겨누었던 자에게 사실은 중요하지 않아 보인다. 이미 루카스를 아동 성추행범으로 낙인을 찍어놓은 확증편향 사냥꾼에게는 무죄냐 유죄냐 하는 것은 중요한 것이 아니다. 총을 겨눈 자에게 루카스는 오로지 사냥감인 사슴과 같은 존재이다. 그가 누구인지 알 수 없지만 마을에서 주류에 해당하는 자일 것이고, 여전히 대화를 거부하는 일방적인 존재일 것이다.

우정까지 덮어버린 확증편향 그림자

영화 〈더 헌트〉는 따뜻하게 품어주는 고향의 품에서 유치원 교사로 일하면서 이혼의 아픔을 치유하고 아들과 함께 새 출발을 하려고 하지만, 유치원에서 자신을 잘 따르던 한 여자아이의 거짓말(영화 속 클라라의 실제 대사)로 인해 아동 성범죄자로 낙인찍히면서 삶이 송두리째 흔들리는 루카스라는 한 남자. 그리고 그가 보고 싶은 것만 바라보려는 세상을 향해 '보고 싶은 것만 보지 말고 보고 싶지 않은 것에도 관심을 가지라'고 고독하게 울부짖는 영화이다. 집단적 확증편향에 빠진 마을 사람들은 루카스가 경찰 조사 결과 무혐의로 풀려났음에도 불구하고 그의 집에 돌을 던지고 가게에서 생필품 구입을 못하게 하는 등, 그와 그의 아들에게 무차별적인 공격을 하고 심지어는 아무런 관련이 없는 그의 반려견까지 서슴없이 살해한다.

하지만 루카스는 해명할 기회조차 얻지 못해 변명도 불가능한 답답한 상황이 이어지고, 해결의 실마리는 영화가 상영되는 내내 찾아보기 힘들다. 영화는 사건의 실체를 다루지 않고 실체 없는 풍문에 휩쓸리는 마을 사람들의 반응을 좇아 흔들리기 때문에 관객들을 답답하게 만든다. 자기가 보고 싶은 것만 보려는 경향 때문에 쉽게 요동치는 집단 무의식의 가벼움과 위험성을 여과 없이 드러내는 이런 영화를 관람하는 것은 여전히 불편하다.

아버지가 경찰에 연행되어 가는 것을 목격한 루카스의 아들 '마쿠스'는 클라라의 아빠 테오의 집에 찾아가 아빠의 친구에게 사건을 다시 생각해주길 간청한다. 마쿠스는 아마도 아빠 친구들의 진한 우정에 마지막 희망을 걸었던 것 같다. 하지만 클라라에게 왜 거짓말을 했느냐고 묻다가 그의 집에서 쫓겨나고 아빠의 친구들에게 대들다가 얻어맞는 일이 벌어지는데, 집에 가라고 등을 떠미는 테오에게 "친구들이 뭐 이래?

친구도 아냐."라며 울부짖는다.

사람들 사이에 회자되는 말 중에 '진정한 친구 한 명만 있어도 성공한 인생'이라는 이야기가 있다. 진짜 그럴까? 도대체 진정한 우정은 어떤 모습일까? 영화 〈더 헌트〉에서 루카스를 가장 친한 친구라고 치켜세우던 테오의 우정은 확인되지도 않은 풍문에 가볍게 흔들리고 맹세코 클라라를 성추행하지 않았다고 밝히는 친구의 말을 믿지 못하고 흥분을 참지 못해 루카스의 멱살을 잡고 "정말 내 딸을 건드린 거면 머리에 총알을 박아주지."라며 분노 가득한 말을 내뱉는다. 그럼에도 불구하고 관객들은 테오와 루카스의 우정이 특별한 것이어서 테오가 루카스의 결백을 증명하는 데 결정적인 역할을 해줄 것이라는 기대를 영화가 끝나는 순간까지 버리지 못했을 것이다. 아마도 두 친구의 우정이 진실한 것이기를 바라는 마음, 즉 관객이 보고 싶은 것이 현실에서 일어나기를 바라는 또 다른 확증편향 경향성이 작동했을 것이다. 하지만 루카스와 그의 아들 마쿠스가 형제보다도 더 가깝고 끈끈한 정을 나누는 친구라고 의지하고 기댄 우정이라는 관계는 종잇장보다 얄팍하여 작은 바람결에도 멀리멀리 날아가는 보잘것없는 것이었다.

유치원 교사 루카스는 자녀 양육에 관심이 없는 친구의 딸 클라라의 손을 잡고 유치원까지 안전한 동행을 하고, 부부싸움을 하느라 유치원을 마치고 집에 가야 하는 클라라를 데리러 오지 않는 부모를 대신해 방과 후에 집까지 바래다주기도 한다. 그렇게 정성을 쏟았던 친구이기에 루카스는 클라라의 아빠 테오에게 얼굴을 들이밀며 "나를 믿어, 못 믿어?"라고 소리치며 자신의 결백을 호소한다. 이 질문에 테오는 "한 번도 거짓말한 적이 없는 아이야. 이번에 거짓말을 할 리가 없잖아."라고 반박한다. 순간 테오의 흔들리는 눈동자에서 루카스를 믿고 싶다는 혼란스러운 마음이 보이기는 하지만 어린 시절부터 맺어온 친구 간의 인연도 피보다 중요한 인연이 될 수는 없었던 것이다. 테오에게는 친구 루카스보다 딸 클라라에 대한 믿음이 더 강했던 것이다.

이런 상황에서 2% 부족하지만 관객들이 보고 싶은 진정한 친구에 대한 확증편향 욕구를 채워주는 친구가 있었으니, 루카스가 클라라에게 아무 짓도 하지 않았음을 확신한 유일한 친구 '브룬'이다. 모든 마을 사람들이 손가락질을 하고 루카스의 성추행을 기정사실로 받아들이고 있을 때 그럴 친구가 아니라고 항변하며 무죄를 증명하기 위해 물심양면으로 도움을 준 친구 브룬. 그는 어디에서 그렇게 강한 믿음의 힘을 발휘할 수 있었을까? 혹시 그의 자녀들이 거짓말을 잘하는 아이들이어서 아이는 거짓말을 하지 않는다는 확증편향에 현혹되지 않았던 것일까? 만약 내가 마을 사람들 중 한 사람이었더라면 나는 루카스를 믿었을까? 솔직히 말하면 동네 사람들과 다르게 행동하기 힘들었을 것 같다. 아동 성추행은 중범죄이기 때문에 공동체의 안전을 위협하는 개인은 제거되어야 한다는 마을의 집단 히스테리에 휩쓸려 그를 향해 가차 없이 돌을 던지며 사냥을 감행했을 것이다. 마치 중세시대의 마녀사냥이 그러했듯이.

아리스토텔레스는 '친구란 두 신체에 깃들인 하나의 영혼'이라고 했다. 위대한 철학자로 추앙받는 그는 대체 어떤 친구를 두었었기에 이런 말을 했을까? 그런데 그는 '불행은 진정한 친구가 아닌 자를 가르쳐 준다'고도 했다. 영화 〈더 헌트〉에서 루카스는 삶을 송두리째 빼앗기는 불행한 사건으로 인해 떠벌이 테오가 아닌 신중한 브룬이 진정한 친구라는 것을 40년 만에 알았으니 아리스토텔레스의 이 격언을 몸소 체험한 것이 된다. 그래서 아리스토텔레스는 '친구가 되려는 마음을 갖는 것은 간단하지만, 우정을 이루기까지는 많은 시간이 필요하다'고도 했던 것 같다. 아리스토텔레스에 대해 잘 모르지만 짐작건대 그는 친구라는 우정 관계로 인해 많은 일을 겪었을 것 같다.

영화 제목 〈더 헌트〉처럼 모든 마을 사람들이 사냥을 하듯 한 사람을 몰아붙이는 마녀사냥은 얼마 전 우리 사회에서도 볼 수 있었다. 아이

말만 믿고 인터넷 지역 맘카페에 특정 어린이집 선생님이 자신의 아이를 학대했다고 글을 올린 엄마 때문에 죄인 아닌 죄인이 되어버린 선생님은 실시간 검색어 순위에 오르내리고, 아동의 친척들로부터 폭행을 당하고, 자신의 신상이 유포되자 심리적 압박감을 견디지 못하고 자살을 택했다. 10년을 근무하면서 한 번도 아동학대 문제를 일으킨 적이 없는 교사는 아동학대자라고 몰리는 수치심을 견디기 힘들었던 것이다. 이렇게 근거 없는 확증편향이 만들어내는 마녀사냥은 최근 SNS라는 괴물을 통해 눈 깜빡하는 순간에 돌팔매질하는 동조자들을 쉽게 모을 수 있게 되었다. 생각만으로도 아찔해지고 눈앞이 캄캄해진다. 가짜 정보와 소문이 넘쳐나는 시대에 자신도 모르는 사이 누군가의 거짓말이 눈덩이처럼 커질 수 있다는 두려움을 마주하면서 어떻게 살아야 그 눈덩이에 휩싸이지 않게 되는지 고민해 볼 일이다.

진정 어른다운 어른

어른이란 무엇인가? 나이가 들면 저절로 어른이 되는 것인가? 만약 그렇지 않다면 어른과 어른이 아님을 구분할 수 있는 기준은 무엇인가? 영화 〈더 헌트〉를 보는 내내 머릿속을 떠나지 않는 질문들이었다. 그래서 일반적으로 사회에서 회자되고 공감하는 어른의 의미와 자격에 대해 알아보았다.

1. 자신이 한 일에 책임을 진다.
2. 가볍게 말하지 않는다.
3. 한쪽에 기울지 않고 균형을 갖춘다.
4. 어떤 일에 대해 쉽게 판단하지 않고 소문을 쉽게 믿지 않는다.

5. 은은한 감정을 유지하고 화를 참을 줄 안다.

6. 작은 일에 일희일비(一喜一悲)하지 않는다.

7. 떼쓰고 징징대지 않으며 양보하는 미덕을 실천한다.

8. 자신의 잘못을 인정할 줄 안다.

9. 남의 이야기를 잘 듣고 포용할 줄 안다.

10. 매사 행동거지가 젊은 사람이나 아이들에게 모범을 보인다.

　　평범한 것처럼 보이지만 열거한 것 중에 절반만이라도 행동하는 철학과 습관이 되도록 하려면 끊임없는 성찰과 역지사지(易地思之)하는 자세가 필요하다. 부끄럽지만 나 역시 어른이 되기 위하여 부단히 노력해야 할 것 같다. 영화 〈더 헌트〉에는 많은 어른들이 등장한다. 그렇게 많은 어른 캐릭터 중에 누구를 자신 있게 어른이라 부를 수 있을까? 안타깝게도 영화 속 어른들은 어른이라는 착각 속에 사는 어른답지 못한 어른, 나이만 먹은 어른이 많은 것 같다. 추운 겨울날 성인 남자들이 옷을 벗어던지고 차가운 호수에 가장 먼저 몸을 던지는 사람에게 돈을 거는 장면을 보여주면서 시작되는 영화는, 처음부터 어른과 아이의 경계는 나이와 상관이 없다는 것을 은유하는 것 같다. 확증편향에 사로잡혀 친구를 의심하고, 가볍게 말하고, 헛소문에 귀를 쫑긋 세우고, 화를 참지 못하고, 루카스의 아들에게 폭력을 행사하고, 남의 이야기를 들으려 하지 않는 어른만 있을 뿐이다.

　　하지만 이런 마을에도 어른으로 존경받을만한 브룬이라는 어른이 있다는 것은 다행스럽고 큰 위로가 된다. 루카스의 아들 마쿠스의 종교적 대부이기도 한 그는 흔들리지 않고 균형을 지키며 한쪽에 치우치지 않는 합리적 신념으로 루카스를 지지하고 위기에서 구해낸다. 그러면서도 자신의 공을 겉으로 내세우려 하지 않는 브룬에게서 감정에 쉽게 휘둘리지 않는 아름드리나무 같은 든든함이 느껴진다. 브룬이라면 언제든지 기대도 좋을 것 같은 안전한 어른의 무게가 느껴진다. 그런 의미에서 보면 주인공 루카스 또한 어른이라 말할 수 있다. 견뎌내기 힘들 정도로 갑자기 닥친 고통과 시련을 이겨내고 다시 일어선 루카스는 쓰라린 경험들을 어른다운 어른의 역할로 승화시킬 줄 아는 사람이다.

자신을 곤경에 빠트리고 원하는 삶의 방향을 흔들고 바꾸어놓은 원인을 제공한 클라라를 1년 만에 아들 마쿠스의 성인식 파티에서 만난다. 눈을 마주치고도 루카스에 대한 미안한 마음과 죄책감에 뻘쭘하니 어정쩡하게 서있는 클라라에게 다가가서 먼저 인사를 건네고 배려하며 오히려 아이의 마음속에 남았을 두려움과 상처를 진심으로 어루만져 준다. 어디에서 이런 용기 있는 멋진 행동이 나왔을까? 참으로 훌륭한 어른이 아닐 수 없다. 나 같으면 그렇게 행동하지 못하고 눈을 돌려 시선을 피했을 것 같은데 말이다. 루카스는 그의 억울함에 함께 분노했을 관객들에게 이렇게 말하고 있는 것 같다.

"말하지 않아도 행동으로 보여주면 그게 어른이야. 섣부르게 어른 흉내 내지 말고, 진실로 어른답게 행동해. 어른이 되는 건, 어른이라고 입으로 떠들어댄다고 되는 게 아니야. 할 줄 알아야 하는 건 꼭 할 수 있어야지 어른이거든."

영화 〈더 헌트〉는 '어른의 책무는 회피하면서 어른으로서 누릴 수 있는 권리만 누리려한 것은 아니었는가?'를 질문하며 반성하도록 사정없이 옆구리를 찔러대고, 어른인 체하는 어른은 아니었는지 한 번쯤 되돌아보게 하는, 가슴에 꽂히는 영화이다. 그런데 영화의 엔딩크레딧이 다 올라가고 나서도 궁금하기는 하다. 마지막 장면에서 루카스에게 총을 겨누고 방아쇠를 당긴 사람은 누구였을까?

01 클라라는 루카스에게 무엇을 원하기에 그런 엄청난 거짓말을 했을까?

02 클라라는 거짓말을 할 때 입술을 모아 한 쪽으로 찡그린다. 여러분의 친구들 중 거짓
    말을 할 때 신체에 특징적인 변화가 일어나는 친구는 누구이며 그 특징은 무엇인가?

03 내가 유치원 원장이라면 사건을 어떻게 해결할 수 있을까?

04 사소한 오해로 사이가 멀어진 친구가 있는가? 그 친구에 대해 이야기해보자.

05 '브룬'처럼 나를 끝까지 믿어주고 지지해주는 친구는 누구인가?

06 거짓말을 하는 것이 확실한 학생을 지도할 때 나는 어떤 패턴을 보이는지 살펴보자.
    1) 알아차림(감정 탐색)   2) 접촉(환경과의 상호작용)   3) 에너지 동원   4) 행동

07 자신을 궁지에 빠트린 클라라에게 다가가 아이의 두려움을 따뜻하게 안아준 루카스에
    게 전하고 싶은 말은?(그의 이름을 활용하여 삼행시로)

08 평소에 자신이 가지고 있는 확증편향은 무엇이 있는지 탐색해보고 인생노트에 기록해
    보자. 그리고 고백할 수 있는 대상을 찾아 솔직하게 말해보자.

4 중앙역
(Central Station, Central do Brasil, 1998)

제 작 국: 브라질, 프랑스
상영등급: 15세 이상 관람가
상영시간: 115분
감　　독: 월터 살레스
출　　연: 비니시우스 드 올리베이라(조슈에), 페르난다 몬테네그로(도라)

줄거리

문맹률이 높은 브라질에서 전직 교사였던 '도라'는 중앙역에서 낡고 좁은 책상에 앉아 편지를 대필해 주면서 생업을 이어간다. 하지만 의뢰받은 편지들을 제멋대로 각색하고 우체통이 아니라 쓰레기통에 넣어 버리면서 소명의식 없이 생계유지를 위한 편지를 쓸 뿐이다. 어느 날 보고 싶은 남편에게 보내는 편지를 부탁한 여인이 교통사고를 당하게 되면서 도라의 주변에 갈 곳 없는 그녀의 아들 '조슈에'가 맴돌기 시작한다.

관람 포인트

중앙역은 표면적으로는 문맹률이 높은 브라질의 상황을 보여주는 영화지만 글을 읽고 쓰는 문해력(Literacy)만큼 정서적 문해력, 감성 문해력(emotional literacy) 역시 중요하다는 점을 잘 보여주는 영화다. 읽고, 쓰기에 전혀 문제가 없던 도라지만 자신의 감정 상태를 표현하고 감정을 전달하는 데는 너무도 서툴렀다. 때문에 도라의 일상은 늘 지루했고, 빛을 잃었으며, 편지는 돈벌이 수단, 타인의 사연은 그저 소음으로 들릴 뿐이었다. 그러던 도라가 조슈에를 만나며 타인의 이야기들이 진심으로 들리기 시작한다. 도라의 변화는 과연 어디에서부터 시작된 것일까?

리터러시(Literacy)보다 더 중요한
정서적 해독력(Emotional Literacy): 중앙역

편지, 개인의 역사(歷史)

> "우리의 모든 자취는 역사(歷史)가 된다. 사실은 있는 그대로 존재하며 잊히지 않고 기록된 사실은 영원히 회자되기도 한다."

내가 가본 가장 좋은 역사(驛舍)는 프랑스 센 강변에 있는 오르세 미술관(Musee d'Orsay)이었다. 오르세 미술관은 1900년 세계 만국 박람회의 수요를 노리고 지은 건물로, 오를레앙 철도회사의 터미널 역이었다. 지금은 역의 기능을 잃어버리고 미술관이 된 곳. 작품들이 역사가 되고, 화가의 삶이 역사가 되어 살아있는 곳. 그곳이 오르세 미술관이다. 아직도 그 넓은 공간에서 교과서에서나 보던 인상파의 작품들을 마주했던 기억이 생생한데 벌써 십여 년이 흘렀으니 그곳도 변했을까? 내게 그 기억은 역사(歷史)가 되었지만, 미술관은 오늘도 변함없이 그 장소에서 예술품을 품은 그대로 있을 것이다. 다만 강물과 구름과 바람만 시간을 타고 흘러갔으리라.

역으로 쓰는 건물을 역사(驛舍)라 부른다. 역사(驛舍)와 역사(歷史)는 발음은 같지만 쓰임과 뜻은 다르다. 영화 〈중앙역〉을 보면서 문득 역이, 수많은 사람이 삶의 순간을 보낸 기억을 담은 채 남아있는 살아있는 역사(歷史)라는 생각에 이르렀다. 그리고 편지를 쓰는 것도 기억을 글로 남기는 역사적 행위라는 생각이 들었다. 기차역을 개조해 만든 오르세 미술관에 전시된 그림, 사진들 하나하나도 역사적 기록이듯 편지를 쓰는 행위도 기억의 날줄과 씨줄을 묶어 한 장의 글로 남긴다는 점에서 개인의 역사를 기록하는 것과 다를 바가 없다. 다만 편지는 우리가 정의하는 다수에 의한 기억과 결과물로서의 역사(歷史)가 아니라 지극히 개인적이고 은밀한 각색들로 구성되었으며 개인적 취향을 반영한다는 점에서 역사적 기록물과는 결이 다르다.

영화 〈중앙역〉의 주된 무대는 브라질의 리우데자네이루(Rio de Janeiro)의 중앙역이다. 수많은 사람이 오가므로 편지 대필 고객이 많았을 장소인 역사(驛舍)가 영화의 주된 배경인 것은 당연하겠지만, 그보단 개인의 역사(歷史)인 편지를 쓰는 장소로 역사(驛舍)를 선택했을 것이라는 영화적 배경에 대한 해

리우데자네이루 중앙역의 모습

석이 오히려 더 설득력이 있을지도 모른다. 이곳에서 글을 읽고 쓰지 못하는 사람들의 편지를 대필해 주는 직업을 가진 '도라'는 낡고 좁은 책상에 앉아 편지를 쓰며 생업을 이어간다. 문맹률이 높은 브라질에서 전직 교사였던 도라지만 사람들의 편지를 대신 써주고 부치는 것에 소명을 갖고 일하진 않는다. 글을 읽고 쓰지 못하는 사람들의 애절함은 종종 도라의 손에서 각색되고 잘려나가기 일쑤다. 게다가 그녀는 글을 쓰지 못해 편지를 부탁하는 사람들의 간절한 눈빛에 아랑곳하지 않고 대충 휘갈겨 빠르게 편지를 써 우체통이 아니라 쓰레기통에 넣어 버리고 만다. 사람들의 마음에 자리 잡은 그리움, 용서, 희망, 사랑 등 구구절절한 이야기가 담겼으나 도라가 공감하지 못한 사연들은 부치지 못한 편지가 된다. 누군가에게 하룻밤 강렬한 사랑이 역사고, 남겨진 아이가 역사고, 떠난 사람도, 모든

대필한 편지를 한낱 가십거리로 삼는 도라

것을 용서하고 사랑한다는 눈물도 역사가 되어 전달되길 간절히 원했지만, 도라 앞에선 그 아름다운 추억들도 잘못 각색된 시시한 사건들일 뿐이다. 도라가 아버지에 대한 기억을 잘못 각색해버렸듯 말이다.

나의 역사(歷史) 마주하기

여느 날처럼 편지를 대필하던 도라 앞에 남편에 대한 미움과 원망이 가득한 '아나'와 아들 '조슈에'가 나타나 '당신을 만난 걸 원망해요'라는 편지를 쓰고 돌아간다. 얼마 지나지 않아 모자는 다시 나타나 '당신을 간절히 기다리고 있고 아들이 너무 보고 싶어 한다'며 솔직한 마음이 담긴 편지를 대필해달라고 부탁한다. 그러나 그날 엄마 아나는 교통사고로 사망하게 되고 조슈에는 고아가 되어 중앙역을 떠나지 못한다. 조슈에는 엄마 편지를 돌려달라고 도라에게 울며 매달리지만 이미 쓰레기통에 버려진 편지는 찾지 못한다. 이런 안타까운 사정은 조슈에의 표정에 그대로 드러난다. 만약 도라가 그날 편지를 아버지에게 부쳐주었다면 엄마를 지킬 수 있었을까? 만약 편지 대필을 처음 부탁한 그날 엄마가 자신의 감정에 솔직했다면 교통사고를 당하지 않을 수 있었을까? 하지만 이미 그 만약은 존재하지 않는다. 엄마를 잃은 조슈에의 눈빛은 곧 슬픈 빛으로 변한다. 도라를 향한 원망, 분노도 느껴진다. 그런데도

엄마를 잃은 조슈에의 눈빛이 변한다. 엄마에게 의존하던 아이의 눈은 이제 슬픔과 원망으로 가득하다.

도라는 갈 곳이 없어 자신의 곁을 맴도는 조슈에를 인신매매단에 팔아넘기고, 그렇게 받은 대가로 리모컨 달린 TV를 장만한다. 하지만 도라는 이내 죄책감에 아이를 구출하고, 조슈에의 아버지를 찾아 수도 리우데자네이루에서 페르남부쿠로 떠나는 긴 여정을 시작한다.

그동안 도라의 일상은 어땠을까? 꿈 많던 시절은 없어졌고, 어느새 삶은 빛을 잃었으며, 타인의 이야기는 소음과 같이 들렸다. 늘 같은 장소에서 편지를 대필하는 삶은 지루했고, 편지를 부탁하는 사람들의 사정은 언제나 도라의 마음에 닿지 못했으며 그저 돈벌이의 수단이었다. 그랬던 도라가 조슈에의 아버지를 찾아주기로 결심하면서 시작된 흙먼지 폴폴날리는 브라질을 가로지르는 여정은 메마른 감성의

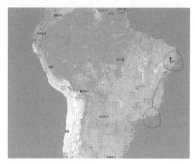

도라와 조슈에의 여정

도라에게 어린 시절 왜곡된 술주정뱅이 아버지와 마주하는 시간이 되었고, 비로소 도라도 자신의 역사를 바로 보게 되는 기회를 얻게 된다.

영화를 보면 여행을 떠나기 전의 도라와 여행을 마친 도라가 다른 사람이 되어있다는 것을 발견할 수 있다. 그 차이는 무엇일까? 무채색의 옷을 입던 도라가 파란색 원피스를 입게 된 점, 편지를 쓰레기통에 넣던 도라가 우체통으로 가지고 간 점, 무표정하게 대필하던 도라가 타인의 말에 귀 기울이게 된 점……. 이렇게 많은 변화 중 도라가 그동안 가지고 있던 왜곡된 아버지의 이미지를 다시 바로 찾게 된 것이 가장 큰 변화일 것이다. 도라는 나이가 들수록 아버지에 대한 기억을 더 불확실하게 되감으며 왜곡된 이미지를 심화시켜 이리저리 찢기고 누덕누덕 기운 모습으로 만들었다. 아버지의 모습을 목소리로, 기록으로, 사진으로 최대한 정확하게 남겨두었다 해도 도라의 저장된 기억은 사실과 다르게 엉뚱한 방향으로 흘러갔다. 삶을 지켜봐온 사람이 줄어들고 지금까지 어떻게 살았는가를 증명해 줄 사람들도 점점 주변에서 사라지면서 그

왜곡들은 점점 확신으로 변했는데 도라에게 아버지도 그랬다. 각색되어 어두운 기억 창고에 밀어 넣은 아버지는 도라에게 상처였고, 그 상처는 타인의 감정이 절절하게 녹아 있는 편지를 의미 없는 쓰레기로 만들었

우리 아빠도 좋은
면이 있었던 것 같구나

흔들리는 버스에서 눈물을 흘리며 조슈에에게
편지를 쓰는 도라

다. 그런데 조슈에와의 여행이 점점 불편하고 힘들어질수록 도라의 상처받은 어린 자아는 꿈틀거리기 시작하며 내면의 어두운 아버지를 만나기 시작한다. 마침내 어린 시절 깜깜한 밤하늘처럼 어두움 속에만 있었던 아버지가 밝은 대낮에도 자리를 지키며 희미한 빛이라도 비추는 별처럼 느껴지기 시작했다. 도라는 여행을 통해 아버지가 버린 어린 자기 자신을 만나면서 마음속 아버지의 자리도 되찾아 준다.

우리에게도 변화의 순간이 있었을까? 상실의 기억, 다이어트 경험, 원하는 학교에 들어가는 것 또는 들어가지 못한 것, 이별 또는 사랑의 기억 등. 이런 순간의 경험들은 우리를 이전과 다른 사람들로 만들기도 한다. 도라에게도 이러지도 저러지도 못했던 수많은 순간이 있었다. 인생이 꼬였고, 신경질 났고, 맥을 못 추게 끈질기게 따라다니는 조슈에까지. 그러나 그런 상황과 분리해 비로소 자신과 마주하게 되었을 때 도라의 변화는 시작되었다.

삶이 주는 변화는 어느 순간 기적적으로 시작되기도 하지만 대부분은 부정확한 삶의 단편적 기억을 바로잡기 위해 성찰하고, 그 과정에 자신을 던져 확신했던 과거를 다른 언어, 다른 삶의 모습으로 다잡는 것에서 시작된다. 도라가 아버지를 받아들이면서 변화라는 선물을 받았듯, 우리도 변화의 순간 삶의 요구를 알아차리고 그 요구에 귀를 기울여 자신을 던지는 용기가 필요할 것이다. 도라가 아버지의 의미를 새롭게 정립했듯 변화를 마주하고, 마주한 변화를 지속하기 위한 새로운 시작을 하고, 삶을 살아가기 위해 지나간 것의 의미를 돌아보는 일이 무엇보다

중요할 것이다. 그래야 또 다른 변화의 기회가 왔을 때 기쁘게 그것을 맞이하는 여유를 가질 수 있기 때문이다. 우리에겐 그저 조금씩, 그리고 부단히 완성에 이르려 노력하다 마지막이 되었을 때 미소 지을 수 있는 삶을 위해 부단히 성찰하는 삶의 자세가 필요한 것은 아닐까?

엄마와 아들처럼 다정하게 찍은 사진

　　영화 말미 도라가 보여준 변화는 참 아름답다. 조수에의 아버지는 찾지 못했지만, 이복형들을 찾아주고 안심한 도라가 조수에 몰래 새벽 버스에 올라타 떠나면서 쓴 편지에는 처음으로 도라 자신의 이야기가 들어있다. 그리고 이 편지는 꼭 보낼 거라고 약속한다. 드디어 도라도 정서적 공감의 가치, '마음으로 쓰는 편지'의 의미를 알게 된 것이다!

수업에 적용하기

영화를 보면서 여행을 하기 전의 도라와 여행을 한 후의 도라의 모습을 비교해보자.

01　여행 전의 도라와 여행 후의 도라가 보인 차이는 무엇이었는가?

02　도라를 변하게 만든 것은 무엇이었을까?

03　지금 현재 내가 만들고 싶은 변화는 무엇일까? 그것은 어떻게 만들 수 있을까?

정말 중요한 것은 정서적 문해력(Emotional Literacy)

영화 중앙역은 표면적으로는 문맹률이 높은 브라질의 상황을 보여주는 영화지만 글을 읽고 쓰는 문해력(Literacy)만큼 정서적 문해력, 감성 문해력(emotional literacy) 역시 중요하다는 점을 잘 보여주는 영화다. 전직 교사였던 도라에게 읽고, 쓰기는 전혀 문제가 되지 않았다. 그러나 자신의 감정 상태를 표현하고 감정을 전달할 수 있는 능력은 없었다. 그래서 타인의 편지를 글로 쓸 수는 있었지만, 편지를 부탁하는 사람의 정서적 상태를 인식하고 이에 반응할 수는 없었으므로 '벌 받을 거다'라는 친구의 충고 따위 아랑곳하지 않고 깔깔거리며 쓰레기통에 편지를 버린다. 버려져 부쳐지지 못한 편지들을 보면서도 죄책감은 느끼지 못했다. 그러던 도라가 영화 말미 마음을 담은 편지를 쓰고 읽을 수 있게 된 모습은 참 다행스럽다. 조슈에의 아픔과 자신의 아픔을 알아차린 도라가 서로에게 닿을 수 있고 연결될 수 있는 글을 쓰게 되면서 우리가 함께 눈물을 흘릴 수 있는 것은, 맞춤법이 틀리지 않은 편지보다 감정을 담아 공감할 수 있는 편지를 드디어 쓰게 된 도라의 아름다운 눈물에 우리가 공감할 수 있기 때문이다.

정서적 문해력은 '감정을 이해하는 능력, 다른 사람의 말을 듣고 감정에 공감하는 능력, 감정을 생산적으로 표현하는 능력'으로 구성된다. 정서적으로 글을 읽는다는 것은 감정을 다룰 수 있다는 것을 의미하는데, 이는 자신의 감정을 비롯해 타인의 감정에 공감하고 생산적인 감정으로 표현해 내는 것을 포함한다. 즉 정서적 문해력은 관계를 개선하고, 사람들 사이에서 사랑의 가능성을 창출하고, 협력을 가능하게 하며, 공동체의 관계를 촉진하기에 개인과 주변의 삶의 질을 향상시키는 방식으로 관계를 읽어내는 역량이라 할 수 있다. 때문에 성장과정에서 다양한 감정을 느끼도록 장려하고 자신의 감정을 식별하고 공감하며, 자신의 감정을 관리하는 것을 배우는 것은 무엇보다 중요한 일이 된다.

정서적 문해력은 타인을 대하는 자세부터 사회적 기술 및 성과에 이르기까지 모든 것에 영향을 미친다. 영화 속 도라와 같이 자신과 다른 사람의 감정을 이해하지 못하며, 다른 사람과 상호작용하고 배려하며 이해하는 일에 소극적인 사람은 무엇보다 타인을 배려하고, 이해하며 행동하는 것을 익히고 감정적으로 상호작용하는 것을 익히는 데 적극적일 필요가 있다. 하늘의 구름처럼 사람의 감정 상태는 결국 지나가지만 잘 닦인 새로운 감정의 길은 우리의 삶을 아름답게 바꿀 것이 분명하기 때문이다.

치유된 감정을 갖게 된 도라 역시 새벽 버스를 타고 조슈에게 편지를 쓴다. 그 편지는 자기 자신을 사랑하게 된 도라가 자신에게 보내는 편지이기도 했다. 스스로의 삶에 갇혀 살던 도라가 타인의 정서를 읽게 되면서 쓴 편지에는 이제 삶이 녹아 있다. 눈물도, 용기도, 배려도, 존중도 회복성도 보인다. 이 얼마나 아름다운 변화인가!

수업에 적용하기

01 도라의 '마음으로 쓴 편지'와 같은 편지를 주거나 받아본 경험이 있었는가? 지금 그런 편지를 쓴다면 누구에게 어떤 내용을 쓰고 싶은가?

02 다른 사람의 정서를 읽는다는 것은 글을 읽고 쓰는 것과 어떤 점에서 비슷하고, 어떤 점에서 다를까?

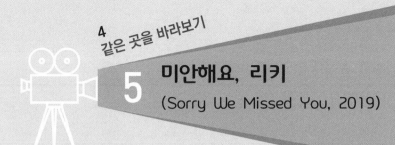

5 미안해요, 리키
(Sorry We Missed You, 2019)

제 작 국: 영국, 프랑스, 벨기에
상영등급: 12세 이상 관람가
상영시간: 101분
감   독: 켄 로치
출   연: 크리스 히친(리키 터너), 데비 허니우드(애비 터너)

줄거리

2008년 세계 금융 위기 여파로 노던록 은행이 파산하면서 건축회사를 다니던 리키는 실업자가 되고, 대출 불가로 주택을 소유하지 못하게 되면서 삶이 흔들리게 된다. 이후 리키는 택배노동자로, 아내 애비는 요양보호사로 매일 열심히 살아가지만 벗어날 수 없는 현실을 마주하게 된다.

관람 포인트

'미안해요, 리키'는 택배노동자 가족의 삶을 조명하면서 우리 사회가 안고 있는 부조리함, 빠르게 변하는 세상에서 해결되지 않고 더 벌어지기만 하는 소득 격차에 대한 그림자를 드러내는 영화다. 2020년 시작된 COVID-19은 사회의 부당함을 비롯한 어두운 그림자를 하나 둘 수면 위로 떠오르게 만들었다. 현재도 우린 언택트(Untact) 시대를 살며 '어느 택배기사의 안타까운 죽음'을 신문 기사로 자주 마주하곤 한다. 이런 현실에서 영화를 통해 어둡고 길게 드리운 사회의 그림자를 마주해 보는 것은 어떨까? 아무리 열심히 살아도 이 사회 시스템에서는 일어설 기회가 없다면 우리는 어떤 공동체적 관점을 가져야 조금 더 나은 공동체를 만들 수 있을까?

누가 우리의 이웃인가?
미안해요, 리키

더 나은 세상에 대한 고민

⟨기생충⟩과 함께 제72회 칸 영화제(2019) 황금종려상 경쟁 후보작이었던 ⟨미안해요, 리키⟩의 감독은 켄 로치다. 2016년 황금종려상 수상작 ⟨나, 다니엘 블레이크⟩로 유명한 그는 수상 후 "우리는 희망의 메시지를 사람들에게 보여줘야 한다. 다른 세상이 가능하다고 말해야 한다."라고 가슴 뭉클한 수상 소감을 전하며 박수갈채를 받았다. 또한 앞서 진행된 기자회견에서 "사람들에게 '가난은 너의 잘못이다'라고 말하는 우리의 잔인함이 문제다."라는 날선 비판으로 세간의 주목을 받기도 했다.[1] 이처럼 켄 로치 감독은 영화를 통해 사회의 불편함과 부조리함을 드러내며 약자들 편에서 관찰자로, 때론 대변자로 세상을 향한 일침을 가하는 감독으로 유명하다. 그의 영화 속 주인공들은 알코올 중독자, 노동자 계급의 청년문제를 드러내는 혁명전사, 빈곤의 악순환의 고리를 끊지 못하는 이민자들로 그들의 그늘진 일상 문제는 영국을 넘어 전 세계적인 관심사가 되고 있다. 그래서 사람들은 그를 '세계의 빠른 변화를 영화에 담으며 우리가 다 마주하지 못하지만 더욱 다양해진 소외계층의 모습을 영화에 담아내는 리얼리즘 영화의 진정한 이야기꾼'이라 소개한다.[2] ⟨나, 다니엘 블레이크⟩에선 약자와 소외계층의 안전망이 되어야 하는 복지정책이 운영자 위주의 효율성을 강조하는 시스템으로 전락한 현실

을 사실적으로 보여주면서 누가 국가의 주인이며, 누구를 위해 시스템이 존재하는지, 그리고 누가 진짜 이웃인지 우리에게 질문한다. 켄 로치 감독은 이렇게 영화로 세상에 혼자 남겨진, 우리가 미처 보지 못한 어려운 이웃의 삶을 드러내며 더 나은 세상에 대해 질문한다.

리키의 선택, Gig Economy

가족을 책임지는 가장 '리키'와 '애비' 부부는 자녀들에게 더 나은 환경을 주고자 성실하게 일한다. 리키는 안정적인 가족의 삶을 위해 택배노동자의 삶을 선택하는데 그의 바람과는 달리 소박한 행복을 누리는 것조차 힘겨운 날들을 보내게 된다. 그 배경에는 사회 구조적으로 새롭게 등장한 '독립형 일자리 경제'를 뜻하는 긱 이코노미(Gig Economy)가

가족의 생계를 위해 택배노동자를 선택하는 리키

있다. 긱 이코노미는 정규직이 아니라 필요에 따라 사용자와 노동자가 플랫폼 서비스를 통해 연결되는 새로운 노동 문화를 뜻하는데 기업이 사람이 필요할 때마다 계약직 혹은 임시직으로 사람을 고용하는 경향성을 일컫는 경제용어다. 여기서 긱(gig)은 일시적인 일을 뜻하며, 1920년대 미국 재즈클럽에서 단기적으로 섭외한 연주자를 '긱'이라고 부른 데서 유래했다.[3] 프리랜서, 아르바이트와 같이 이해되는 긱 이코노미 노동자는 정규직을 뽑는 고용시장이 점점 줄어들고 플랫폼 시장이 발전하면서 새롭게 부상한 직업군인데 기술이 발전하면서 기업의 요구에 맞는 노동자를 연결해주는 플랫폼들이 더욱 정교하게 되었고, '공유 경제'로 일컬어온 새로운 경제 방식이 보편화되면서 플랫폼 노동자는 더욱 가파르게 증가했다. '독립형 일자리 경제'를 뜻하는 이 새로운 개념의 노동

문화에서 기업은 정규직을 채용하지 않고도 외주 업체를 고용함으로 특정 프로젝트에 맞는 전문 인력을 쓸 수 있다는 이점을 누리게 된다. 또한 고정된 일자리를 찾지 못하는 노동자들은 자신의 노동력을 다양한 사용자에게 제공하면서 유연한 근무 시간과 N잡(일을 N개 이상 하는 것)으로 인한 추가 소득을 얻을 수 있는 이점을 갖는다.[4] 하지만 긱 노동자들은 대부분 임시직이기 때문에 수입이 불안정하고, 기업이 필요할 때만 직원을 고용해 정규직보다는 계약직이나 프리랜서로 채용된다. 플랫폼 노동자들의 일부는 노동시간과 최저임금 등 최소한의 복지를 보장받지 못하는 사람들로 채워지면서 현재 긱 이코노미에서 취약한 노동시장의 문제가 더욱 부각되고 있다.[5]

영화는 이런 생산 구조의 변화가 어떻게 삶에 영향을 미치고, 인간 관계에 투영되는지, 비정규직이 갖는 차별적 요소들이 무엇인지를 드러낸다. 이러한 예를 단적으로 보여주는 장면이 택배회사를 선택할 때 나눈 상사 멀로니와의 대화다.

> "당신은 우리를 위해 일하는 게 아니라, 우리와 함께 일하는 겁니다."
> "결정하면 알려줘요. 모든 게 본인 선택이니까."
>
> - 리키의 상사 멀로니의 대사

처음에 리키는 일한 만큼 돈을 벌 수 있는 택배노동자를 선택한 자신의 선택으로 가족이 좀 더 나은 삶을 살 수 있을 것이며 자신만 열심히 일을 한다면 빚도 갚고 단란했던 가족의 예전 모습으로 돌아갈 수 있을 것으로 기대한다. 그러나 영화는 프리랜서의 매력보단 복지와 위험, 생명권까지 외주화하는 긱 이코노미의 불합리함을 절절하게 보여준다. 이런 삶은 외주 업체에 고용된 요양보호사 애비의 삶에서도 드러난다. 삶과 일 사이의 그 어떤 선택권 없이 균형도 맞출 수 없는 현실은 영화의 마지막 "아들, 나 일하러 가야 해. 선택의 여지가 없어."라는 대사에서 절정으로 치닫는다.

　사실 영화와 같은 긱 이코노미 시스템은 우리 사회 전반에서 어렵지 않게 발견할 수 있다. 아마존은 총알 배송 서비스를 제공하면서 개인 차량을 소유한 일반인들을 배송요원으로 활용하는 '아마존 플렉스' 서비스를 선보였으며, 우리나라에서도 도보로, 자전거로 또 전동킥보드로 배달 아르바이트를 할 수 있다. '샛별배송', '새벽배송', '당일배송' 등 다양한 업체의 배송 전쟁은 신속성 경쟁으로 소비자의 편리함을 부각시킨다. 그러나 긱 이코노미 경제에서 은퇴자들이나 경력단절자, 전업주부와 같은 유휴 노동인구가 노동시장으로 진입할 수 있다는 장점 이면에는 치열해진 배송 시장의 경쟁들이 숨어들어 배송을 전담하는 사람들의 위험, 복지, 생명권을 위협한다. 이런 배송 전쟁에서 사회안전망의 부실함은 어느 택배기사의 죽음으로 계속 이어지고 있다. 2020년 COVID-19 사태로 배송 물량이 늘어나면서 과로사 추정 등으로 택배노동자 13명이 목숨을 잃었다. 이를 해결하기 위해 꾸려진 택배노동자 대책위원회는 하루 200~400여 건을 배송한 "숨진 노동자의 근무 상황을 살펴보니 장시간 노동에 시달려온 것으로 나타난다"며 "그의 죽음은 명백한 과로사이며, 택배업계의 고질적인 장시간 노동이 부른 안타까운 사건"이라고 설명한다.6 이러한 현실을 영화는 화장실 갈 시간도 용납하지 않는 '배송 위치 추적 기술'과 개인 사업자로 분류되어 배송에 문제가 생길 시 기사가 책임을 져야 하는 불합리함, 과도한 시간, 강도 높은 노동으로 빚어진 건강상의 문제, 정량화할 수 있는 고객의 만족도를 충족시키기 위해 희생되는 노동자의 모습으로 보여준다. 영화는 비용 최적화 관리 시스템에서 살아남아야 하는 파트타임, 제로아워 계약으로 일하는 긱 이코노미 노동자의 복지는 누구의 책임도 아니라는 것을 드러낸다. 불합리한 노동구조는 노동자 개인의 착취를 넘어 가족의 삶에도 영향을 미치고, 사회에까지 투영된다. 리키와 애비가 반복되는 12－14시간 노동으로 지쳐가는 동안 자녀 '세브'와 '리사'는 무방비하게 방치되며 10대 아들 세브는 미래의 희망을 부정하는 'N포세대'7 청년이 되어가고, 한참 돌봄을 받아야 하는 막내 리사는 빠르게 어른이 된다.

영화의 원제는 'Sorry We Missed You'로 수취인 부재중 택배 도착을 알리는 스티커 메모지의 문구다. 영화에선 본래의 기능인 부재중 메시지를 적는 용도로 사용되기보단 자신의 부재를 허용하지 않는 리키를 보여주는 장치로 사용된다. 성실한 노동으로는 빈곤에서 헤어 나오지 못하는 가족의 삶, 택배노동자와 요양보호사로 매일 열심히 살아가지만 여유를 경험할 수 없는 현실, 현실의 늪에서 부모를 꺼내기 위해 발버둥 치지만 가난이 자녀들까지 끌고 들어가는 좌절스러운 가족의 미래에서 리키는 부재를 허락할 수 없다. 성실하게 일하는 리키의 가족이 행복할 시간이 없는 이유는 무엇일까? 현재 사회 시스템이 놓치고 있는 것은 무엇일까? 켄 로치 감독은 이제 '이 시스템은 지속 가능한가'에 대한 질문을 던져야 할 때라고 말한다.8 현재의 지속할 수 없는 시스템을 개선하는 일은 리키의 가족 이야기가 곧 '내 이야기'라 생각하며 시스템을 개선하기 위한 작은 노력에서 시작될 것이다. 이 작은 변화가 연대할 때 세상을 움직일 힘이 될 수 있다.

세브의 선택, 공부는 해서 뭐해?

한국 젊은이들은 치열한 대입 경쟁에서 살아남더라도 평생 좋은 직장이 보장되지 않는 불확실한 미래를 걱정한다. 아들 세브 역시 공부를 열심히 해서 대학에 가더라도 등록금을 빚지게 되고 직장을 얻어도 주말에는 현실을 비관해 술이나 먹고 있는 주변인의 모습을 보며 자신의 현실을 부정한다. 생업이 바쁜 리키는 학령기 자녀를 돌볼 시간적 여유가 없다. 정학 위기에 놓인 아들 세브의 상담을 위해 리키는 일을 마치고 학교로 부랴부랴 갔지만 세브의 정학 문제는 상담하지도 못하고 집으로 돌아오게 되고 온라인 학습을 하며 자숙하라는 통지를 받는다. 그러나 아들은 컴퓨터도 없고, 온라인 학습을 하지 않을 것이 분명하다. 이런 아들의 정학을 결정한 학교에 대한 분노는 고스란히 애비에게 쏟아낸다. 현재 COVID-19 상황도 이와 다르지 않다. 돌봄의 사각지대에 있는 아이들에게 온라인 학습을 스스로 알아서 잘하길 기대할 수 없듯 리키에게 세브의 뒷바라지는 언제나 '마른하늘에 날벼락' 같이 힘겹다. 리키와 애비가 하루 12-14시간 노동으로 지쳐가는 동안 10대 아들 세브에겐 미래의 희망이 사라진다.

"네가 왜 이러는지 진짜 모르겠다. 너 똑똑한 아이야. 리자처럼 성적도 우수했잖아. 왜 이러는 거야? 너한테 선택권을 주란 말이야"

세브는 이미 '사회는 쉽게 변하지 않는다'는 것을 터득한 아이다. 그리고 을이 을의 환경을 벗어나기란 어렵고, 을을 위해 움직이는 사회가 아니라는 것도 알고 있다. 이미 갑은 강해질 대로 강해져 있고, 갑은 자신의 것을 을을 위해 내주지 않는다는 것도, 사회계층구조가 변할 수 없다는 것도 잘 알고 있다. "끈기가 없다고요? 끈기 없이 자기소개서 100장 쓸 수 있나요?", "놀러 다닐 생각만 한다고요? 모아 봤자 푼돈이라 현재에 충실할 수밖에요.", "어른들은 우리가 한 우물을 파지 못한다고 생각하는 것 같아요. '평생 직장'이 무의미해진 시대라는데 여러 경험을 하고 자신에게 맞는 일을 찾는 게 우리 세대 생존법입니다."[9]라고 말하는 젊은이들은 'N포세대'로 지칭되는 것을 불편해한다. 무기력하고 포기하는 생존법이 세브에게도 점점 익숙해져 간다. 계란으로 바위를 치지만 결국 힘없는 계란이 먼저 깨지기 마련이며 이런 사회 구조의 모순을 너무나 잘 아는 세브에게 고등학교 졸업장의 의미는 퇴색되고, 세브는 사회의 부조리함을 근거로 아버지 리키와 대치하게 된다. 그리고 그 반항의 결과로 학교 부적응 행동을 보이고 그래피티에 빠진다. 아마도 세브에게 그래피티는 어쩌면 삶의 돌파구였을 것이며, 자신의 울분을 토하고 싸버리는 배설창구였을 것이다. 이런 세브에게 우린 어떤 삶을 선택하라고 조언할 수 있을까? 영화에서와 같이 이렇게 모순된 사회의 구조와 시스템의 문제를 힘없는 개인이 바꿀 수 있는가에 대한 답을 명확하게 하기란 쉽지 않아 보인다.

예술과 반항의 경계는 누가 긋는 것일까?

그래피티는 순응과 반항의 경계에 선 위태로움이다. 세브가 그래피티에 빠지게 된 이유도 반항의 표시였을 것이다. 허락을 받지 않은 공원의 광고판에 훔친 락카페인트로 그린 그래피티는 세브의 내면을 보여준다. '내가 갖지도 못할 물건을 광고하는 광고판'에는 언제나 가난한 자들은 소유할 수 없는, 특정인을 위한 역할에 충실한 고가의 물건들이 광고되고 있다. 이 광고판에 세브는 '하고 싶은 말이 많아 보이는 길게 나온 혀에서 튀어나온 물음표'를 그리고 도망친다. 이 물음표는 무엇을 의미하고 있을까? 아마도 이 사회가 누구를 위해 존재하는지 묻는 세브의 사회를 향한 외침이라 할 수 있을 것이다. 세브의 말처럼 그가 마약을 파는 것도 아니고 대단한 것을 훔치는 것도 아니고, 단지 프랜차이즈점에서 락카페인트를 훔칠 뿐이다. 그러나 공격적이지 않은 그의 행동들은 세브의 생각과는 달리 가족의 평화를 흔드는 주요 문제가 된다. 왜 세브는 공공의 재산이나 사유 재산을 고의적으로 파괴하거나 해를 끼치는 반달리즘(vandalism)적 행위를 즐기는 것일까? 세브는 왜 가족의 평화를 흔들면서까지 그래피티에 빠지게 된 것일까?

그래피티는 '글에 새기다'라는 뜻을 가진, 최소한의 선으로 최대한의 효과를 나타내는 특징을 가진 예술을 일컫는 용어다. 그래피티는 크게 '벽화'와 몰래 벽에 자신의 이름을 남기고 도망가는 '태깅(tagging)'으로 구분되는데 벽의 주인에게 허락을 안 받은 대부분의 그래피티는 다 불법이다. 그래서 그래피티는 1960년대 저항문화의 상징이라거나 낙후된 도시에 문화적 활력을 부여하는 거리예술로 환영받기보다 아마추어들의 한물간 퇴행미술이나 거리를 더럽히는 범죄행위로 취급되었고, 아무 곳에나 자신의 영역을 표시하는 서명 같은 낙서를 그려놓고 달아나면서 환영받지 못했다. 미국에서는 가난한 사람들이 살면서 그래피티가 많이 그려진 지역 도시들은 슬럼화되기도 하므로 그려지고 나서 곧 지워지거나 변형되는 그래피티 예술가들의 거리미술은 표면적으로는 예술의 형태를 하고 있으나 그 의도나 동기가 상대방의 재산권을 침해하고 공동체의 동의를 수반하지 않기에 위해를 끼치는 행위로 분류되기도 한다. 이렇게 그래피티는 표현의 자유에서의 예술과 범죄의 경계를 넘나든다. 세브도 친구들과 그래피티를 몰래 그리고 자신의 작가 필명을 의미하는 오리와 'OBK'를 그리고 도망친다.

그렇다고 모든 그래피티가 사회에서 환영받지 못하는 것은 아니다. 15억짜리 스텐실 작품이 낙찰된 순간 파쇄되는 퍼포먼스로 유명한 얼굴 없는 거리화가 '뱅크시'는 '예술은 불안한 자들을 편안하게, 편안한 자들을 불안하게 해야' 한다고 말한다. 뱅크시의 작품은 그가 자본주의 체제·권력을 비판할수록 작품 값이 오르게 되는데 그의 벽화가 그려진 영국 브리스틀시의 거리는 유명한 관광지가 되었고, 권력자들을 향해 날선 비판을 하면 할수록 더욱 유명해졌다는 아이러니한 상황은 자본주의 사회에서 모순적 상황을 잘 드러내는 예이다.10 밤에 몰래 그림을 그리고 도망다녔던 태깅 문화에 빠져 그래피티를 시작했지만, 지금은 정식으로 의뢰

'사랑은 휴지통에'(Love is in the Bin)
- 뱅크시11

를 받고 그림을 그려서 보는 사람으로부터 좋은 피드백을 받는 걸 더 즐긴다는 '제우스'나 '로얄독', '바스키아' 등 유명한 그래피티 작가들은 결국 저항에서 시작했지만 주류 문화에 편입되는 순서를 밟기도 한다. 미국 LA 컨테이너 야드(Container Yard)에 '꽃이 피었습니다'를 그린 로얄독, 심찬양 작가의 작품들은 모두 대중의 공감을 얻은 작품이 되어가면서 예술로 발전했다. 그런가 하면 그래피티를 예술로 승화시켰다는 평을 받는 제우스 역시 '제우스라는 이름을 도시에 각인시켜야겠다'고 말하며 낙서쯤으로만 치부하고 반달리즘이라 욕하던 그래피티를 예술로 여기는 사람들이 생겨나도록 대중적 사랑을 받는 거리미술을 그리고 있다.

> "스트리트 아트도 이제 정말 '아트'가 됐어요. 예술은 우리가 살고 있는 세계에서 뒤처지지도 않아야 하지만 또 너무 앞서서도 안 된다고 생각해요. 아주 '살짝'만 앞서 세상과 함께 돌아가야 한다고요."12

이처럼 예술적 그래피티가 있음에도 불구하고 불법성에 대한 토론은 근 30여 년간 지속되어 오고 있다. '안티반달리즘'이란 표현이 말해주듯 뉴욕시는 그래피티를 파괴 혹은 범죄 행위로 규정하지만 그래피티 작가들은 아름다움을 추구하는 예술로 인식하며 상반된 입장을 보인다.

미리 타깃을 설정하고 도망칠 루트 역시 확보한 뒤 그래피티 작업을 하는 그래피티 작가들에게[13] 저항성과 은둔을 잃은 '위대한 낙서(The Great Graffiti)'는 진정한 그래피티로 거듭났는가에 대한 물음을 던지는데, '그래피티가 그래피티 답다'는 것이 세브처럼 사회에 저항하고 태깅하는 것만을 의미하는 것인지 진지한 고민이 필요하다.

사회로부터 인정받지 못하는 예술의 공공성 논쟁은 우리나라에서 독일로부터 기증받아 서울 청계천에 설치된 베를린장벽에 그래피티를 그린 사례에서도 볼 수 있다. 서울 중구 청계천로의 베를린광장에는 베를린시가 통일을 염원하며 2005년 서울시에 기증한 베를린장벽 일부가 원형 그대로 전시돼 있었다. 그런데 독일 분단 당시의 낙서와 장벽 표면이 원형대로 보이던 청계천 베를린장벽 양쪽에 '히드아이즈'라는 필명으로 알려진 정모씨가 "분단국가인 대한민국 미래를 위한 메시지"라며 그래피티를 몰래 그리는 일이 발생한다. 그는 "태극 문양을 중심으로 예술 패턴이 조화롭게 이뤄졌다"는 설명을 했지만 이를 두고 온라인상에선 문화재 훼손일 뿐 예술로 볼 수 없다는 비판이 이어졌고 청와대 국민청원 게시판에는 그린 사람을 조사해달라는 국민 청원까지 올라오는 등 논란이 되고 있다.[14]

세브 역시 친구들과 같이하는 그래피티 작업을 좋아하며 법을 어겨 경찰서에 가고, 고어텍스 점퍼를 팔아 락카를 구입하고, 훔치기까지 한다. 그의 그런 행동이 예술로 승화되며 사회에서 포용될 수 있을까? 세브에게 그래피티는 어떤 의미일까?

수업에 적용하기

01 세브에게 그래피티는 어떤 의미일까?

02 유명한 그래피티 작가들의 작품을 찾아보자. 그래피티는 예술일까 아니면 공공물 훼손일까?

5

나로 살아가기

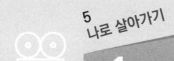

1 씨 인사이드(The Sea inside, 2004)

제 작 국: 스페인, 프랑스, 이탈리아
상영등급: 15세 이상 관람가
상영시간: 125분
감   독: 알레한드로 아메나바르
출   연: 하비에르 바르뎀(라몬 삼페드로), 벨렌 루에다(줄리아)

줄거리 ◎

26년 전, 물이 빠진 바다에서 다이빙을 한 후 전신 마비자가 된 라몬 삼페드로. 그는 19살에 이미 엔진 기술자로 전 세계를 여행한 누구보다 자유로운 존재였다. 음식을 먹는 것부터, 용변을 보는 것까지 모든 활동에 도움을 받아야 하는 전신 마비 환자의 삶을 마감하고 싶지만, 스페인 법정은 안락사를 허용하지 않는다. 누군가의 도움이 없이는 자신의 삶을 마감할 수도 없는 라몬 삼페드로는 스페인 정부에 안락사를 허용해 달라는 재판을 신청한다.

관람 포인트 🎬

우리는 어떤 문제를 막연한 대상에 관한 문제로 판단할 때는 인간존중이나 사회적 행복 등의 일반적 가치에 따라 판단해야 한다고 한다. 하지만, 그 문제가 자신의 문제가 되었을 때는 자신의 입장과 상황이 모든 옳음의 기준이 된다. 누군가의 삶의 선택이 보편적 가치에 부합하지 않는다고 그 사람의 선택이 잘못되었다 할 수 있을까? 누구보다 자유로웠던 한 인간이 자신의 존엄을 위해 죽음을 선택하려고 하고 있다. 그는 자신의 선택으로 안락사를 주장한다.

삶은 권리인가? 의무인가?
씨 인사이드

안락사1, 권리가 될 수 있는가?

이 세상에 존재하는 사람 누구도 자신의 출생을 의지로 선택한 사람은 없다. 하지만 죽음은? 죽음을 선택할 권리가 인간에게 있는가? 없는가?

종교적 세계관에 따르면 인간은 삶을 선택할 수 없는 것처럼, 죽음도 선택할 수 없다. 하지만, 어떤 이는 인간의 존엄은 자신의 삶을 선택할 수 있는 권리에 있으며, 죽음을 선택할 수 있는 가능성이 있는 한, 죽음 역시 인간의 삶의 한 권리라고 주장하기도 한다.

영화는 스페인의 선원이자 작가인 삼 페드로의 실제 이야기를 바탕으로 한다. 감독은 32세의 나이에 자신의 존엄을 위해 죽음을 갈망하는 라몬 삼페드로의 투쟁을 진지하게 담아냈다. 주인공 하비에르 바르뎀은 아무것도 할 수 없는 처지의 인간이 마지막 존엄을 지키려는 모습을 선명하게 제시한다. 영화가 끝난 후 한동안, 하비에르 바르뎀이 연기한 라몬 삼페드로의 자유를 갈망하는 묘한 표정이 잊혀지지 않았다. 막연하게 물었을 때, 안락사를 찬성하는 사람은 많지 않았다. 영화를 통해 라몬 삼페드로의 선택이 정당한지를 물었을 때, 그의 선택이 정당하지 않다고 말한 사람도 많지 않았다.

죽음은 우리의 문제이다. 하지만, 정말 중요한 죽음은 나의 문제이다. 인간은 어떤 경우에도 존엄을 잃지 않으며, 누구로부터도 침해받지 않는다. 이것이 우리가 알고 있는 인권의 특성인 항구성과 불가침성이다. 문제는 라몬 삼페드로와 같은 상황에서 인간다움을 지키기 위한 죽음의 선택을 '인권의 침해로 볼 것인가? 인간 존엄의 실현으로 볼 것인가?'이다.

영화에서 가족들은 라몬 삼페드로에게 매우 헌신적이다. 형은 동생을 위해 도시로 나가지 않고 시골에서 농장을 운영하고 지내며, 그의 형수 마누엘라는 결혼 후 시동생을 26년이나 돌보고 있다. 그의 아버지와 조카 하비도 그를 돕는다. 26년의 시간 동안, 그는 자신의 형수와 어린 조카에게 밥을 먹는 것부터 용변을 처리하는 일까지, 모든 순간을 의존해야 했다.

만약, 나라면 어땠을까?

아무리 가족이라고 해도, 몇십 년 동안 지속적으로 의존해야 한다면? 도움을 받을 때마다 미안한 마음이 한없이 커지지는 않았을까? 무엇보다 고통스러운 것은 자신이 회복될 가능성 없이, 그 무료하고 미안하며 민망한 삶을 한없이 견뎌야 한다는 것이다. 그는 자신이 좋아하는 바그너의 음악조차 자신이 선택하여 듣지 못한다.

"모든 일을 누군가에게 의존해야 한다면, 자신의 사생활을 잃어버린다." 이 사실의 의미를 제대로 알지 못하는 사람들은, 쉽게 이야기 할수 있다. "누구나 상황에 따라 민망한 도움을 받을 수 있다. 누구나 그럴 수 있는 것이니, 크게 마음 쓸 일이 아니다."

라몬은 그렇게 말하는 사람들에게 이야기할 것이다. "당신의 모든 사생활이 모두 공개되고, 그 삶이 죽을 때까지 계속 반복된다고 해도, 그런 상황이 마음 쓸 일이 되지 않을 수 있을까요?"

라몬 삼페드로가 누워있는 모습을 사실적으로 보여주고 있다.

영화 속에서 라몬 삼페드로는 변호사인 줄리에게 옆에 가까이 와도 자신은 아무것도 하지 못하니 안심해도 된다고 농담을 한다. 그를 위한 변호를 담당할 줄리와 이야기를 나누며 마음을 열지만, 그는 줄리가 의식을 잃고 쓰러진 위급한 순간에도 어디에 있는지

모를 형수를 힘없는 목소리로 부르는 것 말고는 할 수 있는 일이 없다.

인간은 누구나 한계를 느낀다. 그것은 장애가 있는 사람이나, 없는 사람이나 같다. "당신이 절망하는 것만큼, 다른 사람들도 절망하며 살아간다. 당신만 절망하고 못하는 일이 있는 것이 아니니 참고 견디면 언젠가 희망이 올 것이다." 우리가 흔히 하는 충고는 라몬 삼페드로에게 의미가 없다.

라몬 삼페드로를 찾아온 로사가 어떤 상황이든 살아갈 가치가 있다고 이야기하고 있다.

영화 속 라몬 삼페드로는 일반적인 인간의 삶을 대표하지 않는다. 그는 자신이 느끼는 절망을 이야기하며 자신의 삶 속에서, 자신의 존엄을 지킬 수 없음을 이야기한다.

줄리와의 대화를 통해 그는 사지 마비가 된 그의 절망을 이야기 한다. 줄리가 그의 이야기를 사지 마비 모든 환자의 이야기로 생각하자, 그는 단호하게 말한다. "전 지금, 제 이야기를 하고 있는 거라고요. 라몬 삼페드로!"

그는 철저하게 자신의 실존의 의미를 실현하기 위해 죽음을 결단한 것이다. 사지 마비 환자 모두에게 안락사를 허용하라는 것이 아니라 자신, 라몬 삼페드로에게 자신의 존엄을 지킬 자유를 달라고 법에 호소하는 것이다.

그를 돕는 클라라 시쿠라는 이렇게 이야기한다. "우리가 돕는 건 자유예요. 살고자 원하는 사람에게는 살고자 하는 자유, 그리고 죽고자 원하는 사람들에게는 죽음의 자유요."

라몬 삼페드로가 자신의 선택이 사지 마비 환자를 대표하지 않는다고 말하고 있다.

사람들이 새로운 도구들을 소개하며 라몬 삼페드로에게 희망을 가질 것을 제안한다. 하지만, 그는 단호하다. "휠체어를 받아들이는 것은 한때 누렸던 내 자유의 빵 부스러기를 받아들이는 것과 마찬가지입니다."

어떤 이는, 라몬 삼페드로가 너무 오만하다고 생각할 것이다. 하지만 그가 원하는 것은, 빵 부스러기 같은 라몬 삼페드로의 삶이 아니라, 온전한 라몬 삼페드로의 삶인 것이다.

왜, 라몬 삼페드로에게 그가 그토록 원하는 죽음의 자유를 허용하지 못하는 것일까?

영화 속 가족 중에서 그의 죽음에 대해 가장 크게 반대하는 그의 형은 자신의 집에서는 절대, 사람이 죽도록 허용하는 일은 없을 것이라고 이야기한다. 영화에서 제시되는 형의 진심은 무엇일까? 어떻게든 동생이 살아가도록 하고 싶은 것일까? 아니면 라몬 삼페드로가 제시한 것처럼, 자신의 양심을 지키겠다는 이기적인 마음일까?

자신과 직접적인 관계가 없는 상태에서 안락사나 존엄사를 반대하는 사람들의 심리는 무엇일까? 형의 심리처럼, 인간의 생명을 인위적으로 훼손하는 것에 대한 부담감 때문에 안락사를 희망하는 사람들의 상황을 외면하는 것은 아닐까? 물론 영화 속 형의 마음을 무엇이라고 단정하기는 어렵다.

하지만, 우리는 무엇을 찬성하거나, 반대하는 마음이 어디에서 시작하는지 돌아볼 수 있다. 좋은 사람으로 인정받고 싶은 마음, 불편한 감정이나 상황을 피하고 싶은 마음이 우리의 도덕적 판단의 근거는 아닐까?

영화에서 그는 삶의 의미를 찾을 수 없다고 말하며 죽음을 선택하고 싶다고 한다. 하지만 사람들은 그의 죽음이 전염될 것이라고 염려하며 그의 요청을 수용하지 않는다.

안락사를 반대하는 가장 큰 이유는 사회적 차원에서 생명을 경시하는 풍조가 강해질 수 있기 때문이다. 안락사가 허용된다면, 사람들은 자신 생명을 쉽게 포기할 것이다. 또한 안락사가 인간의 존엄을 지키기 위한 연명 치료의 중단이 아니라, 경제적 어려움이나 가족의 압박에 대한 도피처로 선택되는 상황이 발생할 수도 있을 것이다. 이런 상황은 심각한 문제가 될 것이다.

한 인간의 선택과 행동은 철저하게 개인적이면서, 동시에 사회적이다. 라몬 삼페드로의 삶을 통해 우리는 라몬 삼페드로의 입장에서 안락사가 철저하게 개인적인 선택임을 이해하지만, 사회적 허용이 쉽지 않은 배경도 이해할 수 있다.

수업에 적용하기

01 라몬 삼페드로의 선택을 지지하는가? 그 이유는 무엇인가?

02 라몬 삼페드로의 선택을 법적으로 허용한다면 어떤 문제가 발생할까?

03 인간에게는 죽음을 선택할 권리가 있을까?

04 라몬 삼페드로가 선택한 죽음과 자살은 같은가? 다른가?

나도 모르게 누군가에게 생채기를 내었다.

영화 속 라몬 삼페드로의 조카 하바는 전형적인 사춘기 소년이다. 축구를 좋아하고, 어른들의 부족을 답답해하며, 자신이 원하는 것을 다른 사람에 대한 배려 없이 채운다. 바그너 음악을 듣고 싶어 하는 라몬 삼페드로의 방에서 축구 방송을 틀고 할아버지를 비난한다. 하바가 무심코 내뱉은 한마디의 말에 라몬 삼페드로는 절망에 빠진다. "언젠가 너는 네가 한 말에 대해 알게 될 거야. 그때에 네가 그렇게 말한 것에 대해 정말 많이 후회하게 될 거다. 그때가 되면 아마 쥐구멍에라도 들어가고 싶을걸."

우리는 삶에서 라몬 삼페드로의 모습이 아니라 하바의 모습일 때가 많다. 우리는 하고 싶은 것을 하고, 싫은 것을 거부한다. 그것이 순간순간 자신이 느끼고 생각하는 것에 대한 솔직하고 당당한 표현이라고 말한다. 그 문제가 온전하게 자신의 문제로 한정된다면 그것은 타당하다. 하지만 영화는 우리가 조금 더 성숙해야 하는 이유를 설명한다.

신체가 불편한 사람이 들을 수 있는 상황에서 "나는 신체가 불편해지면 차라리 죽을 거야."라고 말한다면, 그것이 자신의 생각에 대한 당당한 의사 표현이 될 수 있을까? 이런 극단적인 상황은 아니지만, 우리는 유사한 실수를 많이 한다.

영화를 보며, 학생들과 하바와 같은 실수를 했던 경험을 생각해 보고, 그러한 실수를 하지 않을 수 있는 방법을 탐색해 보는 것은 공감 능력과 배려심을 기르는 과정이 될 수 있다. 성숙한 인격이란, 훌륭한 인간이란, 진정한 배려란 결국 주변의 사람들에 대한 따뜻한 관심과 세심한 관찰이 있어야 가능한 일이다.

그 때에 네가 그렇게 말한 것에 대해, 정말 많이 후회하게 될거야. 아마 쥐구멍에라도 들어가고 싶을걸?

하바가 무심코 한 말에 대해 라몬 삼페드로가 진지하게 이야기하고 있다.

수업에 적용하기

01 "내가 했던 말이나 행동이, 누군가에 큰 상처를 주었다는 것을 알게 된 순간, 난 미안함과 부끄러움으로 눈물을 멈출 수 없었다." 우리에게 그런 순간은 언제였을까? 내가 라몬 삼페드로의 조카 하바와 같은 실수를 했던 경험이 있었는가?

02 내 실수로 상처를 받은 그분을 만난다면, 지금 어떤 말을 하고 싶은가?

03 누군가에게 상처를 주지 않기 위해서는 어떤 노력이 필요할까?

04 당신에게 자기도 모르게 상처를 준 사람이 있었는가? 그 사람이 어떻게 하면 마음이 편안해질까?

진실을 모르는 사람의 왜곡된 평가에 분노하다.

영화를 보면서 가장 깊게 마음에 다가왔던 인물은 마누엘라, 라몬 삼페드로의 형수였다. 그의 형과 결혼한 그녀는 아무 거동도 하지 못하는 시동생을 26년 동안 돌봐야 했다. 우리는 '돌봐야 했다'는 것의 의미를 주의 깊게 생각해야 한다. 그녀의 돌봄은 단순하고 간단한 수고가 아니다. 그에게 밥을 먹여주어야 하고, 그가 본 용변을 치워야 하며, 그를 목욕시켜야 하는 것이다. 그리고 그 상황은 끝을 기약할 수 없다. 우리나라 속담에 '긴 병에 효자 없다'라는 말이 있다. 영화 속 그녀는 그 일을 마치 수도자처럼 해낸다. 라몬 삼페드로가 26년 이상을 버틸 수 있었던 것도, 그녀의 헌신적인 노력이 있었기 때문일 것이다.

그녀는 라몬 삼페드로의 선택이 잘못되었다고 말하지 않는다. 그녀는 그를 위해 최선을 다하지만, 그가 느끼는 비참함을 누구보다 잘 알기 때문이다. 그녀는 그의 안락사를 동의하는 것이 그를 돌보는 일에 대한 포기로 보일 수 있다는 것도 알았다. 하지만 그녀는 당당하다. 그녀는 한 번도 그렇게 생각하지 않았기 때문이다.

그녀의 분노는 라몬 삼페드로가 가족들로부터 사랑과 관심을 받지 못해 죽음을 선택했을 것이라고 말하는 신부에게 폭발한다. 라몬 삼페드로의 이야기가 방송에 나와 여론의 관심을 받는 상황이 되자, 형은 사람들이 우리 가족을 어떻게 볼 것인지를 걱정한다. 하지만 마누엘라는 진심의 왜곡에 대해 분노한다. 마누엘라의 분노는 숭고하다. 마누엘라의 분노는 손익의 문제가 아니라, 진실의 왜곡에 대한 호소이기 때문이다. 26년간 그를 위해 최선을 다했던 마누엘라, 그녀는 그가 가장 원하는 것이 무엇이고, 그를 진정으로 위하는 것이 무엇인지 알고 있었다. 마누엘라의 선택은 남편의 선택과 달랐다.

마누엘라에게 몸이 불편한 시동생의 안락사를 찬성한 것이 자신의 수고로움을 피하기 위한 도피였다는 비판은 문제가 되지 않았다. 그녀는 한 번도 그렇게 생각하지 않았기 때문이다.

그녀는 진심으로 그를 돌보았고, 그가 원하는 것을 알았고, 그를 지지했다. 누군가의 판단은 절대 그 판단의 결과로만 이해되어서는 안 된다. 그 판단을 하기까지 그가 얼마나 많은 경험과 생각을 했는지를 바라볼 수 있을 때, 우리는 삶을 나누는 사람이 될 수 있다.

안락사를 주제로 다룬 또 다른 영화로 〈미 비포 유, 2016〉가 있다. 안락사에 대한 내용을 로맨틱하게 다룬 영화다. 안락사라는 주제를 다루면서 두 개의 영화를 함께 검토했는데, 학생들은 〈미 비포 유〉를 선호하는 모습을 보였다. 하지만 죽음을 선택하는 주인공의 상황에 대한 이해를 위해서는 씨 인사이드가 더 효과적인 영화라 생각한다. 〈미 비포 유〉는 안락사의 문제가 사랑 이야기로 포장되는 경향이 강하며, 무엇보다 경제적인 문제를 전혀 고려하지 않아도 되는 남자 주인공의 상황이 우리들의 삶의 문제로 확장되기 어렵기 때문이다.

수업에 적용하기

01 누군가 여러분을 잘 알지 못하고 잘못된 평가를 한 적이 있었는가? 그때 어떤 마음이 들었는지 이야기해보자.

02 누군가를 평가할 때 판단 기준은 무엇인가? 그 기준에 문제는 없을까?

03 누군가의 말이나 행동을 제대로 이해하기 위해서는 어떤 노력이 필요할까?

2 미라클 벨리에
(The Belier Family, La famille Bélier, 2014)

제 작 국: 프랑스, 벨기에
상영등급: 12세 이상 관람가
상영시간: 105분
감　독: 에릭 라티고
출　연: 루안 에머라(폴라 벨리에), 카린 비아르(지지 벨리에),
　　　프랑수아 다미앙(로돌프 벨리에)

줄거리

식사를 하고 있지만 음식 먹는 소리 말고는 아무 소리도 들리지 않는다. 낙농업을 하고 있는 폴라의 가족은 엄마, 아버지, 남동생이 모두 청각 장애인이다. 폴라는 건초를 주문하는 일부터 부모님의 병원 진료와 시장에서 치즈를 판매하는 일까지 집안의 모든 일을 책임지고 있다. 폴라는 우연히 합창단에 가입하게 되고, 그곳에서 자신이 노래에 놀라운 재능이 있음을 알게 된다. 폴라는 음악을 배울 수 있는 기회를 찾고 싶어 대회에 나가고 싶지만, 한편으로는 가족에 대한 걱정이 앞선다.

관람 포인트

영화에는 장애가 있는 가족의 모습이 나온다. 하지만 가족 구성원 누구도 장애를 이유로 자신이 불행하다고 여기지 않는다. 그들에게 장애는 작은 불편일 뿐이다. 그들은 행복하게 지낸다. 가족들은 늘 폴라가 어른이며 독립적인 삶을 살아가야 한다고 했지만, 정작 폴라가 떠나고 싶다고 했을 때 태도는 달라진다. 폴라 역시 자신이 원하는 노래를 위해 가족을 떠나는 것이 자신의 이익 때문에 가족을 버리는 것 같아 마음이 편치 않다. 인생의 선택에서 가족은 어떤 의미일까?

삶의 가장 중요한 순간, 가족은 어떤 의미인가?
미라클 벨리에

바라봄으로 시작하는 소통

폴라의 가족들은 서로를 진심으로 사랑한다. 폴라의 가족들은 행복하다. 영화는 청각 장애를 지닌 가족의 삶을 이해할 수 있는 자료가 된다. 영화에서는 청각 장애인들의 삶의 모습을 어렵고 힘든 삶으로 제시하지 않는다. 우리는 폴라 가족이 수화로 이야기를 나누는 모습을 보며, 서로를 쳐다보지 않고 자신의 휴대폰을 바라보며 형식적으로 대화하는 우리의 모습을 떠올려 볼 수 있다. 폴라 가족은 절대 서로를 바라봄이라는 대화의 전제 조건을 어기지 않는다. 그들의 소통보다 우리의 소통이 더 좋다고 말할 수 있을까? 대화에서 바라봄은 무엇을 말하는가? 의사소통에서 가장 중요한 요소는 무엇일까?

학기 초 학생들과 경청에 대한 프로그램을 운영한다. 6명 정도의 학생들이 모둠을 정하고 각자 자신의 진로 목표나 생각을 성장시켰던 사건이나 사람에 대해 이야기를 하도록 한다. 학생당 주제에 따라 30초에서 1분 정도 이야기를 하도록 하고, 나머지 친구들은 그 친구의 이야기를 경청하도록 한다. 정해진 시간은 절대적으로 발표하는 친구가 이야기하는 시간이며, 발표자가 "여기까지입니다."라고 이야기를 끝내기전에는 질문도 할 수 없다. 만약 1분 전에 "여기까지입니다."라는 이야기를 한 친구가 있다면 그때는 다른 친구들이 그 친구에게 질문을 할 수 있다. 오직 그 친구에게만 질문을 해야 한다. 이렇게 6명 모두 발표를 하게 한 후 자신의 이야기를 가장 잘 들어주어 발표할 때 본인을 편안하고 행복하게 한 친구의 이름을 적게 한다. 그 친구의 행동과 태도, 표정 등을 적어보도록 한 후, 그 때 자신이 느꼈던 마음을 글로 적어보도록 한다. 그러면 어떤 반응이 나올까? 15년간 프로그램을 운영하면서 들었던 반응은 거의 유사하다.

"자신을 바라봐 준 친구, 따뜻한 표정을 지어 준 친구, 내 말에 동의, 동감을 표하며 고개를 끄덕여준 친구, 내 이야기를 듣고 웃어준 친구, 내게 관심을 가지고 질문해준 친구, 당황하는 내게 '괜찮아!'라고 말해준 친구"

모든 친구들의 이야기는 자신을 향해 관심을 보여주고 바라봄에서 시작된다. 바라봄은 내가 그를 향해 몸과 마음을 열고 있음을 보여주는 것이며, 그를 존중한다는 것을 가장 분명하게 표현하는 방법이다.

우리는 대화에서 얼마나 많은 바라봄을 유지하는가? 소통의 시작인 바라봄에 대한 이해를 학생들이 탐구할 수 있다면 영화를 통해 학생들의 공감 역량과 창의적 사고 역량은 심화될 것이다. 메라비언1이 제시한 것처럼 소통에서 중요한 것은 텍스트의 내용보다 텍스트를 전달하는 사람들의 모습이다. 대화를 하면서 우리는 얼마나 상대방을 따뜻하게 바라볼까? 누군가의 이야기를 따뜻하고 진심어린 애정을 가지고 들을 수 있는 능력은 더불어 살아가는 데 가장 효과적인 힘이 된다. 경청의 의미와 가치, 방법을 교사가 기계적으로 제시하기보다는 프로그램을 통해 학생들이 스스로 의미와 가치를 이해하고 구체적인 실천 방법을 탐색하고 실천해 봄으로써 경청의 가치를 체득해 갈 수 있게 된다.

폴라 벨리에 가족의 식사 모습: 서로를 바라보며 소통하고 있다.

베트남 여행 중 찍은 조각상 모습: 서로 다른 곳을 보고 말하고 있다.

수업에 적용하기

01 영화 속, 폴라의 가족과 우리 가족의 식사 및 대화 모습을 비교해보자. 공통점과 차이점은 무엇일까?

02 자신이 누군가와 대화할 때, 상대방이 어떤 모습으로 이야기를 하면 마음이 편안해지고, 행복해지는가? 이야기를 하면 마음이 편안해지고 행복해지는 사람들의 특징은 무엇인가?

03 누군가와 이야기를 할 때, 불편한 마음이 들었던 적이 있었는가? 상대방의 어떤 모습이 마음을 불편하게 했을까? 불편함을 느꼈던 행동을 내가 한 적은 없었는지 이야기해보자.

내 삶의 선택에서 가족의 의미는

내 삶의 문제를 결정할 때, 가족이란 어떤 의미일까? 자신의 선택을 가족들이 지지하고 응원한다면 문제가 되지 않겠지만, 현실적으로 가족이 반대하는 선택을 하려고 할 때 우리는 고민을 하게 된다. 폴라는 자신의 재능을 이해하지 못하고 인정하지도 않는 부모님과 가수가 되는 꿈 때문에 갈등한다. 아버지는 도시에서의 딸의 안전을 염려하고, 어머니는 딸이 떠난 후, 가족의 생활 문제 때문에 폴라가 떠나지 않기를 바란다.

좋아 가
우리 둘이 잘 지낼 테니까

폴라가 떠나고 싶다는 이야기를 하자 부모는 당황한다.

하지만 영화에서 부모님은 폴라의 선택을 인정하게 되고, 폴라는 자신의 꿈을 향해 파리로 떠난다.

영화 클립을 보고 학생들에게 다음과 같은 질문을 해본다. "여러분이 폴라라면 가족들의 상황을 외면하고 떠날 수 있을까? 떠나지 못한다면, 왜 떠나지 못하나요? 떠난다면, 부모님을 어떻게 설득할 것

인가요?" 학교 현장에서 학생들을 상담하다 보면 부
모님과 진로 때문에 갈등하는 친구들을 많이 만난
다. 자아분화가 되지 않은 부모들은 자녀를 자신이
이루지 못한 꿈의 대리자로 생각해서 자녀의 희망이
나 적성보다는 자신이 하고 싶은 일을 일방적으로
강조한다. 또한 경제적 여건이나 현실적 어려움을

아버지는 폴라의 목에 손을 대고 폴라의 노래
를 느낀다.

이유로 취업이 잘 되는 직업을 무조건 강요하는 경우도 많다. 부모님의
강요나 압박을 이기지 못하고 자신이 희망하는 진로를 유예한 채 생활
하는 학생들은 대부분 생활에 흥미를 느끼지 못하고 적극적인 모습을
보이지 않는다. 갈등으로 무기력해진 학생들에게 실질적인 도움을 주는
방법은 무엇일까?

　　5년 전 만난 학급의 학생 중 소영(가명)이는, 그
림 그리는 것을 매우 좋아해서 미술을 전공하고 싶
어했지만, 부모님이 미술 분야의 진로가 직업을 쉽
게 찾을 수 없고, 공부에 많은 비용이 든다는 이유
로 소영이게 미술을 포기하고 학과 공부를 열심히
해서 공무원 시험을 볼 것을 강요한 경우가 있었다.

여튼, 그만둘래요
내 인생이니까

부모님이 걱정이 된 폴라는 노래를 포기하겠다
고 이야기한다.

소영이는 학교생활에 전혀 의욕이 없었고, 자신이 하고 싶은 진로를 인
정하지 않는 부모님을 원망하는 마음이 매우 컸다. 부모님도 자녀가 공
부를 하지 않고 멋대로 생각한다고 하여 자녀를 많이 불신하고 있었다.
　　소영이가 가장 원하는 것은 미술을 전공하는 것이었고, 디자인 분야
의 진로 목표를 실현하는 것이었다. 학생과 부모님이 왜 그렇게 이야기하
는지에 대해 생각해 보았다. 디자인 분야의 대학을 가기 위한 현실적인
방법, 대학을 졸업하고 취업이 되는 상황을 자세하게 파악해 보라고 했다.
실제로 부모님이 염려하시는 것처럼 학원비도 많이 들고, 졸업을 해도 학
생이 생각한 것처럼 바로 디자이너로 인정받는 것도 아니었다. 많은 시간

과 노력이 소요된다는 것을 탐색한 후 부모님에게 그런 어려운 일을 자신이 감당할 수 있음을 설득해 보라고 했다. 자신이 디자인 분야를 전공하고 싶은 것은 단순하게 공부를 하기 싫어서가 아니라, 정말로 하고 싶고, 잘 할 수 있는 가능성이 있기 때문이며, 이를 책임지고 보여주겠다고 약속하고 그 약속을 지키며, 부모님과 진지하게 이야기해 보라고 했다. 먼저, 본인이 진학하고 싶은 대학의 입학 성적만큼 성적을 올리려는 목표를 세우고 그 목표를 달성하는 모습을 통해 부모님에게 의지를 보여주자고 했다. 학생은 진지하게 부모님에게 편지를 썼고, 약속을 지키려는 성실한 노력의 모습과 결과를 부모님에게 보여주었다. 부모님은 학생의 진지한 노력을 인정하였고, 2학년 2학기부터는 미술 실기와 공부를 함께하면서 현재는 원하는 대학에 진학하여 공부하고 있다. 물론 모든 경우가 소영이처럼 긍정적인 결과를 얻는 것은 아니다. 하지만, 절대 자녀의 생각을 인정하지 않는 부모님에게 대화를 시도해 볼 수 있는 방법이며, 학생이 자신의 삶을 주체적으로 살아갈 수 있는 힘을 기를 수 있는 과정이다. 인생의 중요한 선택을 할 때 무엇을 가장 중요하게 생각해야 할까? 또한 그 선택을 가족이나 주변 사람들에게 존중받기 위해서는 어떤 노력을 해야 할까? 학생들은 질문의 답을 찾으면서 자신의 삶에 대한 진지한 성찰과 함께 목표를 이루기 위한 성실한 자세가 무엇보다 중요함을 이해하게 된다.

수업에 적용하기

01 여러분이 폴라의 상황이라면 떠날 수 있을까? 떠난다면, 떠나지 못한다면 그 이유는 무엇일까?

02 자신이 하고 싶은 진로 목표나 중요한 선택을 가족이나 주변 사람들이 반대한 적이 있었는가? 그때의 마음을 이야기해보자.

03 내 선택을 반대하는 가족이나 주변 사람들을 설득하는 좋은 방법에는 무엇이 있을까?

나의 재능을 찾아 실현하기까지

폴라는 우연히 들어간 합창부 활동을 통해 노래에 재능이 있다는 것을 발견하고 삶의 목표를 정한다. 폴라에게는 자신의 재능을 정확하게 알아봐 주고, 재능을 기를 수 있도록 도움을 주었던 선생님이 계셨다. 우리에게는 폴라의 선생님처럼, 나의 재능을 알아봐 주고 도움을 주는 선생님이 있을까? 그런 선생님을 만나는 것은 매우 행운이다. 하지만, 우리는 그런 선생님을 만나지 못했다고 자신의 재능을 찾는 일을 포기할 수는 없다. 내 안의 가능성, 숨은 재능을 찾는 방법은 무엇일까?

선생님이 폴라에게 재능이 있음을 알려주고 오디션에 도전할 것을 권유하고 있다.

수업에 적용하기

01 다음과 같은 이야기를 한다.
"신은 모든 사람에게 재능이라는 선물을 주셨다고 한다. 그런데 그 선물은 매우 값진 것이라 그냥 사용할 수 없고 자신이 잘 찾아서 더 아름답게 만들어야 빛이 나고 너를 행복하게 하는 힘이 된다고 한다. 신이 네게 주신 선물이 무엇일까?"

02 내 재능을 알아봐 준 사람이 있었나? 없다면 어떻게 해야할까?

03 ○○○이라는 선물을 받았다는 것을 알았다면, 어떻게 해야 그 선물을 사용할 수 있을까?

5
나로 살아가기

3 안녕, 나의 소울메이트
(七月與安生, SoulMate, 2017)

제 작 국: 중국
상영등급: 15세 이상 관람가
상영시간: 110분
감　　독: 증국상
출　　연: 주동우(안생), 마사순(칠월), 이정빈(가명)

줄거리 ◉

운동장에서 군사훈련 수업을 받던 중 안생의 주머니에서 탈출한 다람쥐 한 마리를 잡으려다 맺어진 두 소녀(안생과 칠월)의 열세 살 우정이 운명적으로 시작된다. 그 후로 스물일곱 살이 되기까지 거침없고 자유분방한 성격의 '안생'과 조심스럽고 규범을 중시하는 '칠월'의 우정이 14년간 이어진다. 그림자처럼 항상 붙어 다니며 함께 꿈을 꾸었던 두 소녀, 엇갈리며 다른 듯 닮아가는 두 소녀의 애틋한 첫사랑, 이별, 사랑, 그리움에 대한 감동적인 청춘이야기이다.

관람 포인트 🎬

여자는 불편한 많은 일에 익숙해져야 한다는 엄마의 말에 순종하며 살아가는 칠월과 있으나 없으나 달라질 것이 없는 엄마를 그 여자라고 부르며 밀쳐내고 살아가는 안생의 성장 특징을 비교해보자. 안생은 칠월에게, 칠월은 안생에게 어떤 그림자인가? 칠월은 안생의 삶을, 안생은 칠월의 삶을 동경하는 마음은 어디에서 오는 것일까? 가정, 학교, 환경이 성장에 어떤 영향을 줄까? 상황이 사람의 태도를 만들까?

튼튼한 내 팔에 누워
안녕, 나의 소울메이트

친구의 집은 나의 집이 될 수 있을까?

소울메이트(soulmate)는 영혼(soul)과 동료(mate)의 합성어로, 서로 깊은 영적인 연결을 느끼는 중요한 인물을 일컫는다. 우리말로 마음의 벗이라고 하면 가장 잘 어울리는 근사한 해석이 될 것 같은데 누구라도 이런 벗을 곁에 둔 사람은 마음이 든든하고 행복할 것이다. 나에게 소울메이트는 누구인가? 있다면 그 친구와 함께 마음이라는 호수에 설렘과 감동의 물결을 잔잔하게 일으킬만한, 같이 간직하고 있는 소중한 사연은 무엇인가?

영화 〈안녕, 나의 소울메이트〉는 학교에서 군사훈련 수업을 받던 중 안생의 품에 숨어 있던 다람쥐가 탈출하여 칠월의 품에 안기는 사건으로 서로를 알게 된 두 소녀 칠월(七月)과 안생(安生)의 우정 이야기이다. 두 소녀는 '만약 누군가의 그림자를 잡을 수 있으면 그 사람과 평생 이별하지 않는다'는 책에서 읽은 구절이 이루어지기를 바라며 그림자놀이를 하는 꿈 많은 사춘기를 함께 보내는 절친이 된다. 둘은 중국 고사에 등장하는 간담상조(肝膽相照)처럼 간과 쓸개를 서로에게 내보이지는 않았지만 목욕 중에 서로의 가슴을 보여주며 마음을 터놓고 진심으로 상대를 챙겨주는 친구가 된다. 영화에서는 칠월과 안생이 서로의 가슴을 보여주는 장면이 여러 번 나온다. 그런데 그들이 친구에게 보여주려고 했고, 친구로부터 보기를 원했던 것은 무엇이었을까?

서로의 그림자를 밟아 평생 헤어지지 않기를 바란 둘의 우정은 13살부터 27살에 이르기까지 이어지고 영화는 약 14년간에 걸친 이들의 우정을 조심스럽게 좇아가고 있다. 많은 시간과 공간을 함께 하던 순수한 소녀들 앞에 놓인 시간이 흘러가고 어른이 되기 위해 각각 선택하는 삶의 진로는 둘의 모습을 점점 달라지게 만든다. 중학교 졸업 후 집안 형편에 여유가 있던 칠월은 명문학교로 진학을 해서 대학입시를 준비하는 고등학생으로, 아버지를 일찍 여의고 엄마의 돌봄조차 받지 못하는 안생은 직업전문학교로 진학해 미용기술을 배우며 삶에 굴레처럼 씌워져 있는 돈에서 자유롭고 싶어 안간힘을 쓴다. 직업전문학교에 들어간 안생이 "9년 끝에 드디어 작문숙제를 낼 필요도 없고 품행점수도 매기지 않는 학교에 입학할 수 있었다."라고 이야기했지만 이 말은 중학교를 졸업하면서 선택할 수 있는 경우의 수가 직업전문학교밖에 없었던 그녀가 자신을 위로하면서 칠월에게마저 지키고 싶었던 마지막 자존심이었다는 것을 영화를 보는 사람은 모두 알 수 있었을 것이다.

3년간 떨어진 적이 없었던 칠월과 안생은 열여섯 살이 되던 해부터 다른 공간에서 다른 시간을 마주하며 살아가지만 그럼에도 불구하고 두 소녀의 우정은 변하지 않고 점점 깊어져간다. 얼마 후 안생이 아르바이트를 해서 모은 돈으로 허름한 단칸셋방이긴 하지만 드디어 자신만의 보금자리를 마련하던 날, 안생은 드디어 자신도 칠월을 맞이할 곳이 생겼다며 집으로 초대해 함께 밤을 지내게 된다. 칠월은 분홍색, 안생은 빨간색 잠옷을 입고 나란히 누운 둘은 보통 소녀들이 그렇듯 자신의 소망과 꿈을 이야기한다. 그러다가 칠월은 자신이 '가명'이라는 남학생을 좋아하고 있음을 고백한다. 이 고백이 얼마 지나지 않아 어떤 결과를 가져올지 전혀 짐작도 하지 못한 채...

이날 밤 안생은 칠월에게 자신의 방 열쇠를 건네주며 이렇게 말한다. "이제부터 언제든 내 집은 바로 네 집이야." 그때만 해도 안생은 알지 못한 것 같다. 내 집이 결코 네 집이 될 수 없다는 것을. 같은 공간에 있어도, 같은 일을 겪어도 상대와 나는 같지 않다. 하고 싶은 말은 온전히 전달되지 않고 어딘가 조금씩 어긋나며 기대했던 것들은 조금씩 빗나가기 일쑤다. 그러므로 내 집에 다른 사람이 잠시 머물 수는 있어도 그의 집처럼 눌러앉을 수는 없다. 내 집은 내 집이고 너의 집은 너의 집일뿐이다. 사람의 마음 계산법은 기대하거나 생각하는 것만큼 매끄럽게

흘러가지 못한다. 서먹서먹해진 관계를 회복시키기 위해 간 상해 여행에서 비싼 호텔비는 칠월이 냈으니 저녁은 자신이 사겠다고 나서는 안생에게 칠월은 '돈이 있어서 랍스타를 사는 거니까 정확히 계산할 필요는 없다'는 말로 안생의 심기를 건드린다. 칠월의 말에 마음이 불편해진 안생은 올라오는 열등감에 "너는 계산 안했어?"라고 도발적으로 맞불을 놓는다. 이 말에 칠월은 자신이 정확히 따졌다면 네가 가명의 목걸이를 목에 걸고 다니지 못했을 것이라고 일갈한다. 여기저기 베이고, 패이고, 찔리고, 어긋나서 곳곳이 상처투성이가 된 오래 묵은 두 사람의 감정이 결국 폭발해버린 것이다.

　　상대를 잘 알면 유연하게 이해하고 넓게 배려할 수 있기 때문에 상처 따위는 주지 않을 것 같은데 아이러니하게도 사람은 잘 아는 관계일수록 상대방에게 깊은 상처를 남긴다. 그 이유는 깊은 사이만큼이나 상대의 약점을 잘 알기 때문에 그를 아프게 하는 방법을 훤히 꿰고 있기 때문인 것 같다. 자신의 영혼과 몸에 새겨진 어긋난 흔적들에 의해 만들어진 상처는 가족, 친척, 친구들에 의해 덧나는 것이 훨씬 많다. 그렇지만 상처는 어긋남에 대해 몸부림을 친 내 삶의 궤적이다. 상처는 어긋남

을 피하지 않고, 들여다보고, 살펴보고, 가늠하고, 재배치하는 노력으로 부터 생긴 나무의 나이테와 같은 것이다. 나이테가 늘어나면 나무의 둘 레가 커지듯 어긋남은 마음이 어른이 되어가는 과정이다.

다른 영화로 눈을 돌려 픽사의 애니메이션 영화 〈인사이드 아웃, 2015〉의 주인공 '라일리'의 어긋남을 살펴보자. 미네소타에서 샌프란시 스코로 갓 이사를 와서 생소한 환경에 적응이 되지 않은 라일리는 둘 곳 없는 마음을 달래기 위해 절친이었던 미네소타의 친구 '메그'와 화상채 팅을 한다. 오랜만에 만난 반가움을 나눌 새도 없이 메그로부터 라일리 대신 아이스하키팀에 새로 들어온 친구에 대한 이야기를 듣자마자 마음 이 불편한 라일리는 일방적으로 화상채팅을 끊어버린다. 자신이 떠나온 지 며칠 지나지도 않았는데 새로운 친구를 칭찬하는 메그의 말에 마음이 상해버린 것이다. 이렇게 상처는 관계에서 비롯되는데 한번 맺은 관계 는 평생 이어지기에 어긋난 관계를 회복하려면 많은 시간과 노력이 필 요하다. 입던 옷의 단추는 어긋나면 풀어서 가지런하게 다시 채울 수 있 지만 관계는 그렇게 할 수 없다. 어긋남을 치유하는 방법은 한 가지, 마 음을 비우는 수밖에 다른 방법이 없다. 마음을 비운다는 것은 말처럼 쉬 운 일은 아니다. 마음을 비우는 것이 어렵기 때문에 '언제든지 내 집은 너의 집'이라며 무엇이든 아낌없이 내어줄 것 같던 영화 속 칠월과 안생 은 서로를 시기하고 질투하고 할퀴고 후회하고 눈물을 흘리는 것이다.

그림자를 아무리 꼭 밟고 있어도 떠날 사람은 떠난다.

안생은 처음 얼굴을 대하는 칠월의 남자친구 소가명에게 다짜고짜 "너, 내 친구에게 잘하는지 두고 보겠어."라며 으름장을 놓고 사라진다. 가명은 그런 그녀의 당돌한 모습에 호감을 갖기 시작한다. 이런 사실을 모르는 칠월은 가명에게 사랑을 고백하고 안생과 가명은 애매모호한 삼각관계를 형성하게 된다. 우정과 사랑 사이에서 삼각관계의 갈등을 지속하기 힘들었던 안생은 자신을 좋아한다는 기타리스트를 좇아 갑자기 고향을 떠나 수도 북경으로 향한다. 그런데 기차역에서 안생과 작별을 하며 배웅하던 칠월은 자신의 남자친구 소가명이 부적처럼 항상 목에 걸고 다니던 부처상 목걸이가 안생의 목에 걸려있는 것을 발견하게 된다. '네가 가지 말라고 하면 안 간다'고 외치는 안생에게 칠월은 가지 말라는 이야기를 하지 못하고 떠나는 안생을 차마 잡지 못한다. 안생을 떠나보낸 날 밤 칠월은 오래도록 울었다. 안생이 떠난 것이 슬퍼서가 아니라 스스로에게 실망했기 때문이다. 안생을 자기 자신만큼 많이 사랑할 수 없어 실망했고 인생의 모든 일을 누군가와 공유할 수 없다는 것에 실망을 했기 때문일 것이다. 안생을 보내면서 칠월은 친구란 서로의 모습을 통해 자신의 현재를 알고 너와 나는 다르다는 것을 알게 해주는 관계임을 비로소 인식한 것이다. 이때부터 칠월과 안생은 서로를 '이해하는 사이'가 아닌 서로 간에 '참아내는 사이'가 된 것이다.

부모님이 만들어 놓고 이끄는 정해진 틀에 맞추어 화초처럼 살아온 칠월은 자유롭게 살고 싶은 욕구를 접고 고향에서의 안정적인 삶을 선택한다. 반면에 고향 진강에서 행복보다 슬픈 기억이 많았던 안생은 자신을 지긋지긋하게 구속하는 그곳을 떠나 수도 북경에서의 자유로운 생활을 선택한다. 칠월과 안생의 삶은 서로 떨어져 있는 시간과 거리만큼이나 너무 멀어져 있어 물리적, 심리적으로 좁히기 어려울 정도로 벌어지기 시작한다. 열세 살 때부터 떨어져 본 적이 없는 칠월과 안생, 서로 헤어지지 말자며 그림자밟기 놀이를 하던 둘은 이렇게 처음으로 '어긋남'을 경험하게 된다. 그런데 칠월은 안생하고만 그림자놀이를 한 것은 아니다. 그녀가 좋아했던 남자친구 가명과도 그림자놀이를 하며 자신이 스스로 가명 곁으로 다가간 거라고 의미를 부여하며 헤어지지 않기를 기원한다. 하지만 이런 칠월의 간절한 바람은 이루어지지 않았다. 결혼하기 전, 젊은 시절에 큰 세상에 나가서 도전해보고 싶다는 가명을 붙잡을 수 없어 북경으로 떠나보낼 수밖에 없었다. 물론 안생과도 당연히 소식이 뜸한 관계가 되었다.

순조로운 대학 진학과 졸업, 은행 취업, 가명과의 이별을 겪으며 살아온 칠월과 기타리스트와의 이별, 떠돌이 인디 사진작가와의 방랑생활, 크루즈 승무원 취업, 엄마의 죽음을 겪으며 거리에서 자유로운 삶을 살아온 안생은 스물세 살이 되어 다시 만난다. 그렇게 세월이 흐르는 동안 넓은 세상으로 뛰쳐나가고 싶었고 유학에 대한 열정도 가지고 있던 칠월은 사랑하는 남자 가명을 잃는 것이 두려워 그냥 현실에 안주하는 삶을 택한다. 바람이 불어오는 대로 자유로운 삶을 살겠다며 호기롭게 고향을 떠났던 안생은 우연히 만나거나 마주치는 사람들과 어울려 언제 어떤 일이 생길지 알 수 없는 유랑의 삶을 택한다. 하지만 안생의 방랑생활은 그녀가 원해서 선택한 것이 아니었다. 오히려 그녀는 경제적 풍요 속에서 안정적이고 평범하게 살고 싶은 욕구가 강했지만 가난한 가정환경과 보호자에 의한 돌봄과 지원의 부재가 그것을 허락하지 않았을 뿐이었다.

은행에 취업을 하고 안정된 20대를 살아가는 칠월과는 반대로 안생은 산전수전을 겪으며 이리저리 걷어차이는 우여곡절 끝에 지치고 힘든 모습으로 다시 고향으로 돌아온다. 오랜만에 시간을 함께 보내게 된 둘은 기분전환을 하기 위해 상해로 여행을 떠나 즐거운 시간을 보낸다. 하지만 오붓하게 우정을 나눌 수 있는 시간은 길게 허락되지 않았다. 칠월에게 걸려온 가명의 전화로 인해 분위기가 순식간에 180도 바뀌고 결국 호텔 레스토랑의 저녁식사 시간에 참담하게 허물어진다. 어긋남으로 틈이 벌어져 오랫동안 참아내던 둘의 우정은 저녁식사 메뉴로 어떤 것을 먹을지에 대해 실랑이를 벌이던 사소한 신경질이 기폭제가 되어 묵혀두었던 감정을 봇물처럼 터트려버린다. 상대를 아프게 할까 두려워 차마 말하지 못하고 조심스럽게 누르고 참아내던 감정의 골이 너무 깊어 상대방의 마음을 송곳으로 후벼 파는 가시돋친 말들을 거침없이 주고받게 된다. 결국 감정이 완전히 상한 둘의 저녁식사는 결국 싸움판이 되어버리고 안생은 자신의 짐을 챙겨 야간 버스를 타고 말없이 상해를 떠나버린다. 안생의 두 번째 도망이다. 그런 안생을 잡으려고 칠월이 뒤쫓아가지만 버스를 기다리는 안생에게 돌아오라는 말을 건네지 못하고 야간 버스에 몸을 실은 안생을 그저 바라보기만 할 뿐이다.

어긋남을 경험한 칠월과 안생은 상대방의 달라짐을 알아채지 못하고 예전 순수했던 시절의 뒤안길만을 추억하고 싶었던 것이다. 세상 풍파에 맞춰 적응하느라 변해버린 자신과 상대방을 인정하지 못하고 용기 있게 마주하지 못한 것이다. 아니 엄밀하게 말하면 달라진 모습을 보고 싶지 않아 눈을 감았던 것이라고 하는 것이 맞을 것 같다. 시간이 흐르면서 친구가 버거워지고, 세상을 살아내면서 고집과 아집으로 중무장되고, 친구에 대한 열등감을 잊고 싶었던 것이다. 칠월과 안생은 서로를 불편하게 생각하는 것을 인식하고 있었지만 겉으로 드러내지 않다 보니 보이지 않는 마찰이 생기고 상대적인 박탈감과 받아들이기 어려운 삐딱한 관점이 얽히고설켜 감정이 복잡해진 것이다. 영혼까지 나누었던 절친 관계는 오랜 시간 돌아보지 못하고 솔직한 마음을 보여주지 못했던 어긋남과 달라짐의 시간들 속에서 모래성 같이 변하면서 서서히 무너지고 있었다. 그러므로 두 사람의 소녀 시절 추억만으로 관계의 파국을 막아내기에는 역부족이었던 것이다.

열세 살부터 떨어지지 않고 찰떡처럼 붙어 다녔던 만큼 안생이 알고 있는 것은 칠월이 알았고, 칠월이 알고 있는 것은 안생도 알고 있을 만큼 서로에 대해 모르는 것이 없다고 생각하는 친구였다. 하지만 둘은 몰랐다. 서로 상대방의 그림자를 차지하기 위해 한 친구가 그림자를 밟으려고 하면 다른 한 친구는 그 발에 밟히지 않으려고 자연스럽게 피하게 된다는 사실을. 누군가의 그림자를 밟으면 그 사람은 평생 떠나지 않는 것이 아니라 자신이 행복해지려면 상대의 그림자를 밟고 서야 한다는 것을. 가슴 속까지 보여주는 깊은 관계일수록 상대에게 상처주기가 쉽고 어디를 찌르면 상대가 아파하는지 훤히 꿰뚫고 있다는 것을. 오히려 가장 친한 사이가 눈에 보이는 것도 없이 가슴 깊은 곳까지 후벼 파면서 싸우게 된다는 것을. 어쩌면 칠월과 안생은 상대의 그림자를 꼼짝 못하게 붙들어 매어 끌고 와서 친구의 그림자를 자신의 것으로 만들어 소유하고 싶었는지도 모른다.

이름처럼 살 수 있다는 것은 행복한 일이다.

안생은 칠월에 비해 경제적으로 빈곤하고 부모의 돌봄을 받지 못하지만 역설적이게도 그런 환경 덕에 무엇이든지 자신이 선택하고 결정할 수 있는 자유를 갖고 있었다. 칠월은 안생에 비해 넉넉한 가정 형편에 부모의 따뜻한 사랑을 받으며 어려움 없이 차근차근 성장하지만 자신의 삶을 위해 무언가를 스스로 선택하는 자유를 누려본 적이 없다. 마치 한여름 빛나는 햇살을 받은 모래알처럼 자유롭게 반짝반짝 빛나는 삶을 살아갈 것 같은 이름을 가진 칠월은 27년 동안 자유를 그리워했다. 반면에 별 탈 없이 평범한 삶을 살아낼 것 같은 이름을 가졌지만 일찍 아버지를 여의고 자식을 돌보지 않는 엄마 때문에 어려서부터 외로움과 배고픔에 찌들어 치열하게 살아갈 수밖에 없었던 안생은 별 탈 없이 평범하게 살고자 했다. 상대방이

평범하게 살고 싶은 안생(安生)

자유롭게 살고 싶은 칠월(七月)

갖지 못한 것을 암시하는 느낌을 주는 이름 '칠월(七月)'과 '안생(安生)'은 원하는 대로 이루어질 수 없는 인생의 여정에서 가보고 싶지만 가지 못한 길, 하고 싶지만 하지 못하는 것, 원하지만 갖지 못하는 것을 탐하는 인간의 태생적인 욕구를 잘 보여준다.

인간의 생물학적인 특성이 인위적으로 선택할 수 없는 선천적인 것이라면 이름(姓名)은 사람의 의지로 결정할 수 있는 후천적인 것이다. 영화 〈안녕, 나의 소울메이트〉를 보다 보면 '사람은 이름대로 산다'고 주장하면서 작명하는 것에 신경을 쓰는 사람들의 이야기를 결코 가볍게 지나칠 수 없게 만든다. 그들은 사람의 이름은 단지 그것을 상징하는 단순한 부호의 기능에 머물지 않는다고 말한다. 이름의 소리나 글자는 형체가 없더라도 우리 육체를 조정할 수 있는 기(氣)가 흐르고 있다고 한다. 따라서 좋은 기운은 좋은 성품과 행복한 인생에 도움을 주지만 흉한 기는 박복한 인생을 만든다고 한다.

이름은 음(音), 형태(形態), 뜻에 따라 그 사람을 연상하게 하고 이미지를 형성한다. 한 개인의 이름은 그 사람의 전부를 겉으로 드러나게 하며 동일성을 표현하는 기호로 사용되기도 한다. 아이러니하게도 이름은 내 것이지만 다른 사람들에 의해서 더 많이 불리어지고 사용된다. 그러니 여러 사람들이 반복해서 부르는 나의 이름은 나의 인생에 영향을 미치지 않을 수 없을 것 같다. 더군다나 종교에서 행해지는 주문과 기도가 글자를 반복적으로 외워서 신통력을 발휘하는 것을 보면 과학적 논리적으로 이해하는 것을 떠나 불러주는 이름에 마음이 기울어지는 것은 어쩔 수가 없는 것 같다.

뇌과학에 '무언가를 하면 할수록 인간의 뇌에서는 더 많은 경로들이 확고하게 형성되어서 그 일을 더욱더 많이 하게 된다'는 가소성 (plasticity) 이론이 있다. 이 이론대로 내가 상대방을 부를 때마다 상대방의 뇌에 새로운 자극을 주어 새로운 경로를 만들어주는 것이 사실이라면 누구에게라도 함부로 막말로 부르지 말아야 한다. 이름이 운명을 결정한다고 확신할 수는 없지만 이름 따라 살아가는 사람들을 간간히 만나기도 하는 것을 보면 상대방의 이름에 담긴 고유한 뜻을 가슴으로 불러주는 것이 왠지 소중하게 느껴진다. 사람은 자신의 이름이 불릴 때마다 그 이름대로 살기 위해 스스로를 돌아보고 이름에 먹칠을 하지 않기 위해 노력하기 때문에 내가 상대방의 이름을 마음에 담아 정성스레 부르면 그 사람이 나에게 예쁜 꽃으로 다가올 것이다. 이름을 부른다는 것은 그 사람의 영혼에 물을 주는 것과 같다. 우리가 만나는 사람들에게는 저마다 고유의 이름이 있고, 그 이름마다 뜻이 있고, 그를 사랑하는 가족들의 소망이 스며있으니 누구라도 상대의 이름을 아무렇게나 함부로 부를 일이 아니다. 그러므로 내가 누군가의 이름을 부르는 순간 그에게 선한 영향력이 미치기를 바라면서 정성스럽게 불러주어야 한다.

영화 〈안녕, 나의 소울메이트〉의 주인공들은 이름대로 살았을까?

운명처럼 우정이 시작되었던 열셋, 같은 소년을 향해 첫사랑을 품었던 열일곱, 어른이 된다는 것은 이별을 배우는 것이라는 것을 알게 된 스물, 친구를 나보다 더 사랑할 수 없음에 낙담한 스물셋, 서로 그리워했던 스물일곱. 엇갈리며 닮아왔던 14년 동안의 시간 속에서 칠월은 안생이 불러주는 이름을 통해, 안생은 칠월이 불러주는 이름을 통해 관계를 맺고 많은 의미를 부여받고 살았을 것이다. 이름처럼 산다는 것은 '나답게 산다'는 의미이다. 안생과 칠월 중 나답게 살았다고 자신 있게 대답할 수 있는 사람은 누구일까? 나답게 산다는 것에 명확한 가이드라인이 없고 애매해서 사람마다 가치 판단 기준이 다르겠지만 '긍정적 자존감을 유지하며 살아가는 것'이 그 안에 포함된다는 점은 모든 이들이 동의할 수 있을 것 같다.

자존감은 자신을 좋아하고 가치 있게 여기며 수용하는 정도를 말하며 자존감이 높은 사람은 그렇지 못한 사람에 비해 행복하고, 건강한 삶을 추구하고, 스트레스를 잘 극복하고, 어려운 난관이 닥치더라도 잘 해결한다. 자존감은 기본적으로 어린 시절 타인과의 접촉 경험, 양육자와의 건강하고 안전한 애착 경험, 부모의 양육태도에 영향을 받는다. 성장 과정에서 조롱, 멸시, 비난, 학대와 같은 상황에 놓였던 적이 있다면 자존감 저하라는 문제를 마주할 가능성이 크다. 청소년들의 자존감을 높이기 위한 방법은 두 가지로 집약할 수 있다.

첫째, 내가 원하는 방향으로 내가 원하는 성취를 해야 한다. 대부분의 청소년들이 자기가 주어진 공부만 잘 해내면 자존감에 문제가 없을 것이라고 생각할 수 있다. 그런데 해야 할 공부는 매일 잘하는데 자존감이 높지 않다고 고민하는 청소년들이 있다. 이렇게 목표를 이룬 자신을 보는데도 자존감은 바닥을 향하는 현상이 나타나는 것은 방향성과 주도성을 간과했기 때문이다. 주어진 공부를 잘하는 것만으로는 자존감이라는 나무에 영양분을 충분하게 공급해 줄 수 없다. 자기 자신이 원하는 것이 아니라 누군가 설정해준 목표에 맞추어진 성과는 잠시 동안 만족감을 채워줄 수는 있으나 자존감 향상에 별로 도움이 되지 않는다. 자신이 설정한 목표에 한 걸음씩 가까이 다가가는 과정에서 자존감은 싹트고 성장하기 때문이다. 싸워보지 않았기 때문에 지지 않은 상태를 '자의식 과잉'이라고 하는데 새로운 것에 도전하는 것을 꺼려하고 어려워 피하는 상황을 가리키는 말이다. 자의식 과잉은 자신이 기대한 수준보다 부족한 나를 마주하면 그 순간을 견디지 못하는데 이 수렁에서 벗어나는 유일한 길은 스스로 노력해서 얻어내는 경험을 자꾸 해보는 것이다.

영화 속 칠월은 고등학교, 대학교, 그리고 직장까지 부모가 이끌고 설정해주는 방향대로 진로를 선택하는 삶을 살았다. 그녀는 이십여 년 동안 스스로에게 자신이 무엇을 좋아하는지, 무엇에 열정을 가지고 있는지 질문하지 않고 해야 할 일에 순응하며 어른이 되었다. 다시 말해 '착한 아이'로만 살아온 시간만큼 스스로를 탐색하고 자신에게 질문하는 감각을 잃어버린 것이다. 그렇게 아닌 척 잘하며 살던 칠월이 북경에 있는 안생의 아파트에 갑자기 나타나고 눈앞에서 안생을 살뜰하게 챙겨주는 소명의 다정한 모습을 마주하게 된다. 그럼에도 불구하고 소명을 용서하며 결혼을 하기로 한다. 하지만 자신을 완전히 사랑하지 않는 남자와 평생을 살 수 없다며 결혼식 날 식장에 나타나지 말라고 소명에게 요구한다. 결혼식 하객들이 소명에게 칠월이 버림을 받는 것처럼 인식하도록 상황을 스스로 꾸민 것이다. 파혼을 한 칠월은 은행에 사직서를 제출하고 목적지를 정하지 않고 고향을 떠난다. 그렇게 둥지를 떠난 칠월은 새가 공중을 날아오르듯 여기저기 자유롭게 떠다니는 삶이 자신에게 잘 맞는다는 것을 깨닫는다. 굴곡진 삶이 펼쳐질 것을 뻔히 알면서도 안전한 둥지를 버리는 삶을 선택한 칠월의 신념은 내면의 목소리를 듣고 지금까지 믿어왔던 미덕과 통념에 맞서는 용기에서 비롯된 것이었다. 우리는 칠월의 변화를 통해 내면의 목소리를 듣고 스스로 세운 신념이 자기 삶을 지탱할 수 있게 만들고 나답게 사는 것을 가능하게 한다는 것을 배운다.

둘째, 메타인지(Meta cognition)를 향상시켜야 한다. 내가 얼마만큼이나 할 수 있는지에 대한 판단, 나를 객관적으로 바라보는 힘을 메타인지라고 한다. 메타인지를 향상시키려면 타인의 평가가 아닌 스스로의 기준을 가지는 것이 중요하다. 내가 나를 보는 확실한 기준을 가지고 있으면 타인의 말에 쉽게 흔들리지 않을 수 있다. 확실한 기준으로 나를 세우려면 있는 그대로의 나를 바라보고, 메타인지를 통해 자신의 장단점을 객관화하여 왜곡된 평가를 막는 것이 선행되어야 한다. '감정일기 쓰기'가 객관화를 위한 적합한 방법이 될 수 있다. 감정일기를 쓰면서 자신의 구체적인 감정 흐름에 대해 이성적인 관찰을 해보는 것인데, 일기를 통해 내 감정을 표현하는 과정에서 내면에서 무슨 일이 일어나는지 들여다보게 된다. 이것은 자신의 장점이나 재능에 집중할 수 있는 기회를 만들어주기도 한다.

영화 속 안생은 중학교를 졸업하면서부터 자유로운 삶을 살아왔다. 직업학교로 진학하고, 미용실 아르바이트를 해서 번 돈으로 자신만의 자취방을 마련하고, 자신에게 더 이상 포근하지 않은 고향을 떠나 북경으로 향하는 기차에 몸을 싣고, 다가오는 삶을 거부하지 않으며 살아간다. 그러고 보니 안생은 다람쥐를 주머니에 품고 수업을 받을 정도로 특이한 취향을 지녔고 다양한 직업을 경험하는 것을 두려워하지 않는 프리랜서 기질도 발휘했다. 하지만 칠월과 소명 사이에 끼어들어 시작된 삼각관계로 결국 칠월과의 우정이 깨져버린 후 안생은 마치 안정적이던 칠월처럼 변했다. 폼에 살고 폼에 죽고, 강한 척하면서 자신을 드러내놓고 살았던 안생은 서서히 자신에게 관심을 기울이게 되고 지금까지 어떻게 살아왔는지, 어떤 가치를 소중하게 여기며 살아왔는지, 무엇에 행복함을 느끼는지 깨닫게 된다. 자기만의 감각을 찾고 자신과 칠월은 어떻게 다른 존재인지 알게 된 안생의 얼굴에 인생을 긍정적으로 바라보는 자존감이 묻어 있다.

같은 시간을 살아낸 안생과 칠월에게 "너 지금 행복하니?"라고 묻는다면 바로 "행복이란 무엇인가?"라고 역질문을 받을 것 같다. 안타깝지만 이 질문에 답을 하지 못할 것이다. 왜냐하면 무형의 가치에 대한 기준은 다분히 개인적 견해이므로 내가 하는 대답은 나에게만 적용할 수 있을 것이기 때문이다. 개인적이라는 말은 다른 사람의 기대를 충족시키기 위해 살지 않는 것이다. 누군가의 기대를 충족시키기 위해 살아간다면 그것은 채무감으로 사는 것이고 강박일 뿐이다. 그렇게 살아가지 않으려면 '무엇이 될 것인가'가 아닌 '무엇을 할 것인가'에 집중해야 한다. 그래야 비로소 나를 타인에게 증명하기 위해 외면의 가치를 정신없이 좇아가는 정체성 상실과 혼란을 겪지 않게 되는 것이다.

01 칠월과 안생처럼 학창시절에 붙어 다녔던 나의 친구는 누구인가?
그 친구와 함께 했던 추억을 돌아보고 이야기해보자.

02 부모의 돌봄을 받지 못하는 안생을 각별하게 대하고 보살펴주는 칠월의 부모님에게서
어떤 느낌이 전해지는가?

03 멀리 떨어져 쉽게 만날 수 없었던 칠월과 안생은 서로의 소식을 편지로 주고받는다.
나에게도 누군가에게서 보내온 편지(손글씨 또는 이메일) 또는 메모지가 있는가?
그 편지는 누가 보낸 것이고 어떤 내용이 담겨있는가?

04 누군가의 입을 통해 나의 이름이 불리기를 간절하게 바란 적이 있는가?

05 자신의 이름에 관련된 의미와 스토리를 풀어 해석해보고 발표해보자.

4 가타카(Gattaca, 1998)

제 작 국: 미국
상영등급: 15세 이상 관람가
상영시간: 106분
감 독: 앤드류 니콜
출 연: 에단 호크(빈센트 프리맨), 우마 서먼(아이린 카시니)

줄거리

가타카의 가장 우수한 인력으로 손꼽히는 제롬 머로우는 우주 비행에 대한 탁월한 지식과 완벽한 우성인자를 가졌다고 여겨져 토성의 위성 타이탄으로의 탐사를 앞두고 있다. 하지만 그는 사실 부모님의 사랑으로 태어난 신의 아들(자연 잉태된 아이)로 다양한 질병에 걸릴 확률을 갖고 있을 뿐만 아니라, 31살에 사망할 운명을 갖고 태어났다. 하지만, 어느 날 여느 때처럼 벌어진 수영 시합에서 빈센트는 우수한 유전자를 갖고 태어난 동생을 이기게 되고 자신이 나약한 존재가 아니라는 것을 깨닫게 된다. 그러한 깨달음은 자신의 꿈을 이루고자 하는 욕망을 더욱 강화시켰고, 그럴수록 자신의 약점을 감추어야만 하는 상황들은 더욱더 복잡하게 얽혀만 가게 된다.

관람 포인트

유전자란 무엇일까? 우수한 유전자와 그렇지 않은 유전자는 어떻게 구별할 수 있을까? 사람들의 신분과 무엇을 할 수 있는 능력이 유전자에 의해 결정되는 것은 타당할까? 좋은 유전자라고 판단된 유전자들은 어떤 상황에서도 좋은 유전자로 남을 수 있을까? 아니면, 상황에 따라서는 좋지 않은 유전자로 그 의미가 변할 수도 있는 것일까? 당신에게 유전자를 선택할 수 있는 기회가 주어진다면 어떤 것들을 선택할 것인가? 가타카는 가까운 미래에 펼쳐질 유전공학의 엄청난 발달과 그에 따라 새롭게 만들어질 법의 타당성, 가치관의 정당성 그리고 무엇이 좋고 바른 것인지에 대한 고민들을 갖게 한다.

우수한 것과 열등한 것에 대한 의구심을 낳다
가타카

하지만 그날은 아주 달랐다.

우리가 늘 사용하는 속담 중에 '콩 심은 데 콩 나고 팥 심은 데 팥 난다'는 말이 있다. 모든 일은 원인에 따라 결과가 생긴다는 의미이다. 공부는 하지 않고서 성적이 잘 나오기를 원한다든지 투자는 적게 하고 큰 이익을 바라는 것의 한계성을 나타내는 말이 아닌가 싶다. 따라서, 콩 심은 데 콩이 나고 팥 심은 데 팥이 나는 것은 당연한 이치일 것이다. 콩에는 콩의 특성을 지정하는 유전자가 있고 팥에는 팥의 특성을 결정하는 유전자가 있다. 하지만, 콩도 팥도 어떤 땅에 심는가? 언제 심는가? 자라는 중에 농부가 어떻게 순을 주고 김매기를 해주었는가? 해가 난 날은 며칠이고 구름이 낀 날은 얼마이며 비가 온 날은 적당했는지의 여부 등 이루 헤아릴 수 없는 많은 원인들에 의해 그 해의 수확이 결정된다. 콩과 팥의 유전자에 의해서만 수확이 결정된다면 우리는 다양한 농작물을 심어 놓고 마냥 놀면서 기다리기만 하면 될 것이고 '농사가 가장 쉬웠어요'라는 말이 생겼을 것이다.

내 기억 속의 초등학교 시절 선생님들은 도시락 검사를 했고 잡곡을 섞어 오지 않으면 혼을 내고는 했다. 아마도 쌀이 부족했기 때문이었을 것이다. 그래서 어느 땐가 정부에서는 통일벼라는 소출이 많은 벼 품종을 육종하여 보급하기 시작했고, 우리 집에서도 정부의 시책에 맞추어

통일벼를 재배하였다. 한 해의 농사를 마무리하는 시간, 경운기의 엔진을 따라 돌아가는 탈곡기를 통해 쏟아지던 황금색 나락들을 보며 "이렇게만 나오면 농사지을 만하다. 공무원 안 부럽다."라며 콧노래를 부르시던 아버지가 생각난다. 하지만, 내 경험에 통일벼에는 두 가지 단점이 있었다. 하나는 소출은 많았지만 밥맛이 하나도 없어 부유한 사람들은 통일벼로 도정한 쌀을 사지 않았다. 다른 하나는 낱알이 너무 쉽게 떨어진다는 것이었다. 요즘은 황금빛 들녘이 펼쳐지는 가을이 되면 논으로 콤바인이 들어가 돌면서 벼를 베고 동시에 탈곡을 해버려 눈 깜빡할 시간이면 낱알을 잃어버린 볏짚들이 논바닥에 깔려 있지만, 그때 우리 집은 논마다 베어서 묶어 세워 두었던 볏단들을 리어카에 실어 탈곡이 이루어지는 곳까지 운반해 가는 방식으로 일을 했었다. 탈곡은 아버지와 어머니가 하셨고, 볏단을 운반하는 일은 나와 내 동생 그리고 일을 도와주러 오신 가까운 친척분들이나 동네 아저씨 한 분 정도가 함께 했다. 문제는 볏단을 실은 리어카가 조금만 덜컹거려도 쉽게 낱알이 논바닥으로 떨어지는 데 있었다. 처음에는 잘 보이지 않았지만, 여러 번 같은 길을 오가다 보면 어느새 리어카가 다닌 길은 황금 길이 되었고 나와 내 동생은 하루 종일 일을 하고도 꾸지람을 듣는 억울함을 감내해야만 했다.

　　미래의 어느 시점에서 영화 속의 주인공인 빈센트는 부모님의 사랑으로 자연 잉태된다. 여기서 자연 잉태란, 유전공학의 도움을 받지 않고 현재와 같은 방식으로 순수하게 태어나는 것을 말한다. 하지만, 태어나는 순간 채취된 빈센트의 피 한 방울 속에 담긴 정보는 심장질환의 위험성을 내포하고 있었고 범죄자의 가능성을 지녔으며 31살에 사망한다는 것이었다. 좋지 않은 유전자를 타고나는 바람에 보험에도 해당이 되지 않아 학교에서까지 거절당한다. 그러던 중 두 번째 아이를 원했던 빈센트의 부모는 병원을 찾고 수정된 4개의 배아 중 유전적으로 우수한 형질로만 이루어진 빈센트의 남동생을 선택하게 된다. 빈센트가 남자아

동생과 수영 시합을 하는 빈센트

이라는 것을 배려한 선택이었다.

　어느 날 집의 벽면에 키를 측정하여 표시하던 빈센트는 자신보다 커버린 동생의 키를 보며, 그 밑에 표시되어 있던 자신의 흔적을 지운다. 그렇게 성장해 가는 두 형제. 동생인 안톤과 빈센트는 가끔씩 바다에 나가 수영 시합을 했고 그때마다 신체적으로 우수한 유전자를 가지고 태어난 동생이 형을 이기게 되지만, 그날은 아주 달랐다. 두 사람은 먼 바다로 거침없이 계속 나아갔고 돌아가자는 동생의 요구에도 빈센트는 멈출 생각이 없는 것 같았다. 어느 순간 뒤따르던 동생은 물에 빠지게 되고 이를 빈센트가 구하여 돌아온다. 그렇게 수영에서 동생을 이긴 빈센트는 자신이 열등한 존재만은 아니라는 것을 느끼게 되고, 집을 떠나 자신의 꿈을 실현하기 위해 노력한다. 이제 불가능하다는 생각은 그의 머릿속에서 사라진 듯 보였다.

수업에 적용하기

01 영화에는 빈센트가 태어나는 순간 피 한 방울 속에서 그에 대한 모든 정보를 알아내는 장면이 있다. 혈액을 구성하는 것에는 어떤 것들이 있는가? 영화 속에서 말하는 질병에 대한 가능성, 폭력성, 수명 등의 정보는 어떻게 얻어졌다고 생각하는지 조사하고 토의해 보자.

02 우주 항공사 가타카의 책임자 조셉, 그의 유전자에 폭력성은 없었다. 하지만 죽은 감독관의 눈에 있던 침방울에서 조셉의 유전자가 나왔고, 조셉이 살인자로 밝혀진다. 조셉 또한 유전공학적으로 태어나 완벽한 유전자를 가지고 있었다. 그렇다면 우수하다고 판단되는 형질이 살인을 유발할 수 있을까? 어떤 경우일지 토의해 보자.

03 나의 유전자들 중에 하나를 바꿀 수 있다면 어떤 유전자를 어떻게 바꾸고 싶은가? 각자 적어본 후 모둠 친구들과 비교하여 표로 만들어 보자.

04 통일벼는 우리나라에 1972년부터 보급되어 70년대 우리나라 식량 자급을 이루게 한 녹색혁명의 주역이다. 이 벼 품종이 어떤 과정을 통해 만들어졌는지 조사해 보자.

무모함

열등한 유전자를 가지고 세상에 나온 빈센트는 자신의 꿈을 향해 나아 가지만 그 과정은 하루하루가 살얼음 위를 걷는 것과 같았다. 매일 아침 가타카의 입구에서 진행되는 혈액 채취기를 통한 신분 확인, 런닝 머신 위에서 불규칙한 심장 박동을 숨기기 위한 애달픈 노력, 그리고 간혹 시행되는 소변 검사. 빈센트는 이 모든 테스트와 검사들을 이겨내며 자신의 신분을 숨기고 하루하루를 버텨내고 있었다.

그러던 어느 날 아이린과 사랑에 빠진 빈센트는 멋진 아침 광경을 보여준다는 아이린을 따라 길을 나서게 되지만, 중간에 마주친 검문 과정을 통과하기 위해 눈에 장착된 렌즈를 빼내게 된다. 선천적으로 시력이 매우 나빴던 빈센트는 자동차들이 빈번하게 오가는 도로에서 먼저 길을 건넌 아이린을 따라

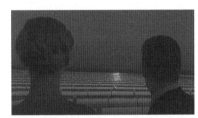

멋진 일출 장면을 보고 있는 아이린과 빈센트

도로를 건너는데 큰 어려움을 느낀다. 하지만, 용기를 내어 심호흡을 한 빈센트는 무모하지만 도로를 무사히 건너고 희미하게나마 멋진 여명을 아이린과 함께 바라보며 행복한 시간을 갖는다.

가타카에서 살인자를 추적하던 동생 제롬은 결국 형 빈센트를 알아 보게 되고 그가 로켓에 탑승할 수 없는 유전자를 지닌 신분임을 말한다. 하지만 그런 동생에게 빈센트는 말한다. 내가 열등한 유전자를 가지고 있으면서도 어떻게 수영에서 좋은 유전자를 가진 너를 이길 수 있었는지 아느냐고. 자신이 이길 수 있었던 것은 돌아갈 힘을 남겨두지 않았기 때문이라 말하며 결코, 자신의 꿈을 포기할 수 없음을 강변한다.

01 영화 속 주인공 빈센트의 행동은 모든 면에서 무모하다는 느낌마저 든다. 반면 동생 제롬은 수영에서 돌아갈 힘을 남겨놓을 만큼 합리적이다. 우리 속담에 '호랑이를 잡으려면 호랑이 굴에 들어가야 한다'는 말도 있고, 적은 수의 병력으로 많은 수의 적을 상대할 때 물을 등지고 스스로 퇴로를 차단한 후 싸우는 병법도 있다. 지금까지의 경험에서 무모하다는 느낌은 들었지만 그러한 선택을 하여 성공한 경험이 있다면 이야기해 보자.

02 서로에게 호감을 갖게 된 아이린과 빈센트는 어느 공연에서 멋진 피아노 연주를 듣게 되고 환호하는 관중들 속에 있던 빈센트는 연주자가 벗어 던진 장갑을 받고서 기뻐하다가 장갑의 손가락이 6개라는 것에 놀라게 된다. 이 표정을 지켜보던 아이린은 자신들이 들은 연주곡은 손가락이 6개가 아니면 연주할 수 없는 곡이라는 말을 한다. 생물학에서는 우성과 열성이라는 용어를 사용한다. 우성과 열성은 우리가 생각하는 우수한 유전자(좋은 유전자)와 열등한 유전자(나쁜 유전자)라는 말과 같은 의미일까? 우성유전자와 열성유전자의 예를 조사하여 정리해 보고 그것이 좋은 것과 나쁜 것의 개념과 연결되는지 토의해 보자.

03 빈센트의 무모한 유전자는 나쁜 것인가? 아니면 매우 도전적이고 모험심이 강한 좋은 유전자인가? 제롬의 합리적인 유전자는 좋은 것인가? 각자의 의견을 말해 보자. 그리고 자신은 빈센트와 제롬 중 어느 쪽에 더 가까운지 이야기해 보자.

영화 속을 흐르는 의미심장한 두 개의 멘트

영화는 '우리가 자연을 함부로 바꾸려 하지만, 자연은 우리를 바꾸려 할 것이다'라는 매우 인상적인 멘트로 시작한다. 인간이 지구상에 존재하는 순간부터 지금까지 늘 진행되고 있는 부정할 수 없는 명제인 듯하다. 이러한 명제는 과학이 현재보다 매우 발달한 미래에도 어김없이 작동할까? 아니면 인간만이 자연을 바꾸고 자연으로부터 독립될 수 있을까?

생명과학 영역 중 생태 관련 단원을 보면 생물적 요인과 비생물적 요인 간의 작용과 반작용을 설명하는 내용이 있다. 작용은 햇빛, 공기, 토양, 온도 등과 같은 비생물적 요인이 생물에 미치는 영향을 나타낸 말이고, 반작용은 생물적 요인이 비생물적 요인에 미치는 영향을 말한다. 하나의 예를 들어보자. 산업혁명 이후 급격하게 진행되어 온 산업화 과정에서 우리는 이산화탄소, 메탄가스와 같은 많은 온실기체를 대기 중으로 방출했다. 그 결과 지구의 평균기온은 상승하여 지구온난화가 가속되었으며 지구의 평균온도 상승은 전 지구적 기상이변을 가져왔다. 이러한 기상이변은 인간들의 행동과 삶에 큰 영향을 미쳤을 뿐만 아니라 이에 대해 위기의식을 느낀 국가나 정치가들로 하여금 새로운 대안을 만들도록 요구하고 산업의 재편 및 국가 간의 협의까지 강요하고 있다. 또 다른 예를 하나 더 들어보자. 얼마 전 고랭지 채소 재배를 위해 대관령이나 평창, 태백 등에 만들어진 경작지가 장마철이 되면 토사가 유출되어 계곡의 생태계를 파괴한다는 뉴스를 본 기억이 있다. 고랭지에서 채소를 재배하면 낮과 밤의 큰 일교차 덕분에 광합성의 결과 얻어진 유기물이 호흡에 의해 적게 소모되는 관계로 평지에 비해 생산성 면에서 유리하다고 한다. 하지만 문제는 고랭지 채소 재배 경작지의 아래쪽으로 형성되어 있는 맑은 계곡과 펜션 등은 장마철 떠내려 온 토사에 의해 계곡이 누렇게 뒤덮여 여름 장사를 할 수 없는 상황에 처하게 된다는 것이다. 이것은 인간의 반작용에 의한 자연의 작용이라고 큰 경각심 없이 볼 수도 있지만, 계곡 속에 살고 있는 수많은 생물들을 쉽게 간과한다는 문제를 안고 있다. 갑자기 밀려 내려오는 토사들은 계곡에 살고 있던 플라나리아나 가재, 메기 등의 삶에는 어떤 영향을 미칠까? 아무튼 이후 뉴스에서는 고랭지 채소 경작지를 계단식으로 만들었더니 토사의 유출이 현저히 줄었다는 내용이 보도되어 그나마 다행이라는 생각을 하였다.

영화의 마지막, 토성의 14번째 위성 타이탄을 향해 힘차게 날아오르는 로켓을 배경으로 "몸 속의 모든 원소도 행성의 일부라고 한다. 어쩌면 떠나는 것이 아니라, 고향에 가는 건지 모른다."라는 문구가 흐른다. 우리는 성장의 과정을 거치며 어느 순간에는 정말 어려운 질문을 떠올리게 된다. '나는 누구인가?' 나는 어린 시절 어느 지점에선가 내가 누구이고 어디서 왔는지를 부모님께 물었고 몇 분의 할아버지와 할머니를 끝으로 '모른다'는 답변을 들어야 했다. 우리의 몸을 구성하는 원소와 물질은 무엇인가? 생명과학 시간에 우리는 몇 가지의 중요한 탄소, 수소, 산소를 포함한 원소들과 단백질, 지방, 탄수화물 등에 대해 공부한다. 결론적인 질문으로 우리 몸을 구성하는 원소들은 어디에서 왔는가? 그것들은 몇 번에 걸친 별의 핵융합과정과 초신성의 폭발을 거쳐 형성되었다고 과학자들은 말한다. 그렇게 보니 글을 쓰고 있는 나와 글을 읽고 있는 여러분들을 구성하는 원소들이 만들어지기 위해 얼마나 오랜 시간 별이 진화의 시간을 거쳤으며 또 초신성으로 폭발하고 그 자리에 새로운 별이 탄생하게 되었는지를 생각하게 된다. 그러면서 존재라는 것이 필연에 의한 것인지, 우연에 의한 것인지, 아니면 우연과 필연은 같은 것이 아니었는지 하는 생각을 가져 본다.

수업에 적용하기

01 생물적 요인과 비생물적 요인이 서로 영향을 미치는 예를 하나씩 생각해 글로 써보고 친구들과 이야기해 보자. 각각의 친구들이 제시한 내용 중 하나를 선택하여 정리하고 발표해 보자.

02 과학이 매우 발달한 먼 미래의 인간 또한, 주변 환경으로부터 영향을 받을 것이라 생각하는가? 인간들이 유전공학을 원하는 대로 사용할 수 있게 되었다고 가정해 보자. 그런 경우에도 발생하는 문제가 있을까? 사례를 상상해 이야기를 만들어 보자.

03 우리 몸을 구성하는 원소들 중 하나를 선택하여 그 원소가 어디에서 왔는지 경로를 추적해 보자.

5 창문넘어 도망친 100세 노인
(The 100 year old man who climbed out the window and disappeared, 2013)

제 작 국: 스웨덴
상영등급: 15세 이상 관람가
상영시간: 114분
감   독: 플렉스 할그렌
출   연: 로버트 구스타프슨(알란 칼슨), 이와 위클란더(율리우스)

줄거리

100세 생일 아침 양로원을 탈출한 '알란'은 기차역에서 예의 없는 청년의 트렁크를 충동적으로 훔친다. 그 트렁크에는 돈다발이 가득 들어있어 바로 쫓기는 신세가 되는데 돈 주위에는 이내 사람들이 몰리게 되고, 돈다발을 들고 사라진 양로원을 탈출한 100세 노인을 찾는 무리도 점점 늘어나게 된다. 지독히 현재의 삶을 살아가며 머뭇거리지도, 주저하지도 않았던 알란이 넘은 창문 밖 세상에는 어떤 이야기가 펼쳐지게 될까?

관람 포인트

살다 보면 새로운 시도를 해보고 싶다는 생각을 할 때가 있다. 그런데 시도만으로는 새로운 변화를 만들 수 없다. 변화를 꿈꾼다면 자신의 환경에서 알란이 창문을 넘었던 것처럼 변화의 창문을 찾아보고, 그것을 넘을 준비를 해보는 것을 어떨까? 그리고 시도해 본다면?
우리는 미래를 알 수 없지만 행복에 대한 믿음을 갖는 것들은 시도해 볼 수 있다. 영화는 알란이 100세 생일 아침 양로원 창문을 넘었듯 변화를 꿈꾸는 사람들에게 자기몰입에서 벗어나 세상 속에서 행동을 취해야만 행복해질 수 있다고 말한다.

책과 영화 함께 즐기기,
「창문넘어 도망친 100세 노인」의 '행복론'

창문을 넘은 100세 노인

우리는 어떤 모습으로 앞으로 남은 삶을 살게 될까? 그 삶에서 행복할 수 있을까? 누구나 행복한 미래를 꿈꾸지만, 그것이 어떻게 가능한 것인지 아는 사람은 많지 않다. 그리고 누구나 어른이 되지만 어른다움을 유지하며 아름다운 삶을 살아가기 위한 계획을 세우고 살아가는 사람도 드물다. 영화 〈창문넘어 도망친 100세 노인〉은 인생의 여정에서 행복에 대해 생각해 볼 수 있는 '작은 창문' 같은 힘을 가진 영화라 할 수 있다. 주인공이 직면한 현실이 비록 행복과 불행을 매 순간 오가지만 영화는 자기몰입에서 벗어나 세상 속에서 행동을 취해야만 행복해질 것이라는 믿음을 전해 준다. 우리는 미래를 알 수 없다. 하지만 적어도 행복에 대한 믿음을 갖는 것들은 시도해 볼 수 있다. 그 믿음은 현재를 살아가지 못하고 미래를 불안과 머뭇거림으로 채우려는 마음에 든든한 버팀목이 될 것이다. 미래는 삶에서 만족감을 높이고 행복한 미래를 원하면서 상상할 때 두려움과 불안, 막연함이 아닌 인생의 긴 여정의 일부분으로 받아들일 수 있게 되기 때문이다.

이 영화는 100세를 맞이한 알란의 이야기다. '나이는 숫자에 불과할 뿐'이라 말하지만 100세가 주는 상징적인 의미, 한 세기를 살아온 나이 100세는 우리에게 그가 겪어온 삶의 굴곡에 대한 의문을 불러일으킨다. 삶이 100세까지 지속된 것은 분명 선물이겠지만 나이라는 선물을 100번 받은 알란의 삶은 그리 평탄하지 않았다. 인생은 파란만장했다. 알란의 집은 가난했고, 아버지는 처형당했고, 어머니는 병으로 돌아가셨으므로 고아로 살았다. 폭탄을 잘못 터뜨려 정신병원에서 감금되어 지냈고, 거세 수술을 받아 가정을 이루지 못했다. 양로원의 작은방에서 맞이한 100세 생일에 찾아오는 가족도 없다. 삶에서 유일하게 마음을 준 고양이는 여우가 죽였고, 여우에게 고양이 대신 복수한 대가로 양로원 신세가 되었다. 그러나 알란은 이곳에서 죽음을 기다리기보단 삶의 부름에 과감히 '좋아'라고 대답하며 슬리퍼를 신고 창문을 탈출한다.

> "그는 자기가 저 양로원에 웅크리고 앉아 〈이젠 그만 죽어야지〉라고 되뇐 것은 잘못이었다는 생각이 들었다. 비록 몸뚱이는 늙어서 삭신이 쑤실지라도, 알리스 원장에게서 멀리 벗어나 실컷 돌아다니는 일이 이 친구처럼 여섯 자 땅 밑에 누워 있는 것보다는 훨씬 재미있지 않겠는가? 이렇게 생각한 백 회 생일파티의 주인공은 무릎의 통증에도 불구하고 몸을 일으켰다."1

알란의 100세 생일파티 장면으로 시작하는 영화는 그가 양로원 창문을 넘으면서 겪는 에피소드와 파란만장하게 흘러간 100세 인생, 즉 현재와 과거의 알란의 삶을 씨줄과 날줄로 엮어나간다. 이 영화를 처음 보게 되면 정신없는 알란의 일대기가 머릿속에 잘 정리되지 않지만 곧 익숙하게 된다. 원작인 요나단 요한슨의 베스트셀러 소설 「창문 넘어 도망친 100세 노인」을 영화화한 것이니 시나리오가 탄탄함은 말할 것도 없다. 그러니 잠시 영화의 흐름에 몸을 맡기고 주인공 알란의 삶으로 곧 빨려 들어가보자. 황당한 사건들의 연속인 삶에서 노인의 지혜와 강점, 삶을 대하는 태도를 발견해본다면 영화는 분명 보는 이에게 선물이 될 것이다.

예측할 수 없는 것들은 무의미할까?

'나는 어떤 모습으로 100세 생일을 맞이하게 될까?' 이 질문에 답하기 위해 우리는 과거 살아온 모습에 비추어 현재를 보고, 앞으로의 미래를 설계하기 위해 나를 행복하게 만드는 것이 무엇일지 숙고해봐야 한다. 이제 영화 속 알란의 모습을 따라가며 노인이 던지는 질문에 답해보자.

알란의 100세 생일파티 장소는 양로원이다. 친인척이 없는 알란을 위해 축하해 줄 손님들이 방문했지만 알란에게 큰 의미가 있는 사람들은 아니다. 양로원의 요양보호사는 알란의 취향에 맞는 아몬드 케이크를 준비해 100개의 초를 꽂는 수고를 기울이면서 초에 불을 붙이고 방으로 들어가지만 알란은 그곳에 없다. 이미 알란은 창문을 넘어 탈출했기 때문이다. 갑갑한 양로원 창문을 넘은 알란은 왜 양로원이 주는 편안함을 두고 창문 밖의 위험으로 뛰어들었을까? 여기에서 영화는 첫 번째 질문을 우리에게 던진다.

현재 평균 수명에 비추어 볼 때 100세는 분명 장수라 할 수 있다. 장수했으니 현재에 만족하면서 '이젠 그만 죽어야지'를 되뇌어야할까? 창문 너머에 펼쳐진 삶이 무엇일지 예측할 수는 없지만 알란은 창문을 넘었다. 양로원에서 죽을 날을 기다리던 그가 무력하고 타인에게 통제 당했던 지루한 일상을 바꿔 자신이 원하는 삶을 살기 위해 슬리퍼를 신은 채 창

100세 생일 아침 창문을 넘어 탈출하는 알란

문을 넘는 용기를 낸 것이다. 비록 창문을 넘는 것이 양로원 탈출이라는 작은 행위였지만 창문을 넘음으로 그는 새롭게 시작할 수 있는 선물 같은 인생을 얻게 된다. 편안하고 변화 없던 현재에 만족하지 않고 예측 불가능하지만 스스로 선택할 수 있는 양로원 밖의 삶을 선택한 것이다.

나는 어떤 변화를 원하고 있을까? 변화를 시도한다면 지금 이 순간 변화시킬 아주 작은 것들을 찾아보자. 미리 걱정하지도 말고, 너무 앞서

수업에 적용하기

01 지금 이 순간 나에게 창문을 넘어야 할 양로원과 같은 환경은 무엇인가?

02 나는 (양로원과 같은) 현재에 만족하는가? 이곳이 주는 편안함은 무엇인가?

03 반대로 창문을 넘어야 한다면 그 이유는 무엇인가? 내가 그 일을 위해 기울이는 노력이 있는가?

04 내가 이 계획을 가능하게 만들려면 어떤 '비법'이 필요할까?
- 계획에 가장 큰 걸림돌이 있다면? 그런데도 왜 해야만 하는가?
- 숨겨진 자원이 있다면 그것은 무엇일까? 머뭇거림과 시행착오를 줄이는 나만의 구체적 행동 요령이 있다면 무엇일까?

가지도 말고 지금 이 순간 떠오르는 아주 작은 것들을 찾아보자. 그것들이 변화를 위한 첫 시작이라 할 수 있을 것이다. 내가 넘어야 할 창문은 무엇일까? 그 창문을 넘을 용기를 내볼까?

적당한 실행에는 적절한 때가 반드시 있을까?

창문을 넘은 노인은 말코핑역으로 향한다. 알란은 먼 곳으로 여행을 떠나고 싶지만 주머닛돈이 턱없이 모자란다. 알란은 몇 푼 안 되는 동전으로 주머니의 돈만큼 가능한 곳, '버링거'로 떠나는 표를 산다. 그는 '내가 어디까지를 가려는데 요금은 얼마요?'라고 묻기보단 '내가 가진 이것으로 어디까지 갈 수 있는가'를 질문한다. 그리고 주저 없이 여행을 시작한다.

여기에 두 번째 물음이 있다.

> 나는 결정의 순간 어떻게 행동하는가? 나는 내가 가진 자원만큼, 가능한 만큼 실행을 먼저 해보는가? 아니면 그 실행이 가능할 때까지 기다리는가? 때때로 그렇게 행동한 것은 어떤 결과를 불러왔는가?

만약 알란이 돈이 없어 돌아섰다고 가정해보자. 그렇다면 여행은 새로운 여정을 못 만들어냈을 것이다. 돈 없는 알란은 다시 양로원으로 돌아갔을 테고, 생일파티를 망친 요양보호사의 타박을 들으며 TV 리모컨을 돌리며 세상 떠날 날만 기다리고 있을지도 모른다. 그러나 알란은 자신의 주머니에 있는 돈만큼이라도 갈 수 있는 표를 구했고, 버스에 올랐다. 그곳이 '아무것도 없는, 여행하기에 적합하지 못한 곳'이라 설명한 역무원의 말에는 아랑곳하지 않고 말이다.

노　인: 저기.. 어디를 좀 가고 싶은데, 어디라도 좋
　　　아요. 시간은 아무 때나 상관없소. 제일 빠
　　　른 거로 주시오.

역무원: 스트랜그나스행 버스 3분 후 출발입니다.

노　인: 스트랜그나스?

역무원: 322번이요. 그걸로 드려요?

노　인: 그러지. 이걸로 될까?

역무원: 이거로는 버링거밖에 못 가요.

노　인: 버링거엔 뭐가 있소?

역무원: 아무것도 없죠.

노　인: ***그럼 그거로 한 장 주시오***

내가 가진 돈으로 갈 수 있는 만큼만 표를 사는
알란

　알란은 과거에 연연하지도, 미래에 일어날 일 때문에 걱정스러운
삶을 살지도 않는다. 노인은 지독히 현재의 삶을 살아가고 있을 뿐이다.
미래에 일어나지도 않을 예측을 미리 하면서 머뭇거리지도 않았고, 실
행을 결심한 뒤에도 주저하며 시간을 낭비하지도 않았다. 알란은 그저
창문을 넘었고, 바깥세상으로 향했으며, 세상을 나선 이후에는 모험에
기꺼이 몸을 던졌다. 지금 가능한 만큼, 비록 만족스럽지는 않더라도 내
호주머니에 든 가능성만큼 운명에 자신을 맡겼다.

　만약 우리도 어떻게 해야 할지 모를 때, 다른 사람들이 자신을 대
신해서 결정을 내리도록 내버려 두고 그 결정에 자신을 맡긴다면 우리
에게는 타인이 정한 삶의 범주를 벗어난 다른 인생은 꿈꿀 수는 없을지
도 모른다. 적당한 실행에는 적절한 때가 반드시 있을까? 그 시기는 누
가 정하고, 실행은 누가 가능한 것으로 만드는 것일까? 그러니 한번 상
상해보자. 나의 100세 생일날 펼쳐질 모습을. 그 모습은 누가 만든 것일
까? 적절한 때와 적당한 실행을 기다리며 머뭇거린다면 내가 상상하는
그 모습을 만들 수 있을까?

어차피 일어날 일은 일어나는 거고 세상은 살아가게 돼 있다.

낙관주의자와 비관주의자가 있다. 비관주의자는 나쁜 일들이 오랫동안 계속될 것으로 믿고 그것이 모든 일을 위태롭게 할 것으로 생각한다. 그리고 일어난 일들의 대부분을 너무 쉽게 자기 탓으로 돌려버리는 경향이 있다. 더 쉽게 포기하고, 더 자주 우울하며, 더 자주 스스로의 처지를 바꿀 수 없다고 여기며 무력감을 경험한다. 삶에서 불행은 다 자기 탓이므로 앞으로도 무슨 일을 하건 불운이 따를 것이라 습관적으로 생각하기에 쉽게 우울감에 빠지고, 자신의 잠재력을 충분히 발휘하지 못한다.

알란의 인생으로 들어가 보면, 일반적인 잣대로는 그의 삶에서 도저히 행복 요소들을 발견할 수 없다. 어린 시절의 불운과 부모의 부재로 평범하지 못한 인생을 살았다. 어머니의 무지로 아버지가 남긴 장식 달걀을 식료품과 바꾸게 되면서 부자가 될 기회를 날리는데 식료품상은 거의 공짜로 그 달걀을 사서 스톡홀름의 한 외교관에게 되팔고 윅스홀트 마을에서 세 번째로 자동차를 소유하게 된다. 어머니는 아버지의 빈자리를 채우며 평생을 힘들게 살다 병으로 돌아가시게 되는데 어머니의 임종을 지키며 어린 알란은 '어떻게 살아야 하냐'고 묻는다. 고아가 될 알란에게 어머니는 마지막으로 '어차피 일어날 일은 일어난다'2는 철학적인 말을 마지막으로 남기고 떠난다. 어머니의 이 유언은 알란의 삶에서 중요한 순간 인생의 가르침이 되었다. 애를 쓴다고 일어날 일이 안 일어나는 것도 아니고, 애를 안 쓴다고 안 일어나는 것도 아니지 않은가? 그는 실패를 그저 일시적인 후퇴로 여기며 실패의 원인도 이번에만 국한된 것으로 보며 삶을 살았다. 적어도 타당한 이유 없이 불평하지 않았으며, 실패에 주눅 들지 않았다. 영화는 이렇게 울 것인지 말 것인지 선택할 능력도 없었던 아기가 성장해 당당히 자신의 이야기를 전하는 100세 노인이 되기까지 울음에서 시작한 인생 독백을 함축적으로 담담하게 들려준다. 세상만사가 그 자체일 뿐이고 절대로 불평하지 않는다는 알란의 삶의 자세는 영화보단 책에 좀 더 자세히 설명되어 있다.

영화	책
처음으로 심각하게 고민했다. 고아가 되면 누구나 그럴 거다. 난 어떻게 살아? *어머니: 너무 걱정하지마, 아빠는 생각만 많아서 사는게 힘들었잖니, 괜히 고민해봤자 도움 안 돼. 어차피 일어날 일은 일어나는 거고 세상은 살아가게 돼 있어.* 그게 어머니의 마지막 말이었다.  	알란의 인생철학에 결정적인 영향을 미친 것은 남편의 사망 소식을 접한 알란의 어머니가 했던 말이었다. 그 메시지가 소년의 영혼에 뿌리를 내리기까지는 약간의 시간이 필요했지만, 그렇게 정착된 뒤에는 영원히 남았다. 〈세상만사는 그 자체일 뿐이고, 앞으로도 무슨 일이 일어나든 그 자체일 뿐이란다.〉 이 말에 내포된 의미 중 하나는 절대로 불평하지 않는다는 거였다. 적어도 타당한 이유 없이는 절대로 그러지 않는다는 거였다. 예를 들어 아버지의 사망 소식이 웍스풀트의 거실에 날아들었을 때도 알란은 가족의 전통에 따라 묵묵히 숲으로 가서 나무를 베었을 뿐이다. 물론 다른 때보다 더 오래, 그리고 좀 더 무거운 침묵 속에서 나무를 베었지만 말이다. 어머니가 아버지의 뒤를 따라 숨을 거두었을 때, 알란은 사람들이 그녀의 관을 집 앞에 서 있는 영구차까지 나르는 광경을 주방 창문으로 지켜보며 나직이 중얼거렸다. 「안녕, 엄마.」 그러고는 삶의 한 페이지를 넘겨 버렸다.[3]

소중한 순간이 오면 따지지 말고 누릴 것

　우리가 낙관적으로 살아가는 것을 학습하는 것은 '긍정적 사고의 힘'을 발견하는 일만은 아니다. 오히려 낙관주의 기술은 실패를 경험할 때 부정적인 사고에 빠져 허우적대지 않고, 부정적이지 않은 사고의 힘을 이용해 어떻게 행동할 수 있느냐에 달려있다. 살면서 겪게 되기 마련인 실패에 직면해 자신에게 내뱉는 파괴적인 말들을 긍정적으로 바꾸는 것이 핵심이다.

　"사는 게 답답하면 탈출계획을 세우긴 쉽다. 근데 생각처럼 안 된다."라고 말하는 알란은 그럼에도 탈출을 시도하지 않았던가? 그 시도

근심, 걱정을 뒤로하고 태평한 알란

가 비록 생각처럼 안 된다고 해도 알란은 "쓸데없이 후회하면 명만 줄지."라며 안 되는 이유를 대기 전 시도하고 현재를 살아간다. 마지막 장면에선 이렇게 100세를 산 노인의 지혜가 더욱 묻어난다. 어린 시절 "나는 어떻게 살아?"라고 묻던 소년이 생의 신비와 숨겨진 삶의 이치를 알게 된 100세가 되어 젊은 이에게, 우리에게 담담하게 말한다.

　"자넨 쉬운 걸 어렵게 하는 게 문제야. 소중한 순간이 오면 따지지 말고 누릴 것."

　이런 노인의 지혜를 우린 어떻게 받아들이고 있을까? 우리도 지금 행복한 삶을 위해 자신에게 힘을 주는 의미들을 만들고 있는지 되짚어 보자.

행복한 삶은 미래에 대한 겉핥기식 관심과 막연한 걱정보다는 현재의 삶을 좀 더 가까이에서 들여다보고 내 미래와 구체적으로 연결 짓는 것에서부터 준비가 시작된다. 불확실한 미래를 앞서 걱정하다 보니 우린 미리 지치고 절망하며 수치스러워진다. 미국 MVP 풋볼 선수 하인즈 워드는 언제 죽을지 모른다는 명제를 늘 염두에 두고 있었기 때문에 성공할 수 있었다고 했다. 그의 말처럼 죽음을 항상 가까이하며 언제나 실존하는 것처럼 자각한다면 우린 그리 서둘러 죽어야 할 이유가 없다.[4] 꽃이 진 자리 묵묵히 자리를 지키고 있는 푸른 잎들처럼 과거에 진 꽃을 돌아보며 앞으로 다가올 추운 겨울을 염려와 걱정으로 채우기보다 현재를 살아가는 자신의 모습을 돌보며 현재 가능한 일부터 시작해 본다면 우리는 모두 알란처럼 새로운 시도를 할 수 있을 것이다. 우리가 앞으로 어떤 모습으로 살아갈지 결정하는 것은 자신의 몫이다. 다른 사람이 가진 것을 부러워만 하지 말고 나만의 의미를 찾아 소중하고 아름답게 그려 간다면 어느새 우리는 행복과 가까운 사람이 되어 있지는 않을까? 그럴 준비가 되었는지 자신의 마음을 돌보는 일, 그리고 그곳에서 의미를 찾는 것이 지금 바로 당신이 시작해야 할 일일 것이다.

책과 영화 함께 읽기

〈창문 넘어 도망친 100세 노인〉과 같이 소설을 영화화한 작품들은 많다. 〈해리포터〉, 〈오베라는 남자〉, 〈정글북〉, 〈나미야 잡화점의 기적〉 등. 이 경우 소설과 영화를 함께 본다면 더 깊이 있는 이해가 가능하다. 소설과 영화 중 무엇을 먼저 보는 것이 더 좋은지에 관해서는 정답이 없다. 어떤 것은 영화를 먼저 보고 영화의 내용이 좋아 소설을 찾아보기도 하고, 소설을 먼저 보다가 영화를 찾아보기도 한다.

소설과 영화의 차이점은 이야기를 전달하는 방식에서 비롯되는데 문자를 바탕으로 전달하는 소설은 언어를 중심 매체로, 영화는 영상과 음향을 매체로 전달한다. 소설이 관념적이고 상징적인 방식으로 생각이나 느낌들을 전달한다면, 영화는 감각적인 이미지를 사용하는 것이다. 관객의 관점에서 소설은 독자가 텍스트를 자신의 경험과 생각을 통해 능동적으로 해석하고 참여할 수 있다면, 영화에서는 이러한 과정을 감독이 대신해서 감독의 시선에 따라 결정된 결과물을 보게 된다. 때문에 다른 매체이지만 같은 이야기를 서로 다른 매체인 소설과 영화로 접해 본다면 작품을 좀 더 깊이 있게 즐길 수 있다. 〈창문 넘어 도망친 100세 노인〉처럼 긴 장편소설을 짧은 시간에 영화로 어떻게 압축적으로 보여주는지 비교해서 읽어보고 가장 좋아하는 변화와 만족스러운 부분을 이야기해 본다면 작가의 상상력과 감독의 상상력의 두 세계를 동시에 경험할 수 있을 것이다.

아래는 원작이 있는 영화 읽기의 다양한 방법을 제시했다. 영화와 소설을 함께 읽고 토론하면서 작품을 깊게 들여다보는 기회를 가지며 세상도 깊게 읽을 수 있길 기대해 본다.

수업에 적용하기 <영화와 소설 함께 읽기 방법>

01　책과 영화에서 등장인물, 줄거리, 배경 등을 알아본다.

02　책과 영화의 요소가 어떻게 비슷하고 어떻게 다른지 설명한다. 영화에서 책에 제시된 아이디어가 어디에서 어떻게 반영되었는지도 살펴본다.

03　책과 영화의 차이가 있다면 영화 제작자는 왜 책의 특성을 영화에서 이렇게 변경했을지 논의해 본다. 그리고 본인의 선호도가 책과 영화 중 어디에 있는지도 설명해 본다.

04　책을 영화로 변경한 곳 중 가장 좋아하는 변화와 가장 만족스러운 부분은 어디인가? 또한, 텍스트에 충실한 영화의 측면은 어디인지 토론해 본다.

05　나라면 어떻게 소설을 영화로 각색할지 비판적으로 생각해보고 토론해 본다. 왜 영화와 책이 동일하지 않은지에 대해 비판적으로 생각해본다.

PART. 3

영화 읽기로
함께
성장하기

1. 전문적 교사로 성장하기: 머무를 것인가? 변화할 것인가?

급격한 사회 변화에 적응하는 것이 최우선 과제가 된 지능정보사회에선 비판적 사고, 문제해결, 협력과 의사소통, 창의력과 상상력, 시민의식, 디지털 소양, 리더십을 함양하는 것이 더욱 중요한 과제로 부각되고 있다. 하드스킬 중심에서 공감, 설득, 감성, 윤리 의식 등 사회성 관련 기술이 강조되고 있고 이런 변화에서 교육과 교사의 변화 대응력 또한 주요한 관심사가 되고 있다. 우리는 이러한 사실을 COVID-19 초기 온라인 개학이 전면 시행되면서 교사의 위기대응과 변화에 적응하는 역량, 협력과 소통을 통해 문제를 해결해나가는 역량이 얼마나 중요한지 몸소 체험할 수 있었다. 2020년 2월을 돌이켜보면 COVID-19의 국내 유입과 확산이 심각 단계로 접어들면서 교육부는 긴박하게 개학 연기 조치를 발표하였고, 대면 수업이 전면 금지되었으며 온라인 개학이 전국적으로 실시되었다. 학교현장에선 준비할 시간도 없이 교사 개인의 경험만으로 온라인 수업을 실시하게 되었다. 온라인 수업이 시간적, 공간적 한계 없이 반복 학습이 가능하고 자신이 원하는 속도로 학습을 진행할 수 있다는 여러 장점에도 불구하고 학교별, 교사별 온라인 학습 실행 형태는 천차만별이었다. 또한 온라인 학습을 시작하게 된 계기가 COVID-19으로 인한 어쩔 수 없는 선택으로 실시되다 보니 교사의 변화대응성이 교육의 질로 그대로 투영되었다. 이런 상황에서 난관을 헤쳐 나갈 해결책은 역시 전문가 교사라는 점이 더욱 분명해졌다.

교사는 교육 전문가로서 역량을 발휘하기 위해 학생지도와 관련된 교육과정, 수업, 평가는 물론 생활지도와 진로지도 전문가, 학급과 학교에서 리더십 발휘, 학교 공동체의 구성원으로서 교사 직무를 수행할 수 있는 교직 실무능력을 갖춰야 한다. 이와 더불어 협력과 의사소통 능력, 대인관계, 자기 관리를 위한 성찰 능력을 갖추고 자기 개발자로서 역할과 소임을 다해야 한다. 이뿐 아니다. 교사들은 학생지도와 관련된 역량 이외에도 공무원으로서의 윤리의식, 성실성, 책임감, 교육정책과 변화하는 교육 현장에 대한 이해를 바탕으로 학교 공동체, 마을공동체와 소통하며 대응하는 기본 소양도 필수적으로 갖추어야 한다. 문제는 이와 같은 전문적 역량을 어떻게 다 갖출 수 있을지에 관한 것이다. 또 이것은 단기간 도달할 수 있는 것일까? 갖춘다 해도 과연 현재 변화의 속도를 따라잡으며 변화할 수 있을까?

세계로 눈을 돌려봐도 비슷한 상황이다. 실례로 영국의 교육부는 교사 전문성 개발 기준 표준을 학생의 배움과 교수법에 대한 이해, 관련 교과목 및 커리큘럼 분야에 대한 지식 갖추기, 수업의 효과와 체계적인 교수법 활용, 해당 교과목 및 커리큘럼 영역 평가 방법 이해 등을 교사 직무로 제시한다.[1] 이와 더불어 교사로서의 지식과 기술을 최신 상태로 유지하고 자기 비판적일 것, 적절한 전문성 개발을 통해 교수법 개선에 대한 책임을 질 것, 동료의 조언과 피드백에 응답할 것, 학생이 어떻게 배우고 그것이 교수법에 어떻게 영향을 미치는지에 대한 지식과 이해를 갖출 것을 요구한다. 이쯤에서 우리가 기억해야 할 사실은 교사 전문성 개발 기준을 달성하는 것이 교사 혼자 개인의 힘으로, 그리고 단기간에 가능하지 않다는 점이다. 이것은 교사의 기존 경험과 지식, 사회적 요구사항, 학교 상황, 교사의 일상적 경험을 통해 학생을 위한 바람직한 결과를 만들기 위한 목적으로 협력과 전문가적인 모임을 통해 꾸준하게 개발되어야 할 사항이다.

현재 우리가 겪고 있는 COVID-19 상황은 다양하게 퍼져있는 미래의 모습을 단기간 현실화시켰으며 미래교육을 앞당겼다고 평가하고 있다. 그러나 인프라는 단기간에 갖추었어도 사전준비 부족, 교원 간 디지털 역량 차이로 수업의 질이 천차만별이란 평가를 받는 현실을 고려할 때 수업의 질을 높이기 위한 교원의 역량 강화 노력은 단기간에 완성되는 것이 아니라 지속적으로 실천되어야 한다는 점이 분명해졌다. 급변하는 세계는 디지털화되어가고 있는 현실에서 교사들이 적응해야 할 새로운 환경이지만, 대부분의 교사들이 습득해야 하는 디지털 역량이 디지털 기기를 활용하는 것에서 벗어나지 못하고 있는 실정이라는 비판은 기술 교육과 더불어 디지털 미디어에 의해 이루어지는 표현과 소통에 대한 비판적 이해와 창의적 활용을 더불어 고민해야 함을 역설한다. 교사들의 전문성 개발 프로그램은 그동안 개인의 역량을 강화하기 위한 목적으로 다양한 방식으로 설계되었다. 그러나 미리 설계되어 주어지는 연수는 수동적이며, 인지능력 함양에 집중되어 다양한 미래 직무기술을 익히고 복합 문제를 해결하며 사회관계를 증진시키는 협업과 다양한 아이디어를 연결해 새로운 것을 창조하기에는 미흡하다는 비판을 받고 있다. 교사의 전문성 계발은 교사의 경험과 명백한 관련이 있어야 더욱 효과적이다. 그리고 반드시 실천적 변화를 포함한 설계가 계획되어야 한다. 이런 상황을 해결하기 위한 정책적 변화로 현재 교원의 연수도 실행 기반으로 점차 바뀌고 있다. 자발적 연수기획을 기반으로 추진되는 공동체적 관점의 전문학습공동체가 더욱 주목받고 있는 이유도 당연한 시대적 조류라 할 수 있다.

전문학습공동체는 공동연구, 공동실천을 통해 교육과정을 개선하는 지속적 활동을 의미한다. 여기서 공동연구와 공동실천이 주된 핵심적 요소다. 교사들은 함께 전문성을 신장하기 위한 목적으로 학습과 연구를 통해 결과를 잘 축적하고 상호 소통을 통해 자긍심을 갖고 교사직을 수행하는 서로에게 도움을 준다. 주목할 점은 일회성 혹은 단기적인 활동으로 끝나는 것이 아니라 지속적인 학습을 통해 함께 성장하는 과정을 독려하므로 교원으로서 정체성을 갖고 교직에 대한 만족도가 높아진다는 점이다.

우리가 영화로 함께 성장한 과정도 공동연구, 공동실천를 염두한 전문학습공동체와 다르지 않았다. 영화심리상담을 시작하면서 우리는 한 편의 영화가 다양하게 삶으로 쪼개지는 것을 경험했다. 영화에 마음을 담고 다양한 사람들과 나누고 이를 학생들과 나눈 여정은 영화 매체가 훌륭한 소통 도구가 된다는 점을 경험한 과정이라고 볼 수 있다. 비판적 관점에서든 치유적 관점에서든 다양한 이야깃거리로 영화를 보고, 읽으며 우린 한곳에 머물 수 없는 자신을 발견했다. 이미 한곳에 머물 수 없는 내면의 변화가 시작되었기 때문이다. 이 과정에 참여한 사람들은 나를 비롯해 모두 엄청난 성장을 경험했다. 그 성장의 경험은 개인의 삶으로, 학생과의 관계로, 학교 공동체로 번져나갔다. 공동연구-공동실천-성찰-함께 성장의 시스템이 개인의 삶 속에 중요한 부분을 차지하게 된 것이다.

영화를 통해 다양하게 접한 간접경험들은 인간의 삶을 이해하는 데 도움이 되었다. 영화가 담고 있는 인간의 희노애락은 다양한 형태로 세상과 자신을 이어주었고, 타인과의 만남을 주선했다. 영화를 보는 내내 마음의 흐름이 한곳에 머무를 수 없다는 점은 영화 자체가 지닌 스토리의 힘이다. 영화는 자신과 우리를 보며 미세한 변화를 감지하는 성찰의 거울이 되었다. 저자들이 이 활동을 십여 년 이상 지속했다는 점을 고려한다면, 분명 이 과정은 단기적인 활동으로 끝난 것이 아니라 지속적으로 꾸준함을 갖췄다고 자신할 수 있다. 물론 현재도 진행 중이고, 앞으로도 지속될 것이다. 이 글을 쓰게 되기까지 영화의 다양한 소재를 주제로 묶고, 한 주제를 깊게 탐구하면서 다양한 관점으로 영화를 봄으로 교육적 실천력을 갖추게 되었다. 영화는 끊임없이 변하는 세상을 읽고 변화의 경계에 자신을 놓고 변화를 선택하는 삶의 자세를 갖추는 데 무엇보다 도움이 되었다. 이런 지속적 변화의 동력에서 함께하는 동료와의 협력을 뺀다면 무엇으로 설명할 수 있을까?

이 글에서 설명하려는 리터러시는 언어에 의해 규정되는 커뮤니케이션 코드, 즉 인간이 몸담은 사회 속에서 삶을 영위하고, 타인과 관계를 맺으며, 학습과 일을 위해 필요한 기능과 태도를 갖추는 것이다. 그러므로 교사로 성장한 사람들이 자신의 언어로 사회와 소통할 수 있는 이야기를 글로 쓸 수 있는 능력을 갖추게 되는 과정에 전문성을 갖춘 이들과의 협력적 소통이 무엇보다 중요한 힘을 발휘한다는 점은 누구라도 동의하게 될 것이다. 무엇보다 중요한 성장 동력은 전문적 학습공동체를 형성해 함께 성장하는 것이다. 이런 과정에 영화만큼 다양하고 전문적인 소재도 없을 것이다. 이제 그 여정을 소개하려고 한다.

2. 전문학습공동체: 협력적으로 영화 읽기, 그리고 사회 읽기

영화 읽기로 학습공동체를 운영한 사례를 설명하기에 앞서 리터러시 교육과 영화의 연결고리를 살펴보려 한다. 리터러시(Literacy)는 문자화된 기록물을 통해 지식과 정보를 획득하고 이해할 수 있는 능력으로 단지 언어를 읽고 쓰는 피상적인 의미만을 내포하는 개념으로 한정하지 않고 시대적, 사회적, 문화권에서 통용되는 커뮤니케이션 코드인 '언어'에 의해서 규정되는 복잡한 사회적 환경과 상황 속에서 그 본질을 이해할 수 있는 복잡한 개념으로 정의한다.[2] 즉, 리터러시는 인간이 몸담은 사회 속에서 삶을 영위하고, 타인과 관계를 맺으며, 학습과 일을 위해 필요한 기능과 태도라는 점에서 중요한 교육적 함의를 지니고 있다고 보아야 할 것이다.

그동안 리터러시는 시대에 따라 다양한 영역으로 확장되었다. 주목할 점은 언어를 읽고 쓰는 능력에서 더 나아가 변화하는 사회에서의 적응 및 대처하는 능력으로 그 개념이 확대되기 시작했다는 점이다. 예컨대 디지털 리터러시 교육은 디지털 세상에서 콘텐츠를 찾아내고, 관리·평가하고, 공유·창조하며 소통하고 문제를 해결하는 것을 필수 역량3으로 강조하면서 동시에 활용의 적절성, 자기계발 활용 여부, 자기통제와 절제 등 자기관리, 정보와 지식 나눔, 디지털의 공익적·이타적인 사용 등 개인적 태도와 사회적 태도, 그리고 이와 더불어 커뮤니케이션 리터러시 측면에서 관계관리, 위기관리, 갈등관리까지 추가적으로 교육할 것을 제안한다. 이러한 점은 기술 발달을 통해 확장된 사회 참여에 윤리적 의식을 갖고 실제적으로 적용하기까지 광범위한 능력으로 정의된다는 점을 드러낸다. 즉, 디지털 리터러시 교육이 과거에는 협의의 의미로 정보를 이해하는 능력 수준으로만 정의했지만, 최근에는 비판적 사고와 문제해결 능력, 자신의 생각과 지식을 창의적으로 표현하며 콘텐츠를 만들어내는 능력까지 포함하며 개인의 기능적인 능력을 넘어 디지털 시민의식과 소통, 협업 등 사회적 관계 속에서의 능력으로 확대 정의하고 있다. 이러한 점은 앞서 기술한 바와 같이 하드스킬 중심에서 공감, 설득, 감성 지능, 윤리 의식 등 사회성 관련 기술이 강조되고 있고 이런 변화에서 교육과 교사의 변화 대응력 또한 주요한 관심사가 된다는 점을 잘 보여주는 예라 할 수 있다.

이런 통합적 관점에서 리터러시 교육에 영화만큼 좋은 소재도 없다. 영화 속 장면들은 보는 사람에 따라 다른 의미로 다가가 상상력을 불러일으킨다. 동시에 개인의 경험과 감정, 기억과 시간들과 다양하게 조우한다. 따라서 영화는 영감을 불러일으키기도 하고, 생각에 잠기게도 하므로 마음의 목소리에 주의를 기울이게 만든다. 이렇게 주의를 기울인 것은 눈으로 지각하는 것 이상의 의미를 내포하므로 다양한 맥락에서 다양한 목적을 위해 활용될 수 있다.

영화를 활용한 학습공동체는 목적에 따라 다양하게 기획되어 운영될 수 있는데, 대부분이 현재 우리가 경험하고 있는 사회 구조, 지식, 문화, 관계, 예술, 기술 등 인류의 삶 전반을 미디어 영상인 영화를 통해 이해하고 분석하며, 비판적 성찰과 문제해결, 커뮤니케이션 등 지혜롭게 행동하고 발전할 수 있는 실천적 사유의 공유를 주된 목적으로 한다. 그동안 저자들은 교육 현장에서 영화를 활용해 연구, 교육, 상담을 실천해 왔다. 그리고 다양한 교육적 경험을 공유해 왔다. 하나의 영화를 깊이 보고, 자신을 성찰하면서 수업 아이디어와 교육 자료를 나눴다. 그리고 각자의 언어 속에서 작은 세계의 목소리들을 듣고자 귀를 기울였다. 특히 학생들이 직면할 다양한 삶의 단편들은 영화를 통해 삶의 문제들을 함께 고민하고, 해결책을 제시하며, 공감하기에 적절한 도구가 되었다. 이렇게 영화를 통해 타자와의 대화적 관계를 형성하고, 교육적 방법을 모색하는 협력적 관계들을 형성할 수 있었던 것은 기본적으로 참여했던 한 명 한 명의 반응에 민감하게 반응하고 경청하는 자세들을 체득하고자 서로가 노력했기 때문이다. '말하는 전문가'였던 우리가 '듣는 전문가'가 되기 위해 했던 노력의 출발은 자율적 학습과 공통의 목적을 만들고 도달하기 위해 상호작용하는 모임을 만든 자발성에서 출발한다. 영화는 교과서나 칠판을 넘어 세계와의 만남에 용이하며, 학습공동체는 고립된 자아에서 벗어난 타자와의 만남을 통해 협력적 배움을 가능하게 했다. 교사의 '배움' 이후 교실에서는 배움의 '적용'이, 다음 만남에서는 다시 자기 자신을 '성찰'하는 만남이 지속되었다.

이런 전문학습공동체가 지속적이고 성공적으로 운영되기 위해 무엇이 동력으로 작용했을까? 우선 작게는 개인의 교육적 스트레스는 물론 크게는 사회적 압력까지 포함하는 교육현안 문제를 해결하기 위해서는 필수적으로 공동체 스스로가 높은 자율성과 책임감을 가지고 있어야 한다. 다음으로 필요한 것이 학습공동체를 이끄는 리더의 전문성이다. 우리의 모임이 십여 년을 넘어 지속되었다는 점, 전문성을 나누며 성장하고 결과물들을 만들어내는 동력을 가지게 된 배경에는 자발성과 책임감, 전문성을 갖춘 교사의 지속적 헌신과 구심점이 있었다는 것을 분명히 하고 싶다. 높은 전문성을 가진 리더가 이를 공유하고 자발적으로 나누고자 노력한 헌신적 노력은 학습공동체 유지에 필수적 요소라 할 수 있다. 영화를 활용한 상담을 공부하고 프로그램을 개발하면서 가장 중요하게 작용했던 개인적 숙련을 갖춘 전문가 교사의 리딩과 그런 리더의 존재는 공유된 비전을 품게하고 팀 학습을 빠르게 가속화시켰다. 현재도 리더인 담쟁이선생님을 중심으로 모인 다양한 사람들은 자발적으로 이러한 활동에 참여하고 있다. 담쟁이선생님은 교육상담을 전공하고 영상영화치료학회 전문슈퍼바이저로 영화를 활용한 상담을 우리에게 교육한 우리의 선생님이다. 이런 역량 있는 전문가 리더의 존재는 우리를 더욱 결속하게 만들었고, 지속적으로 전문성을 갖추는 데 노력할 수 있도록 만들었다. 지금 이 글을 쓰는 저자들 중 전문가가 있다는 점은 훨씬 빠른 성장이 가능하도록 만드는 동력이 되었다. 실천과 성찰의 과정에서 제대로 된 거울을 들여다 볼 수 있다는 점은 전문가로서 역량을 갖춘 구심점 교사가 얼마나 중요한지를 보여주는 예이다. 공동체를 형성하는 것을 저해하는 요소들은 많다. 그러나 반대로 높은 전문성을 가진 교사가 열정과 전문성을 지속적으로 발휘할 수 있는 내적 동기를 갖춘다면 다양한 결과를 만들어 낼 수 있다는 점도 우리는 학습공동체를 운영하면서 알게 되었다.

우리가 영화심리상담 모임에 참여하면서 얻게 된 것은 무엇일까?

무엇보다 좋았던 점은 다양한 교육활동 중 부딪히는 교사 실패 경험이나 업무나 학교 내 관계에서 비롯되는 다양한 교사 상처들이 힐링시네마를 통해 치유를 경험한 것이다. 우리는 영화를 이야기했지만 교사 혼자 개인의 힘으로, 그리고 단기간에 해결할 수 없는 문제들에서 서로의 경험을 주고받으며 해결책을 고심하고 일상적 경험에서 벌어지는 상처들을 돌보는 협력과 전문가적인 모험을 떠나게 되었다. 영화심리상담은 영화 자체가 전달하는 정보나 문화적 내용에 접근하여 비판적으로 이해하고 의미 있는 정보와 문화를 생산하고 전달할 수 있는 능력을 키우는 데 목적이 있었다기보단 한 편의 영화를 깊이 읽으며 나를 먼저 변화시키는 것에 더 큰 목표가 있었다. 이것은 끊임없이 자기 삶에 작용하는 현실과 성취하고 싶은 비전에 대한 일관된 이미지를 지속적으로 성찰하게 했다. 현실에 안주하고 싶은 감정적 긴장이 있는지, 현실의 상처는 어떤 비전으로 치환될 수 있는지, 이는 무엇을 위해 노력하고 싶은 창조적 긴장을 불러오는지, 그 사이에서 우린 어떤 선택을 할 수 있는지, 좋은 선생님이 되고 싶은 마음과 현실 여건 사이에서 개인의 선택은 어떠해야 하는지에 대한 대화들은 늘 빠지지 않는 단골 주제가 되었다. 이러한 것에 바탕을 두고 윤리적이고 책임 있게 이용하는 태도를 중요한 가치로 삼고, '체험'과 '공동체', '감상과 향유', '사회·문화적 이해', '비판적 분석과 평가' 등의 가치적 목표를 위해 활동했다.

둘째, 이 모임은 변화를 시도하는 개인의 부담을 낮추며 변화를 독려하고 현실화할 수 있는 계기가 되었다. 언제나 개인의 시도는 개인에게 가중되는 부담이 높기 때문에 실패할 확률이 크다. 하지만 여럿이 함께 변화를 추구하면 그것은 현실이 될 수 있다. 한 편의 영화가 단순한 감상으로 끝나지 않고 현장에서 힘을 발휘하고, 이런 결과를 책으로 묶을 수 있었던 것은 공동체 안에서 일어난 무수히 많은 상호작용에서 그 힘을 찾을 수 있을 것이다.

셋째, 명확한 목표 달성이다. 팀 학습은 팀 차원에서 학습에 매진하면 남다른 성과를 올리는 것은 물론이고 훨씬 빠르게 성장한다. 팀 학습 구성원들은 대화와 토론을 통해 공동 목표를 달성하고자 노력하는데, 우리의 경우 한국영상영화치료학회의 일원이 된 점, 자격검증을 거치며 수련을 한 점, 함께 교육의 문제를 해결하기 위해 팀 학습 체제를 만들어 학습과 실천, 성찰의 과정을 반복하면서 성장한 점은 지속할 수 있는 힘이 되었다. 이제 우리가 영화로 소통했던 몇 가지 경험과 교육적 실천을 소개하고자 한다.

3. 좋은 수업을 위한 영화 읽기 운영 사례

사실 우린 전문학습공동체에 참여하면서 연수학점화를 비롯한 여타의 교육청 지원을 받지 않았다. 최근 2년 정도가 되어서야 프로그램 개발이나 연수 프로그램 등 제도 안에서 실시하는 몇 가지 프로그램에 참여하게 되었다. 지난 십여 년간 지속적으로 수요힐링시네마를 시즌 12까지 운영하고 매월 1회 일요힐링시네마로 개방 참여자를 모집하며, 힐링캠프를 운영하거나 영화제에 참여하는 것, 영상영화치료학회 활동을 하는 것들은 교사 전문성 향상을 위한 제도권 내에서의 프로그램이라기보단 자발적 활동, 자율적이고 협력적인 활동이었다는 점을 분명히 하고 싶다. 그 가운데는 앞서 설명했던 담쟁이선생님이 있었다.

결과적으로 이 책은 그동안 학습공동체로 모였던 우리들의 중간계산서인 셈이다. 앞서 설명된 영화들은 학습공동체에 참여하면서 갖추게 된 교사들의 역량이며, 함께 전문성을 신장한 학습(연구)의 결과의 축적물이라 할 수 있다. 이곳에는 그간의 실천 노력 중 일부의 사례를 제시하려고 한다. 각자의 언어로 영화를 읽어내고 소통하면서 상담 역량을 향상시키기 위해 노력하고, 동료 교사들과 따뜻한 언어로 소통하는 교사가 되기 위해 함께 시간을 보낸 우리 활동의 작은 쉼표라 할 수 있다. 사례들에는 영화수첩 만들기를 통한 프로그램 개발도 있지만 개발된 프로그램을 적용해 연수를 진행한 사례도 있으며, 교사들과 함께 원작이 있는 책과 영화로 만난 리터러시 관련 운영 사례도 있다. 영화수첩 사례는 영화심리상담을 활용해 위기청소년을 위한 진로역량 신장 프로그램을 개발한 것으로 개발과 현장 적용의 과정을 거쳤으며, 이후 '저녁엔 연수'라는 교사연수를 개설해 동료들과 공유하게 되었다. 이런 일련의 과정들(개발-적용-확산)은 우리를 더욱 성장하게 했다. 이 사례들이 영화로 전문학습공동체를 시작하려는 현장에 작은 아이디어가 되고 씨앗이 되길 바란다.

영화심리상담을 활용한 위기청소년 진로역량 신장 프로그램 개발

사례 1

1. 실천과제 개요

청소년기는 자신의 진로를 결정하는 시기로 가정과 학교에서 미래의 삶을 준비하는 의미 있는 시간을 보내야 하는 중요한 시기이다. 그러나 이러한 중요성에도 불구하고 우리나라 청소년의 주관적 행복지수 국제비교 통계는 조사 대상인 OECD 회원국 22개국 가운데 가장 낮으며,4 최근에는 'n번방' 사건과 같이 각종 범죄에 청소년이 포함되는 사례나 가출, 자살 등 사회문제에 노출된 위기에 처한 청소년의 비율이 심각한 수준으로 보고되면서 청소년기의 심리적 안정감이 우리 사회의 중요한 사회적 해결과제로 대두되고 있다.

위기청소년들은 학업중단, 학습부진, 폭력, 약물, 빈곤, 가족해체, 학대, 가출, 범죄 등의 위기 상황에 처한 청소년을 말한다.5 청소년기의 위기 상황에 영향을 주는 위험 요인 중 개인적 위험 요인은 낮은 충동자제력과 반항적인 성향, 개인이 가진 공격적 성향, 위험행동 및 반사회적 행동, 개인의 심리적 상태와 신체적 특징으로서의 정서 및 개인이 가진 심리적인 문제나 우울, 불안 등의 개인 내적 특성 등을 들 수 있다.6 그러나 사회는 이러한 청소년기의 개인의 내적 특성을 보듬기보단 부부 별거, 이혼 등 가정의 해체와 다문화 사회로의 이행, 빠른 사회의 변화는 가정에서 따뜻한 보살핌이 절실한 청소년에게 안전한 교육적 환경을 제공하지 못하고 있는 현실이다. 통상적으로 위기청소년에 대한 평가가 학교생활에 대한 적응 여부임을 고려할 때 학교와 교실에서 학생을 가장 가까이에서 볼 수 있는 교사들이 위기청소년의 문제에 대한 관심을 갖고, 심리·정서적 불안정을 경험한 학생들이 위기청소년으로 분류되는 것을 미연에 예방하고, 적극적인 상담과 예방활동을 펼치는 등 적극적인 교육적 처방과 개입을 펼치는 것이 무엇보다 중요해졌다. 개인적 위험 요인이 내재되어 있는 위기청소년을 학교에서 조기 발견하게 되면 청소년이 위기 상황에 빠지기 전에 위험 요소를 파악하고 조절할 수 있도록 도움을 주어 학업중단으로 이어지지 않도록 예방적 차원에서 도움을 줄 수 있을 것이다. 뿐만 아니라 위기청소년의 발생과 확산을 사전에 예방할 수 있을 것이므로 학교생활 속에서 위기에 노출된 청소년에 대한 적극적인 개입이 필요할 것으로 본다.

최근 급속도로 발전하고 있는 정보통신 기술은 우리 생활의 미디어 환경을 근본적으로 바꿔놓았다. 이런 변화에 힘입어 내담자의 흥미와 몰입을 쉽게 이끌어내는 장점을 가진 영화를 활용하는 심리상담이 상담 분야에서 주목받고 있다. 대중들에게 가장 사랑받는 영상매체로 자리 잡은 영화 콘텐츠가 다리 역할을 하는 영화심리상담은 상담자와 내담자 간의 관계형성에 도움이 되고 심리적 거리두기가 용이하기 때문에 의미 있는 마음 나눔에 효과적인 상담기법이다. 영화를 보며 등장인물의 여러 가지 행동들을 관찰하고 평가할 뿐만 아니라 자기 자신의 사고나 감정을 투사하며 자신의 가능한 행동들에 대해 생각하고 적용해 볼 수도 있는 영화심리상담은 내담자가 부인하는 감정에 도전하고 인지, 정서, 행동 사이에 연관을 맺어주어 교정적, 정서적 재경험을 이끌어낼 수 있다.7 특히 영화를 활용한 심리상담은 청소년에게 익숙한 미디어 콘텐츠를 활용한다는 점에서 흥미롭고, 영화 매체가 갖는 핍진성과 집단으로 실시될 때 대인관계에서 특히 효과를 보인다는 점에서 매우 효과적이다. 주목할 점은 영화를 활용한 심리상담이 타인과 함께 영화를 보고 함께 영화에 관한 토론을 함으로써 자신의 판단에 대한 피드백을 얻고 정보를 교환함으로써 대인관계의 긍정적 변화를 촉진시키게 된다는 점에서 대인관계 변화를 위한 값진 도구로 주목받고 있다는 점이다. 이러한 점은 공동체 생활을 하는 학교에서 집단으로 실행하기에 매우 효과적이기에 학교 내에서 교사들이 위기청소년의 예방과 적극적 개입을 목적으로 사용한다면, 학생들의 긍정적 정서를 신장할 수 있는 영화를 활용한 진로상담 프로그램이 더욱 효과적일 것이다.

본 프로그램 개발에 참여한 교사들은 현직교사면서 동시에 영화치료 전문가로(수련감독자 및 3급 이상의 영상영화심리상담 자격증 소지자) 그동안 영화가 베풀어주는 보이지 않는 긍정의 힘을 믿고 영화를 활용하는 심리상담을 통해 학생, 학부모, 동료 교사들과 마음 나누기를 실천하고 있다. 그동안의 학생지도 경험과 영화가 가진 치유의 힘이 사람과 사람을 잇고, 관심을 모으고, 마음을 흔들 수 있다는 믿음으로 실행한 다양한 상담사례를 바탕으로 현직교사들에게 실제적인 도움을 줄 수 있는 양질의 일반화된 자료를 개발하였다. 그리고 무엇보다 이 자료를 활용한 프로그램에 참여하는, 뺨을 맞아 볼과 마음에 얼얼한 상처를 입은 아이들의 마음이 선생님들의 따뜻한 돌봄을 받아 행복한 미래를 꿈꿀 수 있도록 돕는 데 도움이 되길 간절하게 기대해 본다.

2. 과제의 목적 및 제한점

본 프로그램은 영화치료를 활용해 위기청소년의 학교적응유연성을 증진시킴으로 개인의 위험행동과 반사회적 행동, 공격성을 감소시키고, 관계 증진과 의사소통 능력 향상에 목적이 있다. 청소년에게 적합하지 않은 영화(선정성, 폭력성, 반사회성이 짙은 영화)는 활용하지 않으며 연구회

원이 초등학교와 고등학교에 근무하고 있는 상황을 고려하여 위기청소년이라는 특정 대상을 위한 프로그램이 아닌 일반학생 내 포함된 위기적 상황의 감소를 목표로 개발한다. 또한 학교급별에 적합한 프로그램을 분절적으로 개발하기보단 영화를 중심으로 단일 영화 내에서 활용가능한 다양한 목표를 추출하고, 그에 적합한 다양한 에피소드를 제공하여 개인적이고 다양한 학생의 심리상담 문제에 활용할 수 있도록 영화 중심의 프로그램으로 제시하고자 한다. 특히 학생들의 주의집중력과 활동 시간, 자칫 영화 감상으로 흐를 우려를 고려하여 영화 상영시간을 조절할 수 있도록 목표에 따른 영상 클립 위주의 프로그램을 제공하고자 한다. 영화 클립은 영화 전편을 시청하고 토론하는 것이 아니라 영화 심리상담에서 필요한 지시적 접근, 연상적 접근, 정화적 접근에 필요한 영화의 요소만을 사용하는 것으로 일반적인 영화 감상과는 구분된다. 따라서 본 과제는 영화 내 영화 클립 목록과 교사들이 활용할 수 있는 리스트를 작성하여 활용 가치를 높이는 데 주안점을 둔다. 그러나 본 프로그램이 청소년기의 자기이해, 정서표현, 타인 정서 이해, 문제행동 감소 등에 목적을 두었으나 영화의 주제에 따라 청소년의 위기 문제를 다루는 부분이 제한적일 수 있고, 현장 개선을 목적으로 하는 실행연구의 성격을 갖고 있으므로 엄밀한 검증 및 적용, 해석은 제공하지 않았다.

　　프로그램 개발과정은 다음과 같다. 모든 참여자는 힐링시네마 워크숍에 필수 참석하고 영화수첩을 제작하며, 현장 적용을 한다. 영화수첩 제작은 '영화 편집'이 필수적으로 실행되어야 한다.

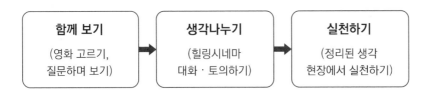

3. 개발 프로그램

살아남은 아이(Last Child, 2018)

개봉일: 2018년 8월 30일 (한국)
감 독: 신동석
각 본: 최무성(진성철), 김여진(이미숙), 성유빈(윤기현)

접근성 ♥♥♥♥♥
보편성 ♥♥♥♥♡
치유력 ♥♥♥♥♥

잃어버린 아들, 살아남은 아이,
살아갈 부모의 이야기

줄거리: 아들 은찬을 잃은 성철과 미숙은 아들이 목숨을 걸고 구한 아이 기현과 우연히 마주치고 슬픔에 빠져있던 성철과 미숙은 기현을 통해 상실감을 견뎌내지만 기현에게 비밀을 듣고 나서 이들의 관계는 미궁에 빠진다.

Session 1. 도전

상담목표: 성공경험을 통해 자신의 장점을 발견하고 긍정적 자원을 인식할 수 있다.
접근방법: 연상적 접근
사용클립: 도전(기현이 도배사로 성장하는 과정을 모은 영화 장면 클립)
적용대상: 위기청소년

[영화] 기현 이야기	[나의 이야기] 질문 목록
〈영화 장면〉	〈영화를 본 후〉 • 영화를 본 느낌은? • 영화를 보고 떠오르는 사람은 누구인가? • 가장 인상적인 장면이나 대사는?(의심받는 장면, 밥을 먹는 장면, 돈을 주는 장면 등) 왜 그렇게 느껴졌는가? • 기현에게 하고 싶은 말이 있다면?
• 성철이 기현을 서서히 용서하면서 도배사로 성장해 나가는 장면 • 기현과 성철의 대화, 도배사로 일하는 장면을 모은 영화 클립	〈도전〉 • 지금껏 내가 성취했던 일을 떠올려 보자. • 작은 것이라도 내 힘으로 성취했던 것은 무엇이었나? 자신의 삶과 연결시켜 지금까지 포기하지 않고 이루어낸 바람이 있었는지 이야기해 보자. • 또는 내 힘으로 하려고 했지만 잘 되지 않았던 것은 무엇이었나? • 기현과 같이 누군가에게 도움을 받았던 경험이 있었나? • 기현의 어떤 노력이 주위 사람들의 마음을 열었는지 통찰해 보자. • 소망을 이루기 위해 어려운 현실이지만 어떻게 구체적으로 노력해야 되는지 방법을 모색해 보자.

Session 2. 용서

상담목표: 학교폭력 상황을 가해자의 입장에서 살펴보며 학교폭력 상황을 인지하고, 자신의 행동을 반성할 수 있다. 학교폭력 가해 경험에 대한 죄책감과 분노, 불안 등을 탐색할 수 있다.

접근방법: 연상적 접근, 정화적 접근

사용클립: 가해자(기현, 준형, 경석 학생이 은찬이 부모를 만나는 장면을 모은 클립)

적용대상: 학교폭력 가해학생

활동내용:

[영화] 세 친구 이야기	[나의 이야기] 질문 목록
〈영화 장면〉 기현이 학교폭력의 경험을 미숙에게 털어놓으면서 겪는 갈등의 장면들을 모은 장면  • 세 친구가 기현을 대하는 장면 • 기현과 미숙이 기현을 대하는 장면 • 경찰서에서 대면하는 학교폭력 해결의 모습	〈영화를 본 후〉 • 자신과 가장 닮은 캐릭터를 고른다면? 그 캐릭터에 대한 생각과 느낌은? • 등장인물들은 자신의 문제를 무엇으로 보나요? 등장인물들은 자신의 문제를 어떻게 해결하나? 현실 속 나는 어떤 방식으로 문제를 해결했나? • 내가 영화감독이라면 어떤 장면과 내용을 바꾸고 싶은가? 〈고백〉 • 솔직하게 고백할 용기를 낸 기현이에게 해 주고 싶은 말은 무엇인가? • 내가 용서를 구하거나 용서를 받고 싶은 사람이 있나? • (부모) 자녀의 학교폭력 사건을 해결하면서 가장 듣고 싶었던 말이나 하고 싶었던 말이 있었나? 그것은 무엇이었나?

Session 3. 진로탐색

상담목표: 미래직업에 대한 진로적성을 탐색하고 희망을 가질 수 있다.

접근방법: 연상적 기법

사용클립: 도배기능사 응시 장면

적용대상: 청소년

활동내용: 직업탐색카드, 미덕카드 뽑기

[영화] 도배기능사 이야기	[나의 이야기] 질문 목록
〈영화 장면〉 기현이 도배기능사에 응시하고 자격증을 따는 장면. 다른 사람들에게 축하를 받으며 뿌듯해하는 모습을 담은 장면 	• 나의 미래를 함께 고민해 줄 수 있는 사람은 누구인가? • 직업과 관련하여 내가 하고 싶은 일이나 잘 할 수 있는 일은 무엇인가? • 원하는 직업을 가지기 위해 지금 하고 있는 것은 무엇인가? • 직업을 가지기 위해 내게 필요한 미덕은 무엇이 있을까?

7번째 내가 죽던 날(Before I Fall, 2017)

개봉일: 2017년 5월 31일 (미국)   접근성 ♥♥♥♥♥
감 독: 라이 루소 영   보편성 ♥♥♥♥♡
각 본: 조이 도이치(샘), 할스톤 세이지(린제이), 엘레나 캠푸리스(줄리엣), 로건 밀러(켄트)   치유력 ♥♥♥♥♥

반복되는 '오늘'에 갇혔다. 너라면, 어떻게 할래?

줄거리: 친구들에게 동경의 대상인 샘, 린제이, 엘로디, 알리는 남자친구와의 달콤한 데이트, 끝내주는 파티까지 완벽한 하루를 보냈다. 그러나 그날 밤, 집으로 돌아가던 샘은 차 사고로 목숨을 잃지만 자신이 죽던 날이 반복되고 있다. 똑같은 것 같지만 매번 다른, 특별한 마지막 하루.
마지막 하루가 계속 반복된다면 우린 어떤 선택을 하게 될까?

Session 1. 마지막 순간이 되면

상담목표: 자신의 하루를 돌아보며 삶의 의미를 발견하고 재정립할 수 있다.
접근방법: 연상적 접근
사용클립: 인생 돌아보기(아침에 눈을 뜨면서 하는 샘의 독백)
적용대상: 청소년

[영화] 매일 아침이 반복되는 샘의 이야기	[나의 이야기] 질문 목록
〈영화 장면〉 (첫 장면) 반복되는 오늘을 사는 샘 	〈오늘을 다시 산다면?〉 • 오늘 아침에 눈을 떠 있었던 일들을 시간대별로 적어보자. • 당신에게 남은 날이 오늘뿐이라면 무엇을 하고 싶은가? • 당신의 오늘 중 바꾸고 싶은 것은 무엇인가? 다시 오늘 있었던 일을 바꿔 시나리오로 작성해보자. • 오늘의 시나리오를 바꿔 작성해 보면서 발견하게 된 것은 무엇인가?

〈마지막 순간이 되면〉
당신에겐 내일이 있을지도 모른다. 남은 날이 1000일, 3000일 혹은 10000일. 충분히 누릴 수 있고 낭비해도 될 정도로 많은 시간이다. 하지만 어떤 이들에겐 오늘 하루뿐이다. 그래서 오늘이 가장 중요하다. 그 순간이 곧 영원이니까. 나도 그 날이 오기 전까진 전혀 몰랐다. 이런 일은 예고 없이 일어난다.
"흔히 사람들은 죽기 직전에 인생 전체가 눈앞에 스쳐간다고들 하지만, 나에게는 그렇지 않았어."

• 내가 마지막 순간에 기억하고 싶은 일은 어떤 기억인가? 그 기억들을 적어보자. 사진첩을 보면서 사진을 골라도 좋다. (내 최고의 순간들, 묻어 놓고 잊어버리고 싶은 어떤 일들, 통째로 기꺼이 잊어버리고 싶은 것) 이 중에서 마지막 순간이 되면 어떤 기억을 떠올리고 싶은가? 마지막이라는 것을 알고 절대 포기할 수 없는 것이 있다면 무엇인가?

Session 2. 인기의 분석

상담목표: 자신의 삶의 가치와 인간관계를 점검하며 어디에 중점을 두고 관계를 유지하는지 점검할 수 있다.
접근방법: 연상적 접근
사용클립: 인기의 분석(큐피트 데이에 친구들에게 받은 장미의 수를 세어보는 샘과 친구들의 모습)
적용대상: 청소년

[영화] 네 친구 이야기	[나의 이야기] 질문 목록
〈영화 장면〉 샘이 큐피트 데이에 장미를 받으면서 좋아하는 장면  줄리엣이 점심시간에 다른 친구들에게 놀림을 받는 장면 	〈인기의 분석〉 • 영화에서 자신과 관련 있는 부분과 관련 없는 것은 무엇인가? • 자신과 가장 닮은 캐릭터를 고른다면? 등장인물들에 대한 생각과 느낌은? • 자신의 친구 3명을 떠올려 보자. 그 친구들의 좋은 점을 세 가지만 작성해 보자. • 나는 '아싸', '인싸', 그도 저도 아닌 중간인 '반싸'나 '그럴싸', '마싸', '핵인싸' '개아싸' 중 어디에 속하나요? • 나는 인기 있는 사람인가? 나는 인기를 무엇이라고 생각하나? • 나는 삶의 가치를 어디에, 인간관계는 어떻게, 삶의 의미를 어디에 중점을 두고 살아가고 있나?

〈나의 인간관계는?〉
큐피트 데이에 샘과 친구들은 장미를 선물 받는다. 그들은 학교에서 '인싸'다. 반면 '줄리엣'은 '아싸'. 청소년기에는 관계 맺기에 대한 집착과 경쟁에 대한 강박이 동시에 존재한다. 현대의 인간관계란 결국 직장이나 학연, 혈연, 지연의 커뮤니티 안에서 생긴다. 그 속에 자신의 소속감이나 참여도, 책임감, 친밀도의 차이가 존재한다. 그 차이의 정도에 따라 자신을 스스로 인싸나 아싸라고 규정하고 남들을 구별한다. **나의 인간관계는 어디쯤 있을까?**

Session 3. become who you are

상담목표: 자신의 삶의 태도를 점검하며 수정과 조정을 통해 자신에게 가치 있는 하루를 만들기 위한 목표를 세울 수 있다.
접근방법: 지시적 접근
사용클립: 평범한 날(샘의 첫 날), 다르게 살아보기(학교에 가지 않고 가족과 보내는 날)
적용대상: 청소년

[영화] 다르게 살아보기(5번째, 7번째 날)	[나의 이야기] 질문 목록
〈영화 장면〉 샘의 5번째 날과 7번째 날 샘이 켄트의 방에서 'become who you are'[8]라고 쓰여진 글을 보고 있는 장면	〈수정과 조정〉 • 5번째 날과 7번째 날에서 샘의 태도는 무엇이 달라졌나? • 무엇이 샘의 태도를 달라지게 만들었나? • '너 자신이 돼라'는 어떤 의미일까? • 자신을 찾았을 때 샘의 모습에서 무엇을 발견할 수 있나?

우리 집(The House of Us, 2019)

개봉일: 2019년 8월 22일 (한국)
감독, 각본: 윤가은
주　연: 김나연(하나), 김시아(유미), 주예림(유진)
상담 목표 대상: 청소년

접근성 ♥♥♥♥♥
보편성 ♥♥♥♥♡
치유력 ♥♥♥♥♡

"우리 모두 집에 대해서는 풀리지 않는 각자의 숙제가 있다"

줄거리: 5학년 하나의 집, 부모님은 다투기 바쁘다. 하나의 소원은 과거 단란했던 때처럼 가족이 함께 여행을 가는 것이다. 여름방학, 하나는 우연히 3학년 유미와 7살 유진 자매를 만나고 친해진다. 유미 자매는 가난한 집안 사정으로 부모와 떨어져 사는데 다가 밀린 월세로 하루하루가 힘겹다. 하나는 그런 유미 자매를 언니처럼, 엄마처 럼 보살펴주고 자신도 위안을 얻는다. 그러던 중 집주인의 최종 이사 통보에 아이 들은 유미의 부모를 찾아 함께 길을 나선다.

Session 1. 나만의 레시피

상담목표: 가족을 위한 나만의 음식 레시피를 만들어 보면서 가족의 문제를 진단할 수 있다.
접근방법: 연상적 접근
사용클립: 하나의 레시피가 담긴 영화 장면
적용대상: 청소년

〈영화 장면〉	〈가족을 위한 나만의 레시피〉
하나가 여름방학 과제로 만든 레시피 모음집을 보는 장면 하나의 음식 만드는 장면 모음 	• 내가 만들 수 있는 나만의 음식 목록을 적어보자. • 영화에서 하나는 가족을 위해 음식을 자주 만들어 준다. 내가 가족을 위해 했던 음식은 무엇인가? 하나가 가족을 위해 음식을 만드는 마음은 어떤 마음일까? 〈내가 먹고 싶은 음식 이야기〉 • 가족이 나를 위해 해 주었던 음식은 무엇인가? • 가족과 어떤 음식을 함께 먹고 싶은가? 〈음식을 먹는 우리 가족의 이야기〉 • 같이 음식을 먹을 때 우리 가족은 주로 어떤 모습인가?

Session 2. 우리 집: 하나네 집, 유미네 집, 그리고 우리 집

상담목표: 자신의 가족 문제를 객관화시키고 가족 안에서 살고 있는 자신을 격려할 수 있다.
접근방법: 연상적 접근
사용클립: 하나, 유미네 집의 문제를 모은 클립, 가족여행 장면이 담긴 영화 장면 클립
적용대상: 청소년

〈영화 장면〉	〈유미네 집〉, 〈하나네 집〉
여름방학이 시작되어 유진이네 가족이 가족여행을 가면서 즐거워하는 모습을 하나가 부러운 듯 바라보고 있는 장면  하나가 가족여행을 가자고 가족을 설득하는 장면	• 영화를 본 후 현재 나의 상황과 비슷한 부분이 있다면 무엇인가? • "우리 모두 집에 대해서는 풀리지 않는 각자의 숙제가 있다" 현재 나를 힘들게 하는 우리 집의 숙제는 무엇인가? 예) 갈등, 무시, 부정적 해석, 경제적 어려움, 불화 등 〈가족여행 프로젝트〉 • 하나는 집을 지키기 위해 가족여행을 계획한다. 우리 집을 지키기 위한 나는 어떤 노력을 했나?

Session 3. 내가 꿈꾸는 집

상담목표: 가족의 위기에서 새로운 생활방식에 적응할 수 있는 현실적 대안을 찾을 수 있다.

접근방법: 연상적 접근

사용클립: 내가 꿈꾸는 집(상자로 만드는 집과 버려진 텐트에서 상상을 하는 아이들의 모습을 담은 클립)

적용대상: 청소년

[영화] 내가 꿈꾸는 집	[나의 이야기] 질문 목록
〈영화 장면〉 하나, 유미, 유진이가 버려진 상자를 이용해 집을 만들면서 살고 싶은 집을 상상하는 장면 	〈즐거운 우리 집〉 하나, 유미, 유진은 버려진 상자를 이용해 집을 만들며 내가 살고 싶은 집을 상상한다. 그리고 누군가가 버리고 간 텐트에서 하루를 보내면서 가족의 의미를 알아간다. • 영화에서 아이들은 버려진 상자를 이용해 집을 만들고, 주인 없는 텐트에서 하룻밤을 보내면서 행복하게 웃는다. 내가 이렇게 웃어 본 적은 언제인가? • 내가 꿈꾸는 집은 어떤 집인가? • 웃는 것을 어렵게 만드는 현재의 어려움은 무엇인가? • 내가 받아들여야 할 것은 무엇인가?
〈미술치료〉 직접 집을 그려 보며 마음을 탐색한다. • 여러분은 어떤 집에서 살고 싶은가? 살고 싶은 집을 그려 보자. • 자신이 만든 집에 이름을 붙여보자. • 그 집에 살고 있는 가족 중 정겹게 느껴지는 사람은 누구인가? • 그 집에 살고 있는 가족 중 가장 마음이 쓰이는 사람은 누구인가?	 준비물: 스크래치 페이퍼

행복 목욕탕(Her Love Boils Bathwater, 2017)

개봉일: 2017년 3월 23일 (일본)
감 독: 나카노 료타
출 연: 미야자와 리에(후타바), 스기사키 하나(아즈메), 오다기리 죠(가즈히로),
이토 아오이(아유코)
상담 목표 대상: 청소년

접근성 ♥♥♥♥♥
보편성 ♥♥♥♡♡
치유력 ♥♥♥♥♥

세상에서 가장 따뜻한 가족으로 초대합니다.

줄거리: 이 세상에 다신 없을 강철멘탈 대인배 엄마 '후타바'와 가장 서툰 철없는 아빠 '가
즈히로', 철들어가는 사춘기 딸 '아즈미', 철부지 이복동생 '아유코'!
누구보다 강한 엄마의 세상 가장 뜨거운 사랑을 받아가며 특별한 가족은 웃고, 울
고, 사랑하며 '행복 목욕탕'을 운영한다. 모든 가족이 가지고 있는 것, '비밀', '사
랑', '슬픔', '행복'이 있지만 우리 가족에게는 다른 가족보다 더욱 큰 비밀과 뜨거
운 사랑, 깊은 슬픔 그리고 따스한 행복이 있다.

Session 1. 한결같은 응원군 엄마

상담목표: 마음의 위로를 받을 수 있다.
접근방법: 연상적 접근
사용클립: 처음부터 학교폭력 해결까지의 장면
적용대상: 청소년, 부모

[영화] 후타바와 아즈미 이야기	[나의 이야기] 질문 목록
〈영화 장면〉 아즈미가 교복을 잃어버린 후 학교에 온 엄마의 자전거 뒤에 타고 가면서 엄마를 꼭 안아주는 장면	〈나의 마음을 들어주세요_자녀〉 • 영화를 보고 가장 마음이 쓰였던 장면은? • 영화의 어떤 부분이 감정을 흔드나요? 예) 위로, 화남, 따뜻함 등등 감정언어를 넣어 본다. • 내가 힘들 때 나를 위해 달려와 주는 사람은 누구인가?
〈영화 장면〉 아즈미의 성장을 바라보는 엄마의 모습 • 아즈미에게 속옷을 선물하는 엄마	〈너의 이야기를 들어줄게_부모〉 • 아즈미를 대하는 '후타바'에게서 느껴지는 나의 감정은 무엇인가? • 내가 '후타바'라면 어떻게 행동했을까?(구체적으로) • 엄마의 허리를 붙잡고 자전거를 타고 가는 아즈미의 마음은 어떨까?

Session 2. 맞설 용기, 사과를 구할 용기

상담목표: 학교폭력 상황을 해결할 수 있는 자신만의 해결책을 세우고 용기를 얻을 수 있다.

접근방법: 연상적 접근, 정화적 접근

사용클립: 용기 / **적용대상:** 청소년

[영화] 이전과 다르게 행동함	[나의 이야기] 질문 목록
〈영화 장면〉 아즈미의 학교폭력 장면 아즈미의 체육복을 감춘 친구들에게 아즈미가 교복을 벗으며 맞서는 장면 체육 시간 아니잖아요	**〈맞설 용기〉** • 아즈미처럼 자기의 간절한 마음을 표현했던 경험이 있었나? 아즈미의 문제해결 방법에 대해 토론해보자. • 아즈미처럼 어려운 현실을 겪으면서 끝까지 희망을 놓지 않았던 나를 칭찬해보자. 나에게 어떤 칭찬을 할 수 있을까? **"진실된 마음만이 변화를 일으킬 수 있다."**

Session 3. 가족의 비밀

상담목표: 가족의 비밀을 통해 가족의 상처를 이해하고 위로받을 수 있다.

접근방법: 연상적 접근, 정화적 접근

사용클립: 비밀 / **적용대상:** 청소년

[영화] 샤브샤브	[나의 이야기] 질문 목록
〈영화 장면〉 아즈미의 가족이 샤브샤브를 먹는 장면 모음 • 아유코가 아즈미 가족이 된 이후 처음 갖는 가족의 식사 장면들	**〈가족의 음식_샤브샤브〉** • 우리 집에서 즐겨먹는 음식은 무엇인가? • 특별한 날 먹는 특별한 음식은 무엇인가? • 그 음식이 우리 집만의 특별한 음식이 된 계기는 무엇이었나?

마음에 울림을 주는 대사	
	"도망치면 안 돼! 맞서야지. 네 힘으로 이겨내야 해." "조금 더 살겠다고 삶의 의미를 잃고 싶지는 않아." "고마워 엄마 .. 고마워." • 나의 마음에 울림을 주는 대사는 무엇인가?

스탠바이, 웬디(Please Stand By, 2018)

개봉일: 2018년 5월 30일 (미국)
감 독: 벤 르윈
출 연: 다코타 패닝(웬디), 토니 콜렛(스코티)
상담 목표 대상: 청소년

접근성 ♥♥♥♥♥
보편성 ♥♥♥♥♡
치유력 ♥♥♥♥♡

> **"나도 하고 싶은 것이 있다. 누가 뭐라 해도,**
> **나는 나의 길을 간다."**

줄거리: 스타 트렉 시나리오 공모전에 응모하려는 일념으로 일탈을 시도하는 웬디. 그녀가 LA로 가는 길에는 태어나서 처음 접하고 겪는 일들이 펼쳐지는데 선천적 자폐증을 동반하고 있는 웬디는 과연 무사히 자신의 여정을 마칠 수 있을까요?

Session 1. 나의 하루 일과

상담목표: 나의 하루 일과표를 작성해보면서 자신을 탐색할 수 있다.
접근방법: 지시적 접근
사용클립: 웬디가 아침을 맞는 장면
적용대상: 청소년

〈영화 장면〉	〈나의 하루 일과〉
웬디가 침대에서 일어나서 자신의 하루 일과를 이야기하는 장면 	웬디는 일어나서 침대를 정리하는 일부터 시작한다. • 나의 하루 일과는 무엇으로 시작하는가? • 일과표를 작성해보자. • 하루 중 내가 가장 신경 쓰는 것은 무엇인가?(웬디: 수건 냄새, 생리하는지 확인 등) • 내가 가장 좋아하는 옷 색깔은?(웬디: 요일별로 다른 색) • 내가 가장 좋아하는 TV프로그램은?(웬디: 스타워즈)

Session 2. 덕질: 이것까지 해봤다

상담목표: 자신이 좋아하는 것을 탐색하고 그것을 소질로 발전시킬 수 있다.
접근방법: 연상적 접근
사용클립: 덕질(스타워즈 시나리오 쓰기)을 하는 장면들 모음
적용대상: 청소년

[영화] 스타워즈 시나리오 쓰기	[나의 이야기] 질문 목록
카페에서 스타워즈 퀴즈를 내면서 모든 퀴즈를 맞히는 웬디를 보면서 놀라는 모습	〈웬디는 스타워즈, 나는?〉 • 어떤 대상에 푹 빠져있지 '않은' 사람을 찾는 게 어려울

정도로 많은 사람들이 어떤 대상에 애착을 갖고 살아간다. 나는 어떤 분야에서 덕질9 중인가?
• 덕질을 하는 자신을 주변에서는 뭐라고 부르는가?
• 과거에 했던 덕질이나 현재의 덕질 중 그것이 다른 사람들에게 보여졌을 때 긍정적인 피드백을 받은 것이 있었다면 발표해보자.

Session 3. stand-by: 스탠바이, ○○

상담목표: 자신의 진로를 탐색하고 꿈을 이루기 위한 나의 노력을 점검해 본다.
접근방법: 연상적 접근
사용클립: 꿈을 향해(웬디의 시나리오에 대한 열정이 담긴 장면)
적용대상: 청소년

〈영화 장면〉	〈나의 꿈〉
웬디가 스타워즈 시나리오를 작성하다가 공모 기한이 지나 시나리오를 보내지 못해 좌절하는 장면 웬디가 길을 떠나면서 자신의 틀을 깨는 장면 	• 나는 어떤 일에 stand-by하고 있는가? • 내가 간절히 원하는 꿈이 있다면 그것을 위해 나는 어떤 노력을 기울이고 있나? • '길 떠나는 나에게' 주는 편지를 작성해 보자. • 지금 당장 무엇인가를 해야 한다면 무엇을 해야 할까? 〈웬디의 강점 탐색〉 • 웬디의 강점을 적어보자. • 웬디의 강점을 긍정심리 6덕목에 따라 분류해 보자. • 웬디가 갖고 있는 강점 중 당신이 가지고 있는 강점은 무엇인가? • 웬디가 가지고 있는 강점 중 당신의 보완해야 하는 것은?

Session 4. 예쁘게 소통하기

상담목표: 웬디와 대화하는 경찰관의 모습을 통해 자신의 의사소통을 점검하고 효과적인 대화 방법을 모색할 수 있다.
접근방법: 지시적 접근
사용클립: 센터장, 경찰관, 언니의 대화
적용대상: 부모

경찰관: 웬디가 좋아하는 스타워즈의 언어로 웬디와 소통하는 장면(안전한 곳으로 데려다 줄게요) 	〈이렇게 대화하고 싶어요〉 웬디와 소통하는 경찰관의 대화를 본다. • 경찰관이 웬디와 소통하는 방법에서 긍정적인 모습을 찾아보자. • 효과적으로 타인과 소통하기 위해 나는 무엇을 바꾸면 좋을까?

마음에 울림을 주는 대사
"There is only one logical direction in which to go: forward."

배드 지니어스(Bad Genius, 2017)

개봉일: 2017년 11월 2일 (태국)
감 독: 나타우트 폰피리야
출 연: 추티몬 추엥차로엔수키잉(린), 차논 산티네톤쿨(뱅크), 에이샤 호수완(그레이스),
티라돈 수파펀피요(팻)
상담 목표 대상: 청소년

접근성 ♥♥♥♥♥
보편성 ♥♥♥♥♡
치유력 ♥♥♥♥♡

너 같은 애들은 잘 이해하지 못하겠지만,
우리 같은 사람들은 공부는 잘 못해도 성적은 잘 받고 싶거든. (팻)

줄거리: 긴급 뉴스!
"올해 시험을 주관하는 STIC 협회가 부정행위를 발각해 큰 논란이 있었습니다. 몇
몇 아시아 국가에서 시험지가 유출됐다는…"
공부는 잘하지만 가난한 소녀 '린'은 고등학교에 입학하면서 친구들의 공부를 도와
주게 됩니다. 그리고 이 공부는 처음 의도와는 다르게 나쁜 쪽으로 흘러가게 됩니다.
완벽한 답안지를 작성할 수 있는 '린'. 그 답안지를 보여주면서 돈을 벌기 시작하
고, 나쁜 것은 알지만 점점 빠져나올 수 없게 됩니다.
모두가 원하는 그녀의 답안지로 속인 세계. 계획대로 모든 일을 마무리 짓고, 린은
꿈을 이루게 될까요?

Session 1. 미안해요, 고마워요.

상담목표: 자신의 가족에게 느낀 고마움과 미안한 마음을 표현한다.
접근방법: 지시적, 연상적 접근
사용클립: 처음 전학와서 교장선생님과 대화하는 장면
적용대상: 청소년

[영화] 린과 그레이스 이야기	[나의 이야기] 질문 목록
〈영화 장면〉 전학 온 첫날 교장실에서의 대화 장면	• 입학상담을 할 때, 아버지의 모습에서 린은 어떤 마음이 들었을까? • 린처럼 부모님께 죄송한 마음이 들었던 적이 있었는가?

Session 2. 모든 건 너한테 달려있어: 너라면 어떻게 할래?

상담목표: 위험 요소를 인지하고 최선의 선택을 할 수 있는 방법을 연습할 수 있다.
접근방법: 연상적 접근
사용클립: 린과 뱅크의 마지막 대화 [너라면 어떻게 할래?]
적용대상: 청소년

[영화] 린과 뱅크 이야기	[나의 이야기] 질문 목록
	**〈나쁘지만 다 하고 싶잖아...?〉** • 영화 포스터에 적힌 것처럼 '나쁘지만 다 하고 싶은 것'은 어떤 것들이 있을까? • 나는 그중 어떤 것들을 해보았는가? • '린'은 다른 친구들에게 답을 보여주게 된다. 린처럼 다른 친구들에게 정답을 알려준 적이 있는가? • 영화의 제목은 왜 '배드 지니어스'일까?
〈영화 장면〉 린이 자신의 모든 잘못을 고백하면서 뱅크를 찾아간다. 뱅크는 아직도 부정행위로 돈을 벌자면서 린을 설득하는데 린은 거절한다. "그래, 모든 건 나한테 달려있어."라며 문을 열고 나가는 린.  뱅크: 네가 그랬지 성공하면 다 같이 성공하고 망하면 다 같이 망한다고! 　　　나 혼자 뒤집어쓰진 않을 거야. 네가 안하면 다른 애들 인생도 망쳐버릴 거야. 어떻게 할래? 어쩔 거냐고? 모든 건 너한테 달려있어. 린: 그래, 모든 건 나한테 달려있어.	**〈모든 건 나한테 달려있어〉** • 나쁜 것을 알면서도 계속했던, 빠져나오지 못했던 경험이 있었나? • 친구로부터 강요를 받을 때 어떤 마음이 들까? • 내가 린이라면 어떤 선택을 했을까? • "그래, 모든 건 나한테 달려있어."라고 말한 린은 앞으로 어떻게 행동하게 될까?
〈영화 장면〉 린의 잘못을 들은 아버지가 힘을 북돋아주는 장면	**〈함께 이겨내자꾸나〉** • 모든 비밀을 알게 된 아버지는 "두려워하지 마렴, 우리 딸. 함께 이겨내자꾸나. 웃어봐. 아빠처럼 웃어." 나는 이런 말을 누구에게 듣고 싶은가?

Session 3. 나의 내면 자아 탐색하기, 필름 매트릭스

상담목표: 영화 속 역할모델을 통해 자신의 내면 자아를 탐색할 수 있다.
접근방법: 연상적 접근
사용클립: 네 친구의 이야기를 담은 영화 클립 모음
적용대상: 청소년

[필름 매트릭스 1] 네 친구

정답을 다 알려줄 수 있어. **천재소녀 린**	장학금은 내 유일한 희망이었어. **흙수저 뱅크**	공부 말고 다른 걸 잘해요. **교내 퀸 그레이스**	머리는 나쁘지만 성적은 잘 받고 싶거든. **금수저 팻**

캐릭터	좋아하는 인물	좋아하지 않는 인물
이해되는 인물	이해도 되고 좋아하는 인물	이해는 하지만 좋아하지 않는 인물
이해할 수 없는 인물	이해할 수 없지만 좋아하는 인물	이해할 수 없고 좋아하지도 않는 인물

〈영화 포스터 보기〉
• 나는 타인에게 어떤 모습을 보여주고 싶어 하는가?
• 내가 알고 있는 나의 단점은 무엇인가?
• 내가 생각하는 이상적인 나의 모습은 무엇인가?
• 내가 경계하고 두려워하는 것은 무엇인가?

어떤 학생이 시험 중에 부정행위를 하다 적발되었다. 진실하게 존재하는 학생이라면 바로 자신의 잘못을 인정하고 반성할 것이다. 잘못을 자신이 온전하게 감당하는 것이다. 이와 달리 대행자로 존재하며 스스로 분열되어 있으면 자신의 잘못을 쉽게 인정하지 않는다. 오히려 다른 사람도 그랬는데, 왜 자기만 잡느냐고 항변할 것이다. 자신의 잘못을 온전히 자기의 것으로 삼는 데서부터 진실은 힘을 얻는다. 다른 사람과의 비교를 통해 자신을 정당화하는 한, 진실은 흔들린다. 남보다 좀 더 나은 것이 핵심은 아니다. 내가 나에게 자랑스러운가가 진짜 핵심이다.

『경계에 흐르다』, 최진석

사례 2

영화를 활용한 '저녁엔 연수' 프로그램 운영

'저녁엔 연수'는 강원도교육청이 실시하는 교원의 자발적 연수 계획에 의해 실시하는 프로그램이다. 그동안 교사 전문성 개발 프로그램이 수동적 관점에서 주어지는 연수로 기획되었다면 '저녁엔 연수'는 현장 중심적인 연수 프로그램으로 교사가 기획하고 실행하면서 전문성을 개발하는 주체로 기능하는 연수로 자리매김하고 있다. 이 책을 집필한 교사들은 그동안 영화를 활용해 전문학습공동체를 운영하면서 향상된 학생지도 및 생활지도 역량을 '저녁엔 연수'를 통해 나누고 있다. 영화를 활용해 영화 리터러시 및 학생상담역량을 강화하면서 향상된 교사 내부로부터의 전문성이 교육청의 정책과 맞물려 외현을 확장하고 있다는 점은 전문학습공동체 운영의 좋은 사례라 할 수 있다. 아래는 운영했던 프로그램 주제와 관련 영화 목록을 소개한다. 이를 통해 영화로 학습 공동체를 운영하고자 하는 누군가에게 작은 아이디어가 되길 바란다.

1. 연수 목표
• 문제 학생 이해와 학생상담역량을 강화하기 위한 상담 기능 향상
• 위기 시대 교사 치유를 위한 영화 매체상담기법 학습
• 집단상담기법 이해와 적용 방법 연구

2. 연수 개요
• 연수과정명: 학생 이해를 위한 교사 치유 연수
• 연수 영역: 학생생활   • 관련 도서: 「영화로 열어가는 교실상담」(박영스토리)

3. 연수 내용

차시	영화	교육내용
1		1. 매체 활용 상담의 이해 2. 영화 활용 상담의 실제 3. 영화를 활용한 상담 시연 　• 영화: 가면 쓴 우울, 우아한 거짓말(Thread of Lies) 　　– 줄거리: 학교폭력으로 죽음에 이른 동생의 비밀을 따라가는 이야기 　#학교폭력 #위기 #가족 #가면 쓴 우울 4. (토론) 교실 속 학생 문제 이해 및 나눔
2		1. 영화심리상담의 이해 2. 영화 활용 상담의 실제 　• 영화: 어디에서도 이방인, 피부색깔=꿀색(Couleur de peau: Miel) 　　– 줄거리: 한국전쟁 이후 입양된 전정식이 이방인으로 살아가면서 겪는 아픔과 성장에 대한 이야기 　#다문화 #입양 #부적응 #진로 3. (토론) 교실 속 학생 문제 이해 및 나눔
3		1. 위기청소년의 이해 2. 위기청소년 상담의 실제 　• 영화: 진실 말하기로 건강한 기억 만들기, 여중생A(Student A) 　　– 줄거리: 취미는 게임, 특기는 글쓰기인 여중생 '미래'의 랜선 친구 이야기 　#학교폭력 #게임 #진실 #위로와 공감 3. (토론) 교실 속 학생 문제 이해 및 나눔
4		1. 교사 '마음챙김'의 효과 2. 교실 속 아동 문제행동 이해(난독증) 　• 영화: '난독증'에 관한 따뜻한 시선, 지상의 별처럼(Like Stars on Earth) 　　– 줄거리: 하늘의 별보다 더 빛나는 세상의 아이들은 모두 특별한 존재이다! 　#난독증 #문제아 #학교부적응 #진로 3. (토론) 교사 위로와 공감
5		1. 교사 상담전문성의 이해 2. 교사를 위한 힐링시네마 　• 영화: 나의 키다리 아저씨 선생님, 땐뽀걸즈(Dance sports Girls) 　　– 줄거리: 성적은 '9등급'이지만, '땐'스 스'뽀'츠는 잘하고 싶다! 　　인생 선생님을 만나 변하는 소녀들의 이야기 　#진로 #꿈 #교사전문성 #가르치는 것의 의미 3. (토론) 교사성장과 교사전문성

원작이 있는 '영화 읽기'

'원작이 있는 영화 읽기'는 리터러시 관련 프로그램으로 책과 영화를 동시에 보고 같은 주제가 어떻게 영화로 표현되었고, 책으로 표현되었는지에 대해 나눔을 했던 사례라 할 수 있다.

글을 읽고 쓰는 방법을 가르치는 교사들에게 문학작품 읽기는 영화 읽기 보다 더 친숙한 활동일지도 모른다. 그런데 교실 속의 학생들은 다르다. '태어날 때부터 스마트폰을 손에 쥐고 태어난' 학생들에게는 영상물을 접하는 시간이 책을 읽는 시간보다 압도적으로 많다. 그들은 정보 검색도, 기술을 익히기 위한 방법에서도 텍스트 자료를 검색하지 않고 영상 자료를 먼저 찾는 세대들이다. 교사와 학생의 좁힐 수 없는 세대 차이가 영화와 문학작품처럼 서로 다른 장르만큼 큰 것은 아닐지 생각해본다. 사실 장르를 넘나드는 것은 연습이 필요하다. 영화와 문학작품을 함께 보고 읽다보면 표현방법의 미묘한 차이를 알아차릴 수 있는 기회가 되고 이를 해석하는 방법에서의 차이가 있음을 발견하게 되는 것처럼 말이다. 따라서 기회가 된다면 원작이 있는 영화 읽기를 해보길 추천한다.

문해력은 단순한 읽기를 넘어선다. 문학작품을 읽는 것은 단순히 글자를 읽는 행위만은 아니다. 마찬가지로 영화를 읽는 것도 단순히 영상을 보면서 시간을 보내는 것만을 의미하지 않는다. 시간을 내어 영화를 보는 것과 영화 읽기는 완전히 다른 활동이다. 영화를 보는 것이 읽는 것이 될 수 없음은 글자를 익혀 낱자를 읽는 것과 맥락을 읽는 것의 차이만큼 크다. 따라서 수업시간에 영화를 활용하는 것은 시간이 남아 교실에서 '시간 때우기'로 활용하는 영화 보기와는 완전히 다른 의미를 갖는다.

책은 읽는 동안 독자는 눈으로 마치 사물을 보듯 이야기를 상상하게 된다. 글자만 있는 책에서 이미지를 상상하면서 때로는 의미를 곱씹고 또 곱씹는다. 영화를 읽는 것도 이와 다르지 않다. 이미지를 보면서 영화에 담긴 의미를 찾고 자신의 감정을 읽어내며, 재구성된 창조적 세계를 읽는다. 현실을 재현했지만 단순한 모방이 아니라 현실과 유사한 영화의 세계에서 다시 현실의 자신을 발견하는 것이 영화 읽기의 핵심이다. '원작이 있는 영화 읽기' 프로그램은 이런 관점에서 기획되었다. 짧은 워크숍 시간에 영화의 전부를 볼 수 없었으므로 참여자들은 영화를 미리 보고, 책은 미리 읽고 참여한다. 각자의 속도에 맞게 천천히, 또는 빠르게 영화와 책을 먼저 보고, 읽고 참여하는 것이다. 이때 진행자는 영화의 일부분을 편집해 함께 보고 영화의 장면에서 '영화 리터러시' 활동을 진행한다. 반대로 책의 일부를 먼저 제시해 함께 읽고 그 장면이 담긴 영화를 보아도 된다.

간단히 활동을 소개하면 도서『나미야 잡화점의 기적』을 읽고 책에서 개인적인 인상 깊었던 부분을 나누고, 주제를 나눈 후 영화〈나미야 잡화점의 기적〉을 보았다. 이후 글과 영상의 차이를 비교해 보면서 '경청과 소통의 중요성: 우리는 삶 속에서 경청을 실천하고 있는가?'에 대해 토론해 보았다. 시대와 공간을 넘어 다른 이의 말을 경청하고 공감함 속에서 전달된 치유의 메시지가 매일 학생을 마주하는 교사들에게 어떤 시사점을 주는지, 어떻게 아이들을 공감할 수 있는지에 대한 이야기를 나눴다. 회차가 진행되고 참여가 활발해지면 슬로우 리딩, 글을 미디어로 어떻게 재현할 것인가?, 글과 영상의 차이 등을 중심으로 토론 활동도 진행해 보고 수업 적용 사례를 공유할 수도 있다.

　책과 영화를 선정하는 기준은 다양한 형식의 도서들이 포함되도록 했다. 예를 들면 『가부와 메이 이야기』는 총 7권의 그림책으로 구성되어 있다. 짧은 그림책이 어떻게 긴 영상으로 해석되었는지, 반대로 『책 읽어주는 남자』와 같이 긴 호흡으로 읽어야하는 글을 영화는 어떻게 2시간 정도로 압축적으로 영상을 구현해 냈는지를 비교할 수 있다면 더욱 활동이 재미있을 수 있다. 교사들이 먼저 이런 활동에 참여하고 의미를 나눠야 각자 수업에서 활용할 영화 목록을 고르는 안목도 생기는 법이다. 리터러시 교육에 관심이 있다면 원작이 있는 영화 읽기 활동도 기획해 운영해 보자. 다음에 제시하는 책과 영화는 주 1회, 1회에 3시간, 총 12시간을 만나면서 교사들이 마음을 나누며 활동했던 원작이 있는 영화 읽기 목록이다.

나미야 잡화점의 기적 〔도서〕

히가시노 게이고 저/양윤옥 역 ∣ 현대문학 ∣ 2012년 12월 19일 ∣ 원서: ナミヤ雑
貨店の奇蹟

나미야 잡화점의 기적 ナミヤ雑貨店の奇蹟,
The Miracles of the Namiya General Store, 2017 〔영화〕

판타지, 드라마 ∣ 일본 ∣ 130분 ∣ 2020.06.25 재개봉, 2018 .02.28 개봉 ∣ [국내] 전
체 관람가

30여 년째 비어 있는 '나미야 잡화점'에 숨어든 삼인조 좀도둑은 과거에서 도
착한 상담 편지에 답장을 하면서 나미야씨에게 용기를 얻은 사람들의 비밀을
알게 된다. 한 통의 편지가 어떻게 인생을 바꾸는지 추리하면서 본다면 더욱
재미가 있다.

책 읽어주는 남자 〔도서〕

베른하르트 슐링크 저/김재혁 역 ∣ 시공사 ∣ 2013년 3월 25일 ∣ 원서: Der Vorleser

더 리더: 책 읽어주는 남자 The Reader, 2008 〔영화〕

드라마, 멜로/로맨스 ∣ 미국, 독일 ∣ 123분 ∣ 2017.01.19 재개봉, 2009.03.26 개봉 ∣
[국내] 청소년 관람불가

청소년 관람불가 영화로 학생들과 함께 영화를 볼 수는 없다. 수업에서 영화
를 활용하려면 반드시 미리 교사가 먼저 영화를 감상하고 활용해야 한다. 성
인을 위한 프로그램에선 영화와 책을 비교하면서 읽기에 작품성을 겸비한 영
화와 소설을 선정하는 것도 좋다. 홀로코스트 관련 영화로 역사적 사실을 다
루면서 함께 보기에도 적절하다. 성장에는 재미도 중요한 요소이기 때문이다.

너는 착한 아이야 도서

나카와키 하쓰에 저/홍성민 역 | 작은씨앗 | 2013년 7월 17일 | 원서: きみはいい子

너는 착한 아이 きみはいい子, Being Good, 2015 영화

드라마 | 일본 | 121분 | 2016.03.24 개봉 | [국내] 전체 관람가

있을법한 현실적인 이야기는 영화를 먼저 보아도 좋다. 〈너는 착한 아이〉는
아동학대와 관련된 옴니버스 형식의 영화다. 가슴 먹먹한 등장인물의 상황들
이 책에는 그대로 글로 쓰여 있는데, 영상이 담지 못하는 마음의 절절함이 그
대로 글로 옮겨져 있다. 아동학대를 발견하기 어려운 이유가 있다면 마음은
드러나지 않고 알아채기 어렵기 때문일 것이다. 상황은 영상으로 보고 그때
등장인물의 마음은 글로 읽으며 충분한 공감을 해보는 시간을 가져보자.

폭풍우 치는 밤에: 가부와 메이 이야기 하나 도서

기무라 유이치 저/아베 히로시 그림/김정화 역 | 미래엔아이세움 | 2005년 5월 30일

가부와 메이 이야기 あらしのよるに, Stormy Night, 2005 영화

애니메이션, 가족, 코미디 | 일본 | 110분 | 2014.02.06 재개봉, 2006.02.09 개봉 |
[국내] 전체 관람가

폭풍우 치는 밤에 비를 피해 들어간 오두막에서 늑대 가부와 염소 메이는 친
구가 된다. 진정한 친구, 우정, 공동체에 대해 생각해 볼 수 있다.
7권의 그림책이 어떻게 영화화되었는지 살펴보는 것도 좋다.

미
주

1. 영화 리터러시의 이해

참고문헌

김은하, 김은지, 방미나, 배정우, 이승수, 이혜경, 조원국, 주순희(2021). 『영화치료의 기초』. 박영스토리

김진영, 최혜림(2018). 청소년의 낙관성과 안녕감의 관계에서 방어기제유형의 조절효과. 한국심리치료학회지, 19, 27-48.

노들, 옥현진(2020). 첵스트 마이닝 기법을 통한 미디어 리터러시와 디지털 리터러시 개념의 비교 분석 - 신문기사를 중심으로. 리터러시 연구, 11(5), 130-129.

서정임(2007). 영화치료프로그램이 중학생의 양성평등의식과 성고정관념에 미치는 효과. 교육실천연구, 6(2), 105-121.

심영섭, 김준형, 김은하, Wolz, B.(2006). 『시네마테라피』. 을유문화사.

안현진(2008). 씨네리터러시 수업개선방안에 대한 고찰. 부경대학교 국제대학원 석사학위논문.

정성훈(2011). 『사람을 움직이는 100가지 심리법칙』. 케이앤제이.

Bradshaw, J., 오제은, 브래드쇼, 존, & 저, J. B. (2008). 『상처받은 내면아이 치유』. 학지사.

1   구인환(2006). 『Basic 고교생을 위한 국어 용어사전』. 신원문화사

2   이운지, 김수환, 이은환(2019), 디지털 리터러시 교육과정 프레임워크 개발 연구, 교육연구논총, 40(3), 201.

3   디지털 리터러시 교육협회

4   이아람찬(2019). 학교 영화교육과 영화 리터러시. 씨네포럼, (32), 151-181.

5   시간과 장소에 구애받지 않고 자유롭게 컴퓨터에 접속할 수 있는 네트워크 환경

6   아스가르 파르하디(페르시아어: اصغر فرهادی, 영어: Asghar Farhadi, 1972년 1월 1일 ~): 이란의 영화감독이며 각본가. 2003년 영화 〈사막의 춤, 2003〉으로 영화감독에 데뷔하

였다. 작품으로 〈아름다운 도시, 2004〉, 〈불꽃놀이, 2006〉, 〈어바웃 엘리, 2009〉, 〈씨민과 나데르의 별거, 2011〉, 〈아무도 머물지 않았다, 2013〉, 〈세일즈맨, 2016〉, 〈누구나 아는 비밀, 2018〉 등이 있다.

PART 2. 교실에서 영화 읽기

1-2. 그린 북(Green Book, 2018)

1   Black Lives Matter(BLM)는 아프리카계 미국인에 대한 경찰의 잔인함에 따른 사고에 대항하는 비폭력 시민불복종을 옹호하는 조직화된 움직임을 말한다. 2012년 2월 흑인 10대 트레이본 마틴의 총격 사망 사건으로 조지 짐머먼이 무죄 판결을 받은 뒤, 2013년 소셜미디어에 #Black Lives Matter를 사용하면서 이 운동이 시작됐다. [위키백과]

2   스타인 웨이(Steinway): 1853년 Henry E. Steinway가 뉴욕 맨해튼의 작은 공방에서 피아노를 제작한 것을 시작으로 160년 이상 높은 품질로 세계 최정상 피아니스트들에게 극찬을 받고 있으며 전 세계 유명한 연주회장에 놓인 콘서트 그랜드 피아노의 99%가 환상적인 사운드를 가진 스타인 웨이일 정도로 그 가치는 타의 추종을 불허한다. [위키백과]

3   밀란자인(Mee lanzan): 이탈리아어로 가지를 뜻하는 단어로 이탈리아계 미국인 사이에서 흑인을 언급하는 인종차별 은어로 쓰인다.

1-3. 헬프(The help, 2011)

1   기계적으로 없애고 모든 사람들을 평등하게 대우한다는 것은 커트 보네거트(Kurt Vonnegut)의 단편 소설 『해리슨 버저론(Harrison Bergeron, 1961)』의 사회처럼 모든 인간의 자유를 제한하는 끔찍한 통제 사회가 될 것이다.

1-4. 페루자(FERUZA, 2017)

1   한국국제협력단(Korea International Cooperation Agency)은 대한민국과 개발도상국가와의 우호협력관계 및 상호교류를 증진하고 이들 국가 간 경제사회발전 지원을 통해 국제협력을 증진하는 것을 목적으로 정부차원의 대외무상협력사업을 전달하고 실시하는 기관이다. [나무위키]

2-1. 마션(The Martian, 2015)

1   외계 행성의 표면을 돌아다니며 탐사하는 로봇.

2-5. 러빙 빈센트(Loving Vincent, 2017)

1 김영채(1999). 『창의적 문제 해결』. 교육과학사.

2 Gogh, V. v., 신성림(2017). 『반 고흐, 영혼의 편지』. 위즈덤하우스.

3 https://www.sedaily.com/NewsVIew/1VS3J0V6XN

4 지금까지 고흐를 소재로 한 영화는 많이 만들어졌는데 가장 최근 개봉한 줄리언 슈나벨 감독의 영화 〈고흐, 영원의 문에서〉 역시 고흐의 타살설에 무게를 싣고 있다. 위의 인용은 줄리언 슈나벨 감독의 말이다.
   https://signal.sedaily.com/NewsView/1VS3J0V6XN/GD05

3-1. 월-E, Wall-E(2008)

1 김경애, 류방란, 김지하, 김진희, 박성호, 이명진(2018). 2035 미래교육 시나리오: 초·중등교육을 중심으로. 교육연구논총, 39(3), 1-29.

3-2. 더 기버(The Giver): 기억전달자(2014)

1 〈더 기버〉 영화 대사 中

2 Singer, P., 박세연(2017). 『더 나은 세상: 우리 미래를 가치 있게 만드는 83가지 질문』. 예문아카이브.

3 Lowry, L., 장은수(2007). 『기억 전달자』. 서울: 비룡소. p. 163.

4 https://ko.wikipedia.org/wiki/뉴_노멀(경제) [위키백과]

5 디지털 트랜스포메이션이란 디지털 기술이 급격하게 발전하면서 시작된 혁신적인 전략, 서비스, 플랫폼 등의 혁신과 같은 발전 방식을 뜻한다.

6 김난도, 전미영, 최지혜, 이향은, 이준영, 이수진, 서유현, 권정윤, 한다혜(2021). 『트렌드코리아 2021』. 미래의 창.

7 최진석(2017). 『경계에 흐르다』. 소나무. pp. 44-45.

8 〈트루먼 쇼(The Truman Show)〉, 1998. 코미디/드라마/SF. 미국.

9 〈이터널 선샤인(Eternal Sunshine Of The Spotless Mind)〉, 2004. 로맨스/SF. 미국.

3-4. 지구가 멈추는 날(The Day The Earth Stood Still, 2008)

1 마르틴 하이데거(Martin Heidegger, 1889-1976)는 2,500년 전에 플라톤이 물었던

존재의 의미를 다시 묻는다. 그가 쓴 대표작『존재와 시간』은 바로 위에 적힌 플라톤의 구절을 인용하는 데서 시작한다. 그는 우리에게 묻는다. "오늘날 우리는 '존재한다'는 말이 본래 무엇을 의미하는지에 대한 물음에 대답할 수 있는가?" 그는 답한다. "결코 그렇지 못하다". 그는 다시 묻는다. "그렇다면 우리는 존재라는 표현을 이해하지 못해 당혹스러움에 빠져 본 적이라도 있는가? 그는 다시 답한다. "결코 그렇지 않다". 그래서 그는 존재의 의미에 대해서 물음을 제기하는 것이 왜 필요한가를 설명한다.
https://blog.daum.net/yong1127os/12743822

2 존 듀이는 감각 기관에 의해 그대로 받아들인 경험을 1차적 경험이라고 하고, 반성과 사유의 결과로 의식의 내부에서 발생하는 경험을 2차적 경험이라고 하였으며, 인문학에서도 경험적 방법을 사용할 것을 중시하였다.

4-1. 가부와 메이 이야기(あらしのよるに, Stormy Night, 2005)

1 Z세대(영어: Generation Z, Gen Z 또는 zoomers): 일반적으로 1995년대 중반부터 2010년대 초반 사이에 태어난 젊은 세대를 이르는 말이다. 어렸을 때부터 디지털 환경에서 자란 이들은 IT 기술에 익숙해져 있고 사교 생활에서 스마트폰과 SNS를 자유롭게 사용해 '디지털 네이티브(디지털 토착민)' 세대라고 불리기도 한다.

4-3. 더 헌트(The hunt, 2012)

1 내전기(Commentarii de Bello Civili): 율리우스 카이사르가 기원전 49년 루비콘 강을 건넌 이후 그나이우스, 폼페이우스, 마그누스가 이끄는 원로원 세력과 벌인 내전의 경과를 다루고 있는 책. 카이사르 본인이 직접 저술한 책으로 갈리아 전기와 함께 카이사르의 양대 저작으로 유명하다. [나무위키]

4-5. 미안해요 리키(Sorry We Missed You)(2019)

1 https://movie.daum.net/moviedb/main?movieId=102840#none

2 https://movie.daum.net/moviedb/main?movieId=102840#none

3 https://100.daum.net/encyclopedia/view/201XXX1911110

4 https://blog.naver.com/knta_pr/222170420394

5 https://100.daum.net/encyclopedia/view/201XXX1911110

6 https://www.hani.co.kr/arti/economy/marketing/966887.html

7 N포세대(N抛世代)는 N가지를 포기한 사람들의 세대를 말하는 신조어이다. 처음 삼포세

대로 시작되어 'N가지를 포기한 세대'로 확장되었다. 삼포세대(三抛世代)는 연애, 결혼, 출산 3가지를 포기한 세대를 말하며, 오포세대(五抛世代)는 집과 경력을 포함하여 5가지를 포기한 것을 말한다. [위키백과]

8 https://movie.daum.net/moviedb/main?movieId=102840#none

9 https://www.donga.com/news/Society/article/all/20190101/93508978/1

10 http://www.hani.co.kr/arti/culture/culture_general/866665.html

11 https://www.seoul.co.kr/news/newsView.php?id=20211015500024 사진출처: P 연합뉴스, 서울신문 2021-10-15일자

12 https://www.hankookilbo.com/News/Read/201611271514162267

13 https://www.hani.co.kr/arti/culture/culture_general/866665.html

14 http://mn.kbs.co.kr/news/view.do?viewType=pc&ncd=3662181

5-1. 씨 인사이드(The Sea inside, 2004)

1 안락사(安樂死, euthanasia, 그리스어: $ευθαναοία$ → good death, 아름다운 죽음)란 불치의 중병에 걸린 등의 이유로 치료 및 생명 유지가 무의미하다고 판단되는 생물 또는 사람에 대하여 직·간접적 방법으로 생물을 고통없이 죽음에 이르게 만드는 행위를 말한다. [위키백과]

* 존엄사: 회생 가능성이 없는 사망 임박 단계의 환자가 연명 목적의 치료를 받지 않고 인간의 존엄과 가치를 지키며 생을 마감하는 행위를 뜻한다. 존엄사는 안락사의 범주에 포함되는 개념이다. 일반적으로 환자의 요청에 따라 의료진이 직접 약물을 투입하는 등의 방법으로 인위적으로 죽음을 앞당기는 것은 '적극적 안락사', 환자나 가족의 요청에 따라 생명유지에 필수적인 영양 공급이나 약물 투여 등을 중단함으로써 환자가 죽음에 이르게 되는 것은 '소극적 안락사'로 구분한다. 존엄사는 보통 '소극적 안락사'와 동일한 의미로 통용된다. 한편, 의료진이 약물 등을 마련해주고, 환자가 자신에게 직접 그 약물 등을 투여하여 사망에 이르는 것은 '조력 사망(조력 자살)'이라 하는데, '소극적 안락사'와 '조력 사망'을 묶어 존엄사라 부르기도 한다. [네이버 지식백과] 존엄사 [尊嚴死] (두산백과)

5-2. 미라클 벨리에(The Belier Family, La famille Bélier 2014)

1 한 사람이 상대방으로부터 받는 이미지는 시각이 55%, 청각이 38%, 언어가 7%에 이른 다는 법칙이다. 캘리포니아대학교 로스앤젤레스캠퍼스(UCLA) 심리학과 명예교수인 앨버트 메라비언(Albert Mehrabian)이 1971년에 출간한 저서 《Silent Messages》에 발

표한 것으로, 커뮤니케이션 이론에서 중요시된다. 특히 짧은 시간에 좋은 이미지를 주어야 하는 직종의 사원교육으로 활용되는 이론이다. 시각이미지는 자세, 용모와 복장, 제스처 등 외적으로 보이는 부분을 말하며, 청각은 목소리의 톤이나 음색(音色)처럼 언어의 품질을 말하고, 언어는 말의 내용을 말한다. 이 이론에 따르면, 대화를 통하여 상대방에 대한 호감 또는 비호감을 느끼는 데에서 상대방이 하는 말의 내용이 차지하는 비중은 7%로 그 영향이 미미하다. 반면에 말을 할 때의 태도나 목소리 등 말의 내용과 직접적으로 관계가 없는 요소가 93%를 차지하여 상대방으로부터 받는 이미지를 좌우한다는 것이다. [네이버 지식백과] 메라비언의 법칙 [The Law of Mehrabian] (두산백과)

5-5. 창문넘어 도망친 100세 노인
(The 100 year old man who climbed out the window and disappeared, 2013)

1 Jonasson, J., 임호경(2013). 『창문 넘어 도망친 100세 노인』. 열린책들. p. 10.

2 비슷한 의미로 케세라세라(Qué será, será)가 있다. 케세라세라는 스페인어로 '뭐가 되든지 될 것이다'라는 의미(Whatever will be, will be)로 앨프리드 히치콕 감독이 1956년에 제작한 영화 〈The Man Who Knew Too Much〉에서 도리스 데이가 부른 주제가로 유명해졌다.

3 창문 넘어 도망친 100세 노인, 요나스 요나손, 열린책들, p. 47-48.

4 김현철(20107). 『불안하니까 사람이다』, 애플북스.

PART 3. 영화 읽기로 함께 성장하기

1 Department for education in UK, 2016.

2 구인환(2006). 『Basic 고교생을 위한 국어 용어사전』. 신원문화사

3 https://sbasncc.tistory.com/1138

4 https://www.hani.co.kr/arti/society/society_general/742239.html
한겨레신문 2016-05-02일자, 한국 청소년 행복지수 다시 OECD 회원국 중 꼴찌, 자료검색일 2020.4.23.

5 한국청소년개발원, 2005

6 강은주, 천성문(2011). 집단영화치료프로그램이 위기청소년의 정서조절력과 문제행동에 미치는 효과 연구. 청소년상담연구. 19(2), 23-46.

7 강은주, 천성문(2011). 집단영화치료프로그램이 위기청소년의 정서조절력과 문제행동에 미치는 효과 연구. 청소년상담연구. 19(2), 23-46.

8 이 영화는 "진정한 자신을 찾는 이야기"이다. 영원한 형벌을 받는 시시포스에 대한 수업을 받는 장면이나 친구네 집 벽에 붙어 있는 '진정한 네가 돼라(BECOME WHO YOU ARE)'는 포스터를 발견하는 장면은 반복되는 하루 안에서 지금 이 순간이 얼마나 중요한지를 알려준다. 당신이 지금 어려움에 처해 있다면 그 어려움이 그냥 사라지기를 무기력하게 기다리지 말고 보다 긍정적으로 의미 있고 좋은 일을 해보면 어떨까? 우리에게는 배신, 비난, 따돌림이 아닌 서로 위해주는 따뜻함이 필요하기 때문이다.

9 오타쿠 → 오덕후 → 오덕(덕후) → 덕으로 변화해온 것에 무언가를 하다를 낮추어 말하는 "질"을 붙여 만들어진 단어. 과거 '수집가'에 일부 대응되는 신조어로서 주로 "xx 덕질 중" 등등의 용례로 쓰인다. 덕질이란 무언가에 파고드는 것을 말하며, 2010년대부터는 범위가 넓어져 전화카드, 스타벅스 카드, 우표, 화폐, 고서, 레코드판 등을 수집하는 것도 덕질로 보고 있기에 기존의 '수집'은 '덕질'과 같은 의미의 낱말이 되어가고 있다. [위키피디아]

조원국

"강원도 원주고등학교를 마지막으로 29년의 체육교사 생활에 마침표를 찍고 아이비(Ivy)심리상담센터 대표로 인생 2막을 열기 위해 준비하고 있습니다. 아이들에게 상처 덜 주는 교사가 되고 싶어 상담을 공부하기 시작했고, 강원대학교에서 교육학 박사학위(교육상담)를 취득했으며 상담 및 심리와 관련해서는 MBTI강사, STRONG진로상담전문가, 드라마치료전문가, 영화치료전문가, 사진치료전문가 자격을 가지고 있고 강원대·단국대·상지대·극동대·한라대에서 겸임교수로 활동하였습니다. 현재 한국영상영화치료학회 수련감독자, 한국예술심리치료학회 이사로 활동하고 있고, 지은 책으로는 『영화로 열어가는 가족상담』, 『영화치료의 기초(공저)』, 『학교 생활지도와 상담(공저)』, 『영화로 열어가는 교실상담(공저)』이 있습니다."

김은영

"춘천교육대학교를 졸업하고 강원도의 초등학교에서 아이들을 가르치고 있습니다. 강원대학교에서 교육학 박사학위(교육행정)를 취득하고 학교의 효과적인 운영과 민주적인 시스템을 고민하며 민주적 학교운영, 교사전문성과 관련된 다수의 논문을 썼습니다. 현재 강원대학교 겸임교수로 교육행정, 미래교육, 교육정책 등을 가르치고 있으며, 따뜻한 의사소통 방법에 대한 고민으로 시작한 상담공부로 한국영상영화치료학회 슈퍼바이저로 활동하고 있습니다. 지은 책으로는 『영화로 열어가는 교실상담(공저)』, 『교사, 교육과정 중심에 서다(공저)』가 있습니다."

태문성

"한국교원대학교 생물교육과와 동대학원을 졸업하고 영랑호를 품에 안은 속초고를 시작으로 강원과학고, 봉평고, 치악고를 거쳐 지금은 영서고등학교에서 학생들과 통합과학을 배우고 있습니다. 아이들에게 과학 내용을 수업하고 실험실에서 탐구하는 것도 좋아하지만 들과 산을 걸으며 목본과 초본의 꽃을 찾아 사진을 찍고 이름을 불러주는 활동도 무척 즐긴답니다. 어느 시점이었던가…… 교직 생활의 힘겨움이 켜켜이 쌓였을 때, 담쟁이심리상담연구소에서 영화를 통한 마음공부를 함께 하였고, 그때 충전된 에너지로 현재는 아이들과 자신의 내면을 들여다보며 건강한 학교생활을 영위해 가고 있습니다."

신호근

"한국교원대학교 윤리교육과를 졸업하고 강원도 원주에서 22년 동안 아이들에게 윤리를 가르치고 있습니다. 다양한 삶의 문제에 대해 학생들이 현명한 판단을 하며 살아갈 수 있는 힘을 길러주는 것을 목표로 다양한 수업자료와 인성 프로그램을 개발하여 교사들과 나누고 교육현장에 적용하는 일을 지속적으로 하고 있습니다. 강원도교육연수원의 학급 경영강사로 10년 동안 강의를 하였고 원주시 도덕교과연구회 회장으로 원주시 청소년들을 위한 민주시민 평화통일 캠프를 운영하였습니다. 학교폭력 예방 동아리 활동, 나눔 교육 활동 우수 교사로 4회 교육부 장관상을 수상하였습니다."

영화 리터러시 -교실에서 영화 읽기-

초판발행   2022년 2월 7일

지은이   조원국 · 김은영 · 태문성 · 신호근
펴낸이   노 현

편 집   김다혜
표지디자인   Ben Story
제 작   고철민 · 조영환

펴낸곳   ㈜ 피와이메이트
             서울특별시 금천구 가산디지털2로 53, 한라시그마밸리 210호(가산동)
             등록 2014. 2. 12. 제2018-000080호
전 화   02)733-6771
f a x   02)736-4818
e-mail   pys@pybook.co.kr
homepage   www.pybook.co.kr
ISBN   979-11-6519-233-4   93180

정 가   20,000원

박영스토리는 박영사와 함께하는 브랜드입니다.